1949 1959 1969 1979 1989 1999 2009 2019

新中国成立70周年

国史知识 1000题

《国史知识1000题》编写组

人民日报出版社

图书在版编目（CIP）数据

国史知识1000题／《国史知识1000题》编写组编写
.—北京：人民日报出版社，2019.6
ISBN978-7-5115-6016-2

Ⅰ.①国… Ⅱ.①国… Ⅲ.①中国历史－现代史－问题解答 Ⅳ.①K27-44

中国版本图书馆CIP数据核字（2019）第077655号

书　　名：国史知识1000题
作　　者：《国史知识1000题》编写组

出 版 人：董　伟
责任编辑：周海燕　蒋菊平
封面设计：张合涛

出版发行：人民日报出版社
社　　址：北京金台西路2号
邮政编码：100733
发行热线：（010）65369527　65369509　65369512　65369846
邮购热线：（010）65369530　65363527
编辑热线：（010）65369518　65369528
网　　址：www.peopledailypress.com
经　　销：新华书店
印　　刷：大厂回族自治县彩虹印刷有限公司

开　　本：710mm×1000mm　1/16
字　　数：290千字
印　　张：17.25
印　　次：2019年8月第1版　2019年8月第1次印刷

书　　号：ISBN978-7-5115-6016-2
定　　价：48.00元

目　录

1. 鸦片战争后中华民族的两大历史任务是什么？

鸦片战争后，中国逐渐沦为半殖民地半封建社会。中华民族同帝国主义国家之间的矛盾、中国人民同本国封建主义之间的矛盾，构成近代中国社会的两大主要矛盾。要解决这两大主要矛盾，就面临着两大历史任务：一是寻求民族独立和人民解放；二是实现国家繁荣富强和人民共同富裕。只有前一个历史任务解决了，才能为后一个历史任务的实现扫清障碍，创造必要的前提。因此，反对外国列强的侵略、摆脱封建专制的统治、寻求民族独立和人民解放成为当时中国首先要解决的问题。

2.《新青年》是一本什么性质的杂志？

1915 年 9 月，陈独秀在上海创办《青年杂志》（后更名为《新青年》）。该杂志以宣传民主与科学为旗帜，在思想文化领域掀起向传统的封建思想、道德、文化宣战的新文化运动。以《新青年》的出版为标志兴起的新文化运动，使 20 世纪初的中国开始经历一场深刻的思想革命，为马克思主义在中国的传播奠定了思想基础。

3. 中国早期马克思主义思想运动主要内容有哪些？

第一，重视对马克思主义基本理论的学习，明确地同第二国际的社会民主主义划清界限。第二，注意从中国的实际出发，学习、运用马克思主义的理论。第三，开始提出知识分子应当同劳动群众相结合的思想。五四运动直接目标的实现，使中国的先进知识分子看到了广大劳动群众的巨大力量。因此，在五四运动之后，他们主动到群众当中去，“向农村去”“到民间去”成为当时流行的口号。

4. 五四运动后，马克思主义在中国传播主要体现在哪些方面？

一是出现了大批宣传马克思主义的进步刊物。五四运动后，各地不仅涌现出大批以宣传社会主义思想为宗旨的刊物，而且许多早期宣传新文化的报刊也纷纷转向介绍和宣传马克思主义。二是翻译出版了不少马克思主义的重要著作。五四运动后，国内逐渐掀起了一股翻译马克思、恩格斯、列宁著作的热潮。三是出现了许多研究、宣传马克思主义的进步团体。这些革命团体集合和团结了各地的进步青年，在传播马克思主义方面起到重要作用。

5. 中国早期马克思主义者的队伍由哪些人组成？

首先，是五四以前的新文化运动的精神领袖。其代表除了李大钊外，还有陈独秀。其次，是五四爱国运动的左翼骨干。其代表为毛泽东、杨匏安、蔡和森、周恩来等。再次，是一部分原中国同盟会会员、辛亥革命时期的活动家。其代表为董必武、吴玉章、林伯渠等。

6. 中国的先进分子为什么会选择马克思主义？

第一，北洋军阀的黑暗统治。第二，新文化运动所掀起的思想解放潮流。第三，旧民主主义革命的失败和俄国十月革命胜利的鲜明对比。第四，工人阶级登上历史舞台，使中国的先进分子对马克思主义运用于中国革命的前景产生希望。

7. 中国共产党成立前的早期组织有哪些？

共有 8 个。1920 年 8 月，在共产国际的帮助下，陈独秀等人在上海成立了第一个共产党组织——上海共产主义小组。1920 年 10 月，李大钊等人在北京成立共产党早期组织。1920 年秋至 1921 年春，董必武、陈潭秋等在武汉，毛泽东、何叔衡等在长沙，王尽美、邓恩铭等在济南，谭平山等在广州，都成立了共产党早期组织。此外，日本、法国的中国马克思主义者也建立了类似的组织。

8. 《共产党宣言》第一个中文全译本是由谁翻译的？

《共产党宣言》第一个中文全译本由陈望道翻译，1920 年 8 月由上海社会主义研究社出版。这是国内出版的第一部中文版马克思主义经典论著，对马克思主义在中国的传播，对当时的先进知识分子接受共产主义，都产生了巨大影响。同时也为中国共产党的创建提供了思想上和理论上的准备。

9. 中国共产党第一次全国代表大会于何时何地召开？

中国共产党第一次全国代表大会于 1921 年 7 月 23 日晚上举行，会场设在上海法租界望志路 106 号（现兴业路 76 号）。最后一天的会议转移到浙江嘉兴南湖举行。

10. 出席中国共产党第一次全国代表大会的代表有哪些？

共有 13 位。分别是：上海小组的李达、李汉俊；武汉小组的董必武、陈潭秋；

长沙小组的毛泽东、何叔衡；济南小组的王尽美、邓恩铭；北京小组的张国焘、刘仁静；广州小组的陈公博；旅日小组的周佛海以及陈独秀委派的包惠僧。

11. 什么是红船精神？

红船精神指的是开天辟地、敢为人先的首创精神，坚定理想、百折不挠的奋斗精神，立党为公、忠诚为民的奉献精神。2005 年 6 月 21 日时任浙江省委书记的习近平在《光明日报》上刊发署名文章《弘扬“红船精神”走在时代前列》，首次提出并系统阐述了“红船精神”，认为“红船精神”是中国革命精神之源。

12. 中国共产党第一次全国代表大会的主要内容是什么？

通过了中国共产党的第一个纲领；确定党的名称为中国共产党；通过了《中国共产党的第一个工作决议》；选举产生了由陈独秀、张国焘、李达组成的党的领导机构——中央局。党的一大正式宣告中国共产党的成立。

13. 中国共产党第一次全国代表大会通过的纲领是什么？

党的一大通过的中国共产党纲领，确定党的名称为“中国共产党”，规定党的纲领是：革命军队必须与无产阶级一起推翻资本家阶级的政权；承认无产阶级专政，直到阶级斗争结束，即直到消灭社会的阶级区分；消灭资本家私有制，没收机器、土地、厂房和半成品等生产资料，归社会公有；联合共产国际。纲领明确提出要把工人、农民和士兵组织起来，并确定党的根本政治目的是实行社会革命。

14. 中国共产党第一次全国代表大会的中心议题是什么？

大会的中心议题是正式建立中国共产党。

15. 中国共产党正式成立的标志性事件是什么？

中国共产党第一次全国代表大会的召开宣告中国共产党的正式成立。

16. 中国共产党成立的历史特点有哪些？

一是中国共产党创立是完全按照列宁的建党原则进行的，没有受到第二国际社会民主党思想上、政治上和组织上的影响。

二是中国共产党的创立是在共产国际的直接指导下完成的，对中国共产党坚持独立自主原则提出了更高的要求。

三是由于中国是一个半殖民地半封建的社会，农民和城市小资产阶级占了人口的大多数，所以在中国共产党的建设过程中，农民和城市小资产阶级出身的党员就必然占着相当大的比重，这就要求党把思想建设放在首位。

17. 中共二大于何时何地召开，中心议题是什么?

1922 年 7 月 16—23 日，中国共产党第二次全国代表大会在上海召开。出席这次会议的代表 12 人，代表全国 195 名党员。中心议题是制定反帝反封建的民主革命纲领。

18. 中共二大确定的党的最高纲领和最低纲领是什么?

在半殖民地半封建的中国社会，革命的对象是帝国主义和封建军阀；现阶段中国革命的性质是民主主义革命；党的最高纲领是实现社会主义、共产主义；最低纲领是打倒军阀、推翻国际帝国主义的压迫、统一中国为真正的民主共和国。

19. 中共二大的重要成果有哪些?

中共二大正确地分析了中国的社会性质，中国革命的性质、对象、动力和前途，指出了中国革命要分两步走，在中国近代史上第一次明确地提出了彻底的反帝反封建的民主革命纲领，为中国各民族人民的革命斗争指明了方向，对中国革命具有重大而深远的意义。

20. 第一次国内革命战争时期，中国共产党为什么要寻求与国民党的合作?

首先，由当时中国的革命任务和性质决定。半殖民地半封建社会的中国，主要的革命任务是反对帝国主义和封建主义，而最主要的任务是进行反对帝国主义的民族革命，这就决定了国共双方可以在一定时期联合起来，共同完成反帝反封建的民族革命和民主革命任务，这也是当时国共合作的最根本原因。

其次，由当时革命的形势决定。京汉铁路工人大罢工遭到北洋军阀政府的血腥镇压之后，中国工人运动转入低潮。中国共产党认识到要在险恶的环境中取得胜利必须团结一切可能的革命阶级和阶层。

最后，孙中山领导的国民党大体上是代表资产阶级和城市小资产阶级的政党。中国共产党认为，中国现存的各政党，只有国民党比较是革命的民主派，因此首先应争取同国民党进行合作。

21. 第一次国共合作形成的正式标志是什么?

中国国民党第一次全国代表大会的召开,标志着第一次国共合作的正式形成。1924年1月，中国国民党在广州召开第一次全国代表大会，大会通过了接受共产党员和社会主义青年团员以个人身份加入国民党的决定。大会提出了反帝反封建的新三民主义。经过此次大会，联俄、联共、扶助农工三大政策成为国民党的基本政策。这次大会标志着第一次国共合作正式形成，改组后的国民党成为工人、农民、城市小资产阶级和民族资产阶级四个阶级的民主革命联盟。

22. 中国共产党第三次全国代表大会最突出的历史贡献是什么?

中共三大最突出的历史贡献在于，此次会议通过了《关于国民运动及国民党问题的决议案》，正式决定了与孙中山先生所领导的国民党合作建立革命统一战线的方针。

23. 第一次国共合作以何种形式实现?

党内合作的形式。中共三大决定采取共产党员以个人身份加入国民党，即党内合作的形式来实现国共合作。同时，保持共产党在政治上、思想上和组织上的独立性。

24. 第一次国共合作实现的政治基础是什么?

新三民主义是第一次国共合作的政治基础。主要内容包括：民族主义，主张对外反对帝国主义,对内各民族一律平等;民权主义,主张民权为一般平民所共有,不许为少数人所私有；民生主义，主张平均地权和节制资本。

25. 什么是中山舰事件?

中山舰事件是蒋介石破坏国共合作、夺取革命领导权、蓄意打击和排斥中国共产党的政治事件。1926年3月20日，蒋介石利用“中山”号军舰调动一事，突然采取严重的反共行动：无中生有地说共产党人私调“中山”号军舰要劫持他离开广东，并以此为借口，在广州实行紧急戒严，监视并软禁共产党人，解除省港罢工委员会工人纠察队的武装，包围苏联领事馆，监视苏联顾问。当时的中共中央在苏联顾问的影响下，采取了妥协退让的政策，撤回了第一军中的共产党员。

26. 中国共产党第四次全国代表大会的中心议题是什么?

中共四大的中心议题是研究和讨论中国共产党如何加强对日益高涨的革命运动的领导、工人阶级如何参加民族革命运动以及党在组织上和群众工作上如何进行准备的问题。

27. 五卅运动主要过程是怎样的?

1925 年 5 月初，上海内外棉纱厂工人为抗议日本资本家无理开除中国工人举行罢工。5 月 15 日，日本资本家悍然枪杀青年工人、共产党员顾正红，并打伤十余人。这一暴行激起上海各界人民的无比愤怒，纷纷起来支援工人的斗争。5 月 30 日，上海学生 2000 余人在租界内进行反帝宣传，声援工人斗争，要求收回租界，被英国巡捕拘捕 100 多人。随后汇集群众万余人，举行示威游行，高呼“打倒帝国主义”等口号，要求释放被捕学生。英帝国主义巡捕当场打死 13 人，打伤数十人，造成震惊全国的“五卅惨案”。中共中央和共青团中央立即号召全上海人民和青年罢工、罢课、罢市，抗议英帝国主义的大屠杀，并组织行动委员会领导这次斗争。在共产党人蔡和森、李立三、刘少奇等的领导下，上海总工会也在 6 月 1 日宣告成立，同时举行了 20 余万工人的总同盟罢工，5 万余学生的罢课，绝大多数商人举行了罢市。6 月 7 日，由上海总工会、全国学生联合会、上海学生联合会和各马路商界总联合会推举代表组成“工商学联合委员会”，提出了惩办凶手、取消领事裁判权、撤退英日驻军等 17 项交涉条件。北京、南京等近 500 个城镇人民纷纷举行游行示威、罢工，形成了全国规模的反帝怒潮。6 月 26 日，上海总商会和各马路商界总联合会单方面宣布停止罢市，破坏了反帝统一战线。工人罢工坚持了 3 个多月，最后为了保存力量和巩固已取得的胜利，到 8 月中旬才开始复工。

28. 如何评价五卅运动?

（1）中共领导的第一次全规模的反帝运动，它揭开了全国大革命的序幕，为广东革命根据地的巩固和北伐战争的胜利进行奠定了群众基础。（2）锻炼和培养了大批工人干部，为中共扩大了力量。（3）充分证明了帝国主义、封建军阀、买办资产阶级是革命的敌人，民主资产阶级具有软弱性和妥协性，小资产阶级是革命的同盟者，只有无产阶级革命最彻底，这就为中共正确认识和分析中国社会各阶级提供了客观依据，对民族革命基本思想的初步形成起了很大作用。

29. 北伐战争是于何时发动的，其口号及目的是什么？

1926 年 7 月 9 日，北伐战争正式开始。口号为“打倒列强，除军阀”。目的是推翻帝国主义支持的北洋军阀的反动统治，实现中华民族独立、自由、民主和统一。

30. 北伐战争的直接打击目标是什么？最后结果如何？

北伐战争是国共合作进行反帝反封建的革命战争，直接打击目标是帝国主义所支持的吴佩孚、孙传芳、张作霖三派北洋军阀。最后结果，在群众的大力支持下，北伐军经过半年奋战，消灭了吴佩孚、孙传芳主力，把革命势力从珠江流域推进到长江流域，沉重打击了帝国主义、封建军阀的统治。

31.《湖南农民运动考察报告》是在什么背景下写成的？

1926 年 10 月，湖南、湖北农村大革命爆发。“一切权力归农会”，农民协会成为乡村唯一的权力机关，而北伐军占领地区的工人运动也蓬勃兴起。大批到城市的土豪劣绅伙同国民党和国民革命军军官的地主分子和资产阶级分子，大肆攻击工农运动，特别是攻击农村大革命。在此情况下，毛泽东回湖南考察农民运动，并写信给中央。1927 年 3 月发表的《湖南农民运动考察报告》，就是在给中央报告的基础上写成的。毛泽东驳斥了党内外怀疑和指责农民运动的论调，总结了湖南农民运动的丰富经验，提出了解决中国民主革命的中心问题——农民问题的理论和政策。

32. 如何正确评价中共五大？

在大革命生死存亡的紧急关头，中国共产党于 1927 年 4 月 27 日至 5 月 9 日在武汉举行第五次全国代表大会。大会提出了争取无产阶级对革命的领导权、建立革命民主政权和实行土地革命的正确原则，但对无产阶级如何争取革命领导权、如何领导农民实行土地革命、如何对待武汉国民政府和国民党，特别是如何建立党领导的革命武装等问题，都没有提出有效的具体措施。

33. 国民大革命开始和结束的标志分别是什么？

1924 年年初，中国国民党第一次全国代表大会的召开，标志着国共两党第一次合作的正式实现和革命统一战线的正式建立，轰轰烈烈的国民大革命开始兴起。

1927 年 7 月，汪精卫发动“七一五”反革命政变，标志着第一次国共合作全面破裂，轰轰烈烈的国民大革命失败了。

34. 大革命失败的原因及经验教训有哪些？

从客观方面来讲，是由于反革命力量的强大，资产阶级发生严重的动摇、统一战线出现剧烈的分化，蒋介石集团、汪精卫集团先后被帝国主义势力和地主阶级、买办资产阶级拉进反革命营垒里去了。从主观方面来说，是由于中国共产党的中央领导机关在大革命的后期犯了以陈独秀为代表的右倾机会主义的错误，放弃了无产阶级对于农民群众、城市小资产阶级和民族资产阶级的领导权，尤其是武装力量的领导权。从国际因素来看，是大革命后期共产国际的错误指导。之所以会犯这样的错误，一方面是因为中共处于幼年，没有经验；另一方面，是体制上的问题，中共是共产国际的一个支部，有服从执行共产国际的义务，共产国际远离中国，只有欧洲革命的经验，难免会做出错误指示。

大革命失败的经验教训主要有四点：（1）中国民主革命必须建立包括工人、农民、小资产阶级和民族资产阶级在内的革命统一战线，在统一战线中必须坚持无产阶级的领导权；（2）坚持无产阶级领导权的中心问题是农民问题，只有坚决依靠广大农民，才能取得革命的胜利；（3）中国革命的主要形式是以武装的革命反对武装的反革命。（4）中国革命必须从中国国情出发，独立探索适合中国国情的革命道路。

35. 土地革命战争时期，哪次起义的发生标志着中共独立领导革命战争、创建人民军队的开始？

南昌起义打响了武装反抗国民党反动派的第一枪，宣告了中国共产党人不畏强暴、坚持革命的坚强决心。它在全党和全国人民面前树立起一面革命武装斗争的旗帜，标志着中国共产党独立领导革命战争、创建人民军队和武装夺取政权的开始。

36. 八七会议于何时召开，主要内容有哪些？

第一次大革命失败后，在关系党和革命事业前途和命运的关键时刻，中共中央政治局于 1927 年 8 月 7 日在汉口召开了紧急会议，这就是八七会议。会议主要内容包括：第一，确定了土地革命和武装反抗国民党反动派的总方针。第二，确定了发动农民进行土地革命的方针，强调了解决农民土地问题的重要性。第三，坚决纠正和结束了陈独秀右倾投降主义错误，撤销了他的总书记职务，并选举产生了新的临时中央政治局。

37. 中国革命由大革命失败到土地革命战争兴起的转折是什么？

1927年8月7日，中共中央在汉口秘密召开紧急会议，会议彻底清算大革命中陈独秀的右倾机会主义错误，确定了土地革命和武装反抗国民党反动派的总方针，并选出以瞿秋白为首的中央临时政治局。这次会议给处在危急中的中国共产党指明了继续革命的方向，为挽救党和革命做出了巨大贡献。中国革命从此开始了由大革命失败到土地革命战争兴起的转折。

38. 毛泽东“枪杆子里面出政权”的著名论断是何时提出的？

1927年8月，党中央召开了著名的八七会议，确定了土地革命和武装反抗国民党反动统治的总方针，毛泽东在会议上提出了枪杆子里面出政权的著名论断。

39. 中国共产党建立无产阶级新型人民军队的标志事件是什么？

三湾改编。秋收起义爆发后，由于反动军队远远强于起义力量，革命迭遭挫折。1927年9月29日，部队到达江西省永新县三湾村，鉴于部队严重减员和思想混乱，前委对部队进行改编，将部队缩编为一个团，并在各级建立党的组织，成立士兵委员会。三湾改编是中国共产党建设无产阶级新型人民军队的开始。

40. 土地革命战争时期，中国共产党人创立的农村革命根据地主要有哪些？

到1930年夏，先后创建了大大小小10多块革命根据地。分别是：井冈山革命根据地；赣南、闽西根据地，后扩大为中央革命根据地；鄂豫皖根据地；湘鄂西根据地；左右江根据地；闽浙赣根据地；陕甘边和陕北根据地。此外，还有湘鄂赣根据地、海陆丰根据地、琼崖根据地等。

41. 中国共产党创立的第一块农村革命根据地是哪个？

井冈山革命根据地。1927年10月，毛泽东率领湘赣边秋收起义部队到达井冈山地区后，在江西宁冈等县建立和恢复党组织，团结和改造袁文才等地方武装，发展革命力量，最终创立了井冈山革命根据地。

42. “农村包围城市、武装夺取政权道路”理论，主要包括哪三方面的主要内容？这一理论的形成具有怎样的历史意义？

农村包围城市、武装夺取政权道路理论，主要包括三个方面的内容：一是关于建立中国红色政权的必要性和可能性。二是关于工农武装割据。三是关于走农村包围城市的道路。

农村包围城市、武装夺取政权道路理论的形成，是以毛泽东为代表的中国共产党人冲破教条主义束缚，把马克思主义普遍原理与中国革命具体实践相结合的产物，也是毛泽东思想初步形成的标志。它既遵循了马克思主义关于武装夺取政权的学说，又充分考虑了中国的国情，是坚持实事求是、创造性地运用马克思主义的光辉典范。它揭示了中国革命的基本规律，为中国革命指明了唯一正确的道路。它开创了无产阶级革命道路多样性的先河，为国际共产主义运动和民族解放运动提供了新鲜经验。

43. 毛泽东提出的军队三大纪律、六项注意是什么？后来有怎样的发展？

1928 年 4 月，毛泽东提出了军队三大纪律、六项注意三大纪律：第一，行动听指挥；第二，不拿工人农民一点东西；第三，打土豪要归公。六项注意：（一）上门板；（二）捆铺草；（三）说话和气；（四）买卖公平；（五）借东西要还；（六）损坏东西要赔。

后来，六项注意又增加洗澡避女人和不搜俘虏腰包两项内容，从而发展成三大纪律八项注意。

44. 中国共产党历史上第一个土地法是什么？意义何在？

1928 年 12 月，毛泽东总结了土地革命的经验，在井冈山主持制定了中国共产党历史上第一个土地法——《井冈山土地法》。《井冈山土地法》以立法形式首次肯定了广大农民以革命手段获得土地的权利。但由于缺乏经验，这个土地法关于没收一切土地归苏维埃政府所有、禁止土地买卖等方面的规定，并不适合中国农村的实际。

45. 井冈山会师发生于何时？

1928 年 4 月，朱德、陈毅率领的南昌起义保存下来的一小部分部队和湘南起义农军一万余人陆续转移到井冈山地区，与毛泽东领导的部队在宁冈砻市胜利会师。这次历史性的会师是中国人民解放军建军史上的重要历史事件。

46. 中国的红色政权能够长期存在并发展的条件有哪些？

（1）中国是帝国主义间接统治的经济落后的半殖民地国家。这种特点决定了反动统治阶级内部存在分裂和战争，为红色政权的存在提供了条件。（2）红色政权之所以在小块地区发生，是和大革命运动的影响有密切联系的。（3）小块红色区域能否长期存在，还取决于全国革命形势能否向前发展。中国革命形势是跟着国内买办豪绅阶级和国际资产阶级的继续分裂和战争而必然继续向前发展的，所以红色政权不但能够长期存在，而且还会继续发展。（4）有相当数量的正式红军存在，是红色政权存在的必要条件。（5）共产党组织的力量和它的政策，更是一个要紧的条件。此外，还需要有便利于作战的地势和能够提供足够给养的经济力等。

47. 中华苏维埃第一次全国代表大会于何时何地召开？

1931 年 11 月 7 日，在江西瑞金召开中华苏维埃第一次全国代表大会，成立了临时中央政府。毛泽东被选为中央执行委员会主席。

48. 土地革命战争时期，农村革命根据地建设包括哪些主要内容？

（1）政权建设。1931 年 11 月 7 日，在江西瑞金召开中华苏维埃第一次全国代表大会，成立了临时中央政府。毛泽东被选为中央执行委员会主席。中华苏维埃共和国实行工农兵代表大会制度。广大工农兵群众被吸收到各级苏维埃政府中参加政权管理，行使当家作主的权利。（2）经济建设。在苏维埃政府的领导下，根据地军民积极进行经济建设，着重发展农业生产，同时发展重工业生产和商业贸易。（3）文化教育事业建设。苏维埃政府注重文化教育事业发展，提高工农群众的文化水平。共产党领导的农村革命根据地的勃勃生机与国统区民不聊生的悲惨景象形成鲜明对比。根据地成为新民主主义共和国的雏形，使人民看到了光明和希望。

49. 中国共产党第六次全国代表大会于何时何地召开？

1928 年 6 月 18 日至 7 月 11 日，中国共产党第六次全国代表大会在莫斯科召开。大会通过了关于政治、军事、组织、苏维埃政权、农民、土地、职工、宣传、民族、妇女、青年团等问题的决议，以及经过修改的《中国共产党章程》。

50. 如何认识中共六大召开的历史作用？

首先，大会认真总结了大革命失败以来的经验教训。其次，集中解决了困扰党的两大问题：中国社会性质和革命性质问题，大会明确了决定革命性质的不是革命动力，只能是革命任务。因此现阶段中国革命依然是资产阶级性质的民主主义革命。最后，在革命形势和党的任务问题上，明确了革命处于低潮，党的总路线是争取群众。六大的召开在党内思想比较混乱的情况下大体上统一了全党思想，对党领导中国革命起了重要的推动作用。

51. 古田会议的主要内容是什么？

1929 年 12 月底在福建上杭古田村召开，会议通过了毛泽东起草的《中国共产党红四军第九次代表大会决议案》，这就是著名的"古田会议决议"。主要内容：（1）确定党对军队领导的原则和制度；（2）强调加强党的思想建设的重要性。中心是用无产阶级思想进行军队和党的建设。它确立了马克思主义的建军方向和原则，解决了在农村进行革命战争的环境中，如何将以农民为主要成分的军队建设成为无产阶级性质的人民军队的问题。

52. 如何评价古田会议决议？

古田会议决议是中国共产党和红军建设的纲领性文献。它结合中国共产党和中国革命的具体情况，灵活地、创造性地运用马克思列宁主义，初步回答了在党员以农民为主要成分的情况下如何从加强党的思想建设着手，保持党的无产阶级先锋队性质的问题；初步回答了在农村进行革命战争的环境中，如何将以农民为主要成分的军队建设成为无产阶级领导的新型人民军队的问题。

53. 1927 年后，中共党内出现了哪三次"左"倾错误？

第一次是以瞿秋白为代表的"左"倾盲动主义错误，第二次是以李立三为代表的"左"倾冒险主义错误，第三次是以王明为代表的"左"倾教条主义错误。

54. 红军长征途中召开的一次具有重大历史意义的会议是什么？

1935 年 1 月召开的遵义会议。

55. 遵义会议的主要内容有哪些？

主要是解决军事问题和组织问题。在军事问题上，批判了博古、李德的单纯防御路线，肯定了毛泽东的军事作战基本原则；在组织问题上，改组了党和红军的领导，实际上确立了毛泽东在党和红军中的领导地位。

56. 遵义会议的历史地位如何？

第一，遵义会议开始确立以毛泽东为代表的马克思主义的正确路线在中共中央的领导地位；第二，遵义会议彻底改变了中共中央错误领导的行军路线，从而挽救了党，挽救了红军，挽救了中国革命；第三，遵义会议是中国共产党历史上第一次独立自主地解决自己问题的会议，会议开得非常成功，是我们党的历史上一次生死攸关的转折点。

57. 红军长征起止于什么时间？

红军长征的起止时间为 1934 年 10 月至 1936 年 10 月。1936 年 10 月 8 日、10 日、22 日，红一、二、四方面军在甘肃会宁、静宁先后会师，宣告红军二万五千里长征的胜利结束。长征结束时，党员从 20 万人减少到 4 万人左右，红军从 30 万人减至 3 万人。

58. 红军长征的胜利对中国革命产生了怎样的影响？

第一，翻开了马克思列宁主义基本原理同中国革命具体实践相结合的新篇章。第二，开创了中国革命的新局面。第三，铸就了伟大的长征精神。第四，形成了中国革命成熟的坚强领导核心。

59. 什么是“九一八事变”？

1931 年 9 月 18 日夜，日本驻中国东北的侵略军——关东军自行炸毁沈阳北郊柳条湖附近南满铁路的一段路轨，反诬中国军队破坏铁路，并以此为借口，突袭中国军队驻地北大营和沈阳城。这就是“九一八事变”。

60. 抗日战争的起点及全面爆发的标志分别是什么？

1931 年 9 月 18 日晚，日本关东军炸毁沈阳北郊柳条湖附近南满铁路铁轨，反诬中国军队所为，向中国东北军北大营发动突然袭击，此为“九一八事变”。“九一八事变”是中国抗日战争的起点。1937 年 7 月 7 日，日军发动了“卢沟桥事变”，开始了全面进攻中国。“卢沟桥事变”是中国抗日战争全面爆发的标志。

61.《八一宣言》发表于何时？全称是什么？

《八一宣言》发表于 1935 年 8 月 1 日。全称为《中国苏维埃政府、中国共产党中央为抗日救国告全体同胞书》。

62.《八一宣言》的主要内容是什么？

《八一宣言》分析了由于日本的侵略和蒋介石的不抵抗政策所造成的紧迫形势，揭露了日本加紧侵吞华北和国民党政府对日妥协的面目，指出中华民族已经处在生死存亡的关头，抗日救国是全体中国人面临的首要任务。宣言强调建立包括上层在内的统一战线，扩大抗日民族统一战线的范围。宣言最后还提出了抗日救国十大纲领。

63. 1935 年中国共产党在《八一宣言》中提出了什么著名口号？

1935 年中国共产党在《八一宣言》中提出了“停止内战，一致抗日”的口号。

64. 瓦窑堡会议的重要意义有哪些？

瓦窑堡会议于 1935 年 12 月在陕西安定县（今子长）瓦窑堡召开，出席会议的有毛泽东、张闻天、周恩来、博古等人，会议由张闻天主持。会议着重讨论了全国政治形势和党的策略路线、军事战略，确立了建立抗日民族统一战线的新策略，并相应地调整了各项具体政策。12 月 25 日，会议通过由张闻天起草的《中央关于目前政治形势与党的任务决议》，决议对当时中国国内形势、阶级关系的变化和党的政策，做了完整的分析和决定。

65. 西安事变是何时发生的？

1936 年 12 月 12 日，张学良和杨虎城为了达到劝谏蒋介石停止内战、一致抗日的目的，在西安发动“兵谏”，扣押了蒋介石。在各方的积极努力下，西安事变和平解决。

66. 为什么说西安事变的和平解决是扭转时局的关键？

西安事变的和平解决，成为扭转时局的关键。它粉碎了亲日派和日本帝国主义者的阴谋，促进了中共中央逼蒋抗日方针的实现。从此，十年内战的局面基本结束，国内和平初步实现。在抗日的前提下，国共两党实行第二次合作已经成为不可抗拒的历史大势。

67. 西安事变和平解决的重大历史意义是什么？

西安事变的和平解决，标志着国内和平的基本实现，是党的抗日民族统一战线政策实施的重大胜利。它对推动国共两党再次合作、团结抗日，起了重大的历史作用，成为由国内革命战争走向抗日民族战争的转折点。西安事变和平解决表明新形势下的国内合作形成了。

68. 全国抗战爆发后，国际形势如何？

全国抗战爆发后，中国政府不断向国际社会发出呼吁，表明中国的和平立场，并力求西方各主要国家出面干涉。但是，英国、法国、美国等国出于自己的利益，在一个较长的时期内，打着“中立”和“不干涉”的旗号，对日本和中国抗战均采取两面政策。它们一方面表示同情和支持中国的抗战，并给予中国一些物资援助，以牵制日本；另一方面又希望在不损害自己根本利益的条件下，牺牲中国部分权益，同日本达成妥协，以维持其在远东殖民统治的旧秩序。

69. 八路军和新四军是何时成立的？

为了实现全民族抗战，1937 年 8 月 25 日，中共中央决定改编红军为国民革命军第八路军。10 月 12 日，江南八省红军和游击队（不包括琼崖红军游击队）改编为新四军。

70. 抗战时期，国民党正面战场遭到严重损失所带来的主要教训有哪些？

教训之一是全国民众的动员不够；教训之二是未能制定出有效的作战方针，作战样式呆板；教训之三是国民党内某些将领的腐败和患上了严重的“恐日病”。

71. 局部抗战和救亡运动有哪些特点？

第一，群众基础广泛。第二，一些爱国知识分子和一部分爱国民族资产阶级代表人物，在挽救民族危亡奔走呼喊中，认同共产党的抗日主张。第三，部分国民党内的爱国将领，反对“攘外必先安内”的政策，表现了强烈的民族责任感。

72. 中国共产党为什么要强调实行全面抗战路线?

兵民乃胜利之本，战争之伟力最深厚的根源存在于民众之中。只有动员了全国的老百姓，把处于无组织状态的民众组织起来，才能弥补武器装备的缺陷与不足。

73. 开辟和发展敌后战场的重要性何在?

其一，能有效地发动和组织人民群众，为抗战胜利积聚力量。在中国，农民是人民群众的主体，实行人民战争的全面抗战路线，首先和主要的，就是要深入敌后发动和组织广大农民，开展游击战争和群众工作，创建抗日民主政权，把落后的广大乡村地带建设成先进的抗日根据地的理想区域。其二，最主要的是能有效地打击日军。开辟敌后战场，可以缩小敌占区的范围，遏制敌人进攻的势头，并且能深入敌人的心脏地带，给敌人以最有效的打击。其三，能有效地发挥共产党的优势。共产党领导的人民军队具有建立农村根据地和进行游击战的丰富经验，开辟敌后战场有利于发挥共产党这方面的优势，扩大革命范围。

74. 抗战时期游击战的地位和作用何在?

第一，战略防御阶段，对阻止日军进攻、减轻正面战场压力，使战争进入相持阶段起了关键性的作用。第二，战略相持阶段，敌后游击战争成为主要的抗日作战方式。第三，游击战还为人民军队的战略反攻准备了条件。

75. 不同阶段，两个战场的地位和作用的不同点体现在何处?

防御阶段：国民党正面战场是主战场；敌后战场起辅助作用。

相持阶段：国民党正面战场和正规战争退居次要地位；敌后战场成为全国抗战的主战场。

反攻阶段：敌后战场承担了战略反攻阶段的主要任务。

76. 抗日民族统一战线是如何建立起来的?

（1）1935 年华北事变后，中日民族矛盾上升为中国社会主要矛盾，中国国内阶级关系发生重大变化。（2）中共于 1935 年 12 月的瓦窑堡会议上确定了抗日民族统一战线的策略总路线，对国民党蒋介石的政策也由反蒋抗日逐步调整为逼蒋抗日。国民党当局自华北事变后也开始调整内外政策，并为抗战做了一些准备工作。（3）1936 年西安事变和平解决，极大推动了国共合作的形成。（4）1937 年 2 月，国民党召开五届三中全会，基本上放弃了“攘外必先安内”政策，确立了联共抗日方针，这标志着抗日民族统一战线初步形成。

77. 第二次国共合作正式形成的标志是什么？

1937 年 9 月 22 日，国民党中央通讯社发表中共早已提交的《为公布国共合作宣言》；次日，蒋介石发表庐山谈话，实际上承认了中共的合法地位，国共合作宣言和蒋介石谈话的发表，标志着第二次国共合作正式形成，也标志着以第二次国共合作为基础的抗日民族统一战线正式形成。

78. 国共两党在抗战问题上存在的不同抗战路线是什么？

国共两党在如何抗日的问题上一开始就存在严重的分歧，形成两条截然不同的对抗日战争的指导路线：一条是以国民党为代表的片面抗战路线。即坚持国民党一党专政，只是实行单纯政府和军队的抗战，并拒绝一切有利于抗战的根本改革，不给人民以抗日所必需的民主自由权利，不改善工农大众的生活，防止人民力量在抗战中发展，反对抗日战争成为人民大众的抗战。一条是以共产党为代表的全面抗战路线。共产党指出，中国是有力量进行抗战并最后取得胜利的，这种力量的最深厚的根源在广大人民中。只有动员和组织人民，才能抵御强敌。因而必须在全国进行必要的政治经济改革，废除国民党的一党专政，给人民以充分的抗日民主权利，适当地改善工农大众的生活，充分动员、组织和武装民众抗战，使抗日战争成为真正的人民战争。

79. 中国共产党全面抗战的路线方针是在哪次会议上提出的？

洛川会议。1937 年 8 月，中共中央在陕北洛川召开政治局扩大会议，讨论制定动员全国军民开展民族解放战争，实行全面持久的抗战方针，进一步确定党在抗日战争时期的任务及各项政策。

80. 洛川会议讨论并决定的在全国抗战到来的新时期党的基本行动路线和工作方针是什么？

这一时期党的基本行动路线和工作方针，主要是：在敌人后方放手发动群众，开展独立自主的游击战争，配合正面战场，开辟敌后战场，建立抗日根据地；在国民党统治区，广泛发动群众性的抗日救亡运动，推动桂系和川军等地方实力派拥蒋抗日；在有利于动员全国人民参加抗战的前提下，争取人民应有的政治经济权利；以减租减息作为抗战时期解决农民问题的基本政策；保卫、巩固和建设陕甘宁边区，使其成为抗日民主的模范区。

81. 洛川会议上，毛泽东所做的军事问题和国共两党关系问题的报告中提出在新形势下红军的基本任务和作战方针是什么？

红军的基本任务：创造根据地，牵制消灭敌人，配合友军作战（主要是战略配合），保存和扩大红军，争取共产党对民族革命战争的领导权。红军的作战方针：独立自主的山地游击战争，包括有利条件下集中兵力消灭敌人兵团，以及向平原发展游击战争，但着重山地。

独立自主是相对的，是在共同抗日的统一战略目标下的独立自主的指挥。游击战的作战原则是，游与击结合，打得赢就打，打不赢就走，分散发动群众，集中消灭敌人；着重于山地，是考虑便于创造根据地，建立起支持长期作战的战略支点。

82. 为什么说洛川会议是在历史转折关头召开的重要会议？

洛川会议是在全国抗战刚刚爆发的历史转折关头召开的一次重要会议。会议制定的党的全面抗战路线，把实行全民族抗战与争取人民民主、改善人民生活结合起来，把反对敌人入侵与推动社会进步统一起来，正确处理了民族矛盾和阶级矛盾的关系。会议通过的《中国共产党抗日救国十大纲领》阐明了党在抗日战争时期的基本政治主张，指明了坚持长期抗战、争取最后胜利的具体道路，这是同国民党领导集团所实行的片面抗战路线不同的正确的抗战路线。

83.《抗日救国十大纲领》的主要内容有哪些？

（1）打倒日本帝国主义；（2）全国军事的总动员；（3）全国人民的总动员；（4）改革政治机构；（5）抗日的外交政策；（6）战时的财政经济政策；（7）改良人民生活；（8）抗日的教育政策；（9）肃清汉奸卖国贼亲日派，巩固后方；（10）抗日的民族团结政策。这是实行全面抗战路线的纲领。

84. 在全国抗战的新形势下，中共实行军事战略的转变，即从国内正规战争转向抗日游击战争，这是基于怎样的考虑？

从当时抗日战争的敌、友、我三方的具体情况出发，实行这种军事战略的转变是十分必要的。首先，抗日战争的主要敌人——日本是奉行军国主义的国家，它是一个资源匮乏的小国，却是一个军事上的强国，拥有数十万经过长期“武士道”教育和现代武器装备的、多兵种组成的常备军，并有一二百万经过训练的预备补充兵员，能够在短时期内动员强大的进攻力量。其次，友军则是昨天的敌人国民党军队，它虽然拥有200万正规军，多数官兵也有抗战爱国热情，但是训练装备较差，内部又不统一，其上层领导集团对抗日仍有动摇，实行片面抗战和消极防御的方针，并力图限制和削弱共产党的力量。最后，共产党领导的人民军队，政治素质好，但数量太少，武器装备更差，即使全部集中起来打正规战，也不能对日本侵略军构成大的威胁。但是，人民军队有一种在长期革命战争中锻炼出来的特长，即善于一面打游击战，一面发动群众。只要人民军队发挥这种特长，将正规军变成游击军，分兵发动群众，同战区和敌后的广大人民群众紧密结合，开展游击战，必然能普遍地发展民众运动，扩大人民武装，建立抗日民主政权，并且能给日军造成严重威胁，并将逐渐发展成为最后战胜日本帝国主义的决定性力量。因此，人民军队实行从运动战向游击战的战略转变，是充分发挥自己优势的一种最佳选择，也是贯彻执行党的全面抗战路线的基本途径。

85. 为什么中国人民的抗日游击战争具有重要的战略地位和全局性的意义？

第一，抗日游击战争主要不是在内线配合正规军的战役作战，而是在外线单独作战。在正面战场节节后退时，我党领导的八路军、新四军却向日军占领的后方大踏步前进，开辟根据地、开展游击战，形成敌后战场。从而减轻了正面战场的压力，对日军产生了牵制作用，为抗日战争转入相持阶段起到了关键作用。第二，抗日游击战争不是小规模的，而是大规模的。第三，抗日游击战争不是短时期的，而是长时期的，无论是在战略防御、战略相持阶段还是在战略反攻阶段，都发挥着至关重要的作用。

86. 抗战时期，八路军哪次战役打破了日军不可战胜的神话？

1937年9月的平型关战役是华北战场上中国军队主动寻歼敌人的第一个大胜仗，此次战斗取得歼敌1000余人、击毁汽车100余辆、缴获一批辎重和武器的重大成果。这次战役有力配合了正面战场的防御作战。它打破了日军不可战胜的神话，振奋了人心，提高了共产党和八路军在全国人民中的威望。

87. 战略防御作战阶段，国民党的基本抗战路线和方针如何？产生了怎样的消极影响？

在政治上实行单纯依靠政府和军队的片面抗战路线；在军事上则采取单纯防御的战略方针，对正面进攻之敌进行消极的阵地防御，很少使用较大兵力实行运动战，因而不能主动地在运动中歼灭敌人。消极影响：这样导致尽管担任正面防御部队的许多官兵怀着爱国热忱，对日军的进攻进行了英勇抵抗，但是由于受片面抗战路线和单纯防御战略方针的束缚，难以充分发挥战斗力。

88. 国民党正面战场初期抗战失利的原因是什么？

国民党正面战场的初期抗战，有许多失误， 即国民党存在侥幸心理，企图依靠国联，从而执行片面抗战路线和消极防御作战，加上国民党军队思想混乱，派系林立等因素，造成了许多本来可以避免的损失。

89. 如何评价国民党正面战场的初期抗战？

（1）抗战初期，国民党军队对日军进行了较为积极的抗战，先后在淞沪、太原、徐州、武汉组织了大规模会战，国民党正面战场是当时抗日的主战场，其军队是抗日的主力。

（2）抗战初期的正面战场具有重要意义。粉碎了日本妄图三个月灭亡中国的计划；牵制了日军主力，客观上有利于敌后战场的开辟，也鼓舞了全国人民，促进了中华民族的团结，扩大了中国抗战的影响，唤起了国际舆论的同情和支持。

（3）由于国民党推行片面抗战路线，在战略战术上只是消极防御，不敢主动寻机歼敌，往往造成被动挨打的局面。从客观上讲，国民党军队素质差，军事装备落后，而日本帝国主义发动战争蓄谋已久，准备充分，武器精良，使国民党正面战场节节失利。

90. 台儿庄战役的基本情况如何？

1938 年 3 月下旬至 4 月上旬，中国军队运用阵地战同运动战相结合的战法，在台儿庄地区对孤军深入的日军第十师团濑谷支队和前来增援的第五师团坂本支队，进行英勇顽强的阻击和外线迂回包围。经过数日激战，最终打败进攻之敌，歼灭日军一万余人。台儿庄大捷，是抗战以来国民党正面战场取得的最重大胜利。中国共产党领导的八路军和部分抗日游击队和工人武装，也有力支援了台儿庄作战。

91. 中国共产党在抗战战略防御作战中的表现如何？

在战略防御作战中，中国共产党领导的八路军、新四军，以及全国各界民众组织的抗日自卫武装等，对抵抗日军的侵略起了重要作用。特别是共产党领导的敌后抗日游击战争的迅速展开，抗日民主根据地的建立，钳制了日军大量兵力，有力配合和支持了友军的正面防御作战。

92. 敌后游击战在战略防御阶段有什么重要作用？

敌后游击战争不仅配合了国民党军队在正面战场上的作战，直接给予日本侵略者以有力打击，而且迫使日军将原先用于进攻的大量兵力转用于防守其占领区，从而对停止日军的战略进攻，稳定全国战局，使抗战由战略防御转入战略相持阶段，起了重要作用。

93. 国民党五届五中全会于何时召开？制定了什么方针？

1939年1月召开的国民党五届五中全会，虽然仍声言要“坚持抗战到底”，却把对付共产党的问题作为重要议题，制定了“溶共”“防共”和“限共”的方针。

94. 如何评价中国远征军的赴缅作战？

1942年年初，中国政府组成远征军进入缅甸，为保卫滇缅公路和支援盟军，在异国进行了长期艰苦的战斗，取得了仁安羌大捷等作战的重大胜利。中国远征军第五军第二〇〇师师长戴安澜奉命率部在缅甸东瓜与敌血战10余天，歼敌5000余人。中国军队广大爱国官兵的英勇作战，抑制了日军的进攻，坚持了正面战场的抗战。

95. 什么是“亡国论”和“速胜论”？

抗战前，在国民党营垒中一直存在着所谓“亡国论”的思潮。有人说：“中国武器不如人，战必败。”全国抗战开始后，又有所谓“再战必亡”的论调。国民党亲日派汪精卫集团是“亡国论”的突出代表。亲英美派的蒋介石集团虽然已经进行抗战，但仍表现出某些动摇。抗战初期，国民党军队在军事上的严重失利，也给某些中间阶层和一部分劳动人民带来了悲观情绪。

另一种错误思潮是“速胜论”。这是一种盲目轻敌的思想。抗战刚开始时，蒋介石集团指望英、法、美等国直接出面干涉，并要求苏联出兵。因此，有人武断地认为，中日战争只要打三个月，国际局势就一定会发生变化，苏联一定会出兵，战争就可以解决了。这代表了一种希望依赖外力的援助迅速结束战争的思想。台儿庄大捷后，这种思想又有了一定的发展。

96. 毛泽东在《论持久战》中提出抗日战争必将经过哪几个阶段？

战略防御、战略相持和战略反攻三个阶段。

97. 毛泽东《论持久战》的重要内容有哪些？

（1）分析了中日两国的基本特点，揭示了抗日战争发展的客观规律，驳斥了“亡国论”和“速胜论”；（2）阐明了中国抗战必须实行人民战争的路线；（3）强调了抗日游击战争的战略地位。

98. 《论持久战》的重要意义何在？

（1）《论持久战》是一部伟大的马克思列宁主义军事理论著作。它是运用马克思列宁主义的基本原理来研究和指导中国抗日战争具体实践的光辉范例。（2）它不仅是指导中国人民战胜日本帝国主义的强大理论武器，而且对于观察研究当代的战争问题，指导革命战争，特别是殖民地半殖民地的民族解放战争，也具有重要意义。（3）《论持久战》还是一部伟大的哲学著作。

99. 中国共产党六届六中全会于何时召开？会议主要内容是什么？

为了总结全国抗战以来的经验教训，确定党在抗战新阶段的基本方针和任务，解决党内一度出现的右倾错误，统一全党的认识和步调，1938 年 9 月 29 日至 11 月 6 日，中国共产党在延安召开了第六届中央委员会第六次全体会议。

会议主要内容包括：毛泽东作《论新阶段》的政治报告，这是会议的中心议题。王稼祥、周恩来、王明、朱德、项英、张闻天、陈云、刘少奇分别作了报告和发言。彭德怀等人围绕总结抗战以来的经验作了发言。最后，毛泽东作会议总结，着重讲了统一战线问题及战争和战略问题。全会通过《中共扩大的六中全会政治决议案》，批准了以毛泽东为核心的中央政治局的路线。

100. 中国共产党六届六中全会召开的重要意义是什么？

党的六届六中全会是一次具有重大历史意义的会议。它正确地分析了抗日战争的形势，规定了党在抗战新阶段的任务，为实现党对抗日战争的领导进行了全面的战略规划。它基本上克服了党内以王明为代表的右倾错误，进一步确立了毛泽东在全党的领导地位，统一了全党的步调，推动了各项工作的迅速发展。

101. 中国共产党在中国革命中战胜敌人的三大法宝是什么？

中国共产党在中国革命中战胜敌人的三大法宝是统一战线、武装斗争、党的建设。

102. 毛泽东思想成熟的标志是什么？

1939 年和 1940 年，毛泽东先后发表了《〈共产党人〉发刊词》《中国革命和中国共产党》和《新民主主义理论》等著作，系统完整地提出了新民主主义理论，标志着毛泽东思想的成熟。

103. 什么是皖南事变？

1940 年 10 月 19 日，何应钦、白崇禧以国民政府军事委员会的名义，强令黄河以南的新四军、八路军在一个月内全部撤到江北；中国共产党从维护抗战大局出发，答应将皖南的新四军调离；1941 年 1 月 4 日，新四军军部及所属的支队 9000 多人由云岭出发北移；6 日，行至皖南泾县茂林时，遭到国民党军 8 万多人的伏击；新四军奋战七昼夜，弹尽粮绝，除约 2000 人突围外，大部分被俘或牺牲；叶挺与国民党军队谈判时被扣押，项英、周子昆被叛徒杀害。皖南事变发生后，周恩来在《新华日报》上愤然写下了“千古奇冤，江南一叶；同室操戈，相煎何急？！”的题词。

104. 中国共产党在抗日民族统一战线中的策略方针是什么？

发展进步势力、争取中间势力、孤立顽固势力。

105. 我党在抗日统一战线中坚持的发展进步势力、争取中间势力、孤立顽固势力策略方针的具体内容是什么？

发展进步势力，就是发展无产阶级、农民和城市小资产阶级力量，放手扩大人民武装，广泛地创立抗日民主根据地，发展共产党组织到全国，发展广大的民众运动。这是整个策略的中心环节。争取中间势力，就是争取民族资产阶级、开明绅士和地方实力派。孤立顽固势力，就是孤立以蒋介石为代表的英美派大地主大资产阶级。

106. 为巩固和扩大抗日民族统一战线，中共中央相应制定和重申了哪些方面的具体政策？

关于政权组织，提出必须坚决贯彻“三三制”（共产党员、党外进步人士、中间派各占三分之一）原则；关于劳动政策，提出在改善工人生活的同时，工人必须遵守劳动纪律，必须使资本家有利可图；关于税收政策，提出税收的原则是按收入多少纳税；关于经济政策，提出吸引外地资本家到抗日根据地开办实业，奖励民营企业；关于文化教育，提出应以提高和普及人民大众的抗日技能和民族自尊为中心。

107. 新民主主义革命的基本纲领是什么？

政治上，推翻帝国主义和封建主义的压迫，在中国建立一个无产阶级领导的、以工农联盟为基础的各革命阶级联合专政的民主共和国。经济上，没收操纵国计民生的大银行、大工业、大商业，建立国营经济；没收地主土地归农民所有，并引导农民发展合作经济；允许民族资本主义经济的发展和富农经济的存在；文化上，废除封建买办文化，发展民族的科学的大众文化。

108. 新民主主义理论的提出具有怎样重大的历史意义？

毛泽东对新民主主义理论的完整论述，标志着马克思列宁主义基本原理同中国革命具体实践相结合的毛泽东思想，有了进一步发展。新民主主义理论是共产主义思想体系的一个重要组成部分，是对马克思列宁主义的丰富和发展。这一理论使广大党员和人民群众清楚地看到中国革命的发展规律和前景，极大地鼓舞了他们的胜利信心，有力地指导和促进了抗日战争和中国革命的胜利发展。

109. 什么是“百团大战”？

百团大战是中国抗日战争时期，中国八路军与日军在中国华北地区发生的一次规模最大、持续时间最长的战役。八路军的晋察冀军区、第 129 师、第 120 师在总部统一指挥下，发动了以破袭正太铁路（石家庄至太原）为重点的战役。战役发起第三天，八路军参战部队已达 105 个团，故称此为“百团大战”。

110. 如何评价百团大战？

百团大战在彭德怀等将领的直接指挥下，打出了共产党领导的敌后抗日军民的声威。它使全国人民看到，八路军在极为困难的条件下，不仅发展壮大起来，而且能够给敌人以强有力的打击。这次战役振奋了全国军民争取抗战胜利的信心，以事实驳斥了国民党顽固派对共产党、八路军“游而不击”的污蔑。从战争全局看，百团大战具有积极的战略意义。它牵制了日军的兵力，推迟了日军“南进”的时间，并对支持正面战场作战，遏制妥协投降暗流，争取时局好转，起了积极的作用。

111. 中共中央南方局于何时何地成立？

根据党的六届六中全会的决定，1939 年 1 月 16 日，中共中央南方局在重庆正式成立，周恩来为书记。

112. 如何评价南方局的工作？

南方局的工作是抗战时期党的全部工作中的一个重要组成部分。南方局在抗战时期工作出色，不仅保存了党在国民党统治区的组织和力量，在党的周围团结了更多的进步力量，而且为全国解放战争时期第二条战线的形成，为新中国成立后共产党领导的多党合作和政治协商制度的形成，创造了有利条件。

113. 延安整风运动的起止时间？

延安整风运动是中国共产党历史上第一次大规模的整风运动。1941 年 5 月，毛泽东同志在延安高级干部会议上作《改造我们的学习》的报告，标志着整风运动开始；1945 年 4 月 20 日六届七中全会通过《关于若干历史问题的决议》，整风运动结束。

114. 延安整风的主要任务是什么？

全党普遍整风运动的主要任务是反对主观主义、宗派主义、党八股。反对主观主义以整顿学风，反对宗派主义以整顿党风，反对党八股以整顿文风。最根本的是反对教条主义。宗派主义和党八股是教条主义在组织和文风上的表现。

115. 延安整风运动具有怎样的历史意义？

第一，延安整风运动，大大提高了党员干部的马克思列宁主义水平，使全党的各级领导机关和广大干部较明确地掌握了马克思列宁主义的普遍真理同中国革命的具体实践相结合这一基本方向，清晰地认识了中国的基本国情以及中国革命发展的客观规律。第二，延安整风运动，是一次思想上的大革命。整风运动的过程，就是对广大干部进行深入细致的思想教育、开展批评与自我批评、逐步提高共产主义觉悟的过程。第三，延安整风运动，全面地总结了 20 余年来党的历史经验，澄清了党内重大路线是非问题。第四，延安整风运动，从正反两方面总结了党内斗争的经验，创造了一种完全适合中国国情和中国共产党情况的进行党内斗争和开展对党员思想教育的新的形式和方法："团结——批评——团结"，即从团结的愿望出发，经过批评或者斗争，达到在马克思列宁主义基础上的新的团结。第五，更为重要的是，这次整风运动，为胜利召开具有伟大历史意义的党的第七次全国代表大会，从思想上、政治上和组织上奠定了良好基础。整风运动对于加强无产阶级政党的建设，增强党的战斗力，是一次成功的实践，是一个伟大的创举。

116. 抗战时期，中共实行减租减息政策有何重要的历史作用?

减租减息是中国共产党在抗日战争时期处理土地问题的基本政策。实行这一政策，在政治上可以动摇封建统治，在经济上可以削弱封建剥削，改善农民的政治地位和生活状况。它是党在民族战争条件下处理土地问题、发动农民抗日的重要政策。它兼顾农民和地主两方面的利益，有利于团结大多数地主抗日，把发展统一战线和解决农民问题很好地结合起来。

117. 什么是大生产运动?

首先在陕甘宁边区开展的大生产运动的主要内容包括：（1）为了克服严重的财政经济困难，中共中央发出了"发展经济、保障供给""自己动手、丰衣足食"的号召，在毛泽东等亲自领导下，解放区军民掀起了热火朝天的大生产运动。（2）成绩：①大生产运动取得了丰衣足食的显著效果，为夺取抗战胜利奠定了物质基础；②积累了经济建设的经验，培养了一批管理经济的干部；③形成了自力更生，艰苦奋斗的优良传统。

118. 如何评价解放区开展的大生产运动?

大生产运动起到了支持长期抗战，战胜困难，渡过难关，继续坚持长期抗日的目的；缓解了军民供需的重大矛盾，打破了国民党顽固派的封锁和扼杀中国共产党革命力量的企图。同时，通过参加生产、提高劳动观念，增强官兵关系、上下关系，减轻农民负担，密切军民关系、军政关系，保证我们军队永远立于不败之地。它不仅支持了艰苦的抗战，而且积累了经济建设的经验，培养了一批干部，使他们不仅会进行革命战争，也学会发展生产，进行经济建设，实现自我发展。

119. 抗日民主根据地建设包括哪些主要内容？

抗日根据地是全面贯彻和实现中国共产党全面抗战路线的坚强阵地。为克服敌后抗战的严重困难，党通过经济、政治、文化等方面的社会改革，不断加强抗日根据地建设。主要包括以下内容:（1）政治上，加强民主政权建设，贯彻“三三制”原则；厉行精兵简政，减轻抗日根据地人民的经济负担；建立各级党的一元化领导；等等。（2）经济上，实行减租减息，削弱和限制农村的封建剥削；大力发展农业生产；特别是掀起大生产运动，自己动手，丰衣足食，对于克服严重的物质生活困难起到了决定性作用。（3）文化上，提出建立新民主主义的文化，吸收大量知识分子投身抗日，改变农村传统文化观念，深入群众开展丰富多彩的文化宣传活动，提高广大群众的文化水平，形成根据地文化全面繁荣的局面。

120. 中国共产党民主联合政府口号的提出具有怎样重要的意义？

中国共产党关于建立民主联合政府的主张，在国内外引起强烈反响。它的提出，更广泛地团结争取了民主党派和民主人士，以及国内外各种同情和支持中国抗战、希望中国民主进步的力量，使国民党蒋介石集团在政治上陷入更加孤立和被动的地步。民主联合政府口号的提出，极大地提高了全国人民的民主抗日热情，各界民主进步力量在联合政府的口号下集聚起来。青年学生中的先进分子在共产党领导下，开展反对国民党法西斯统治、争取实行政治民主的斗争。在争取建立民主联合政府的斗争中，还显示了工人阶级的重要作用，同时也锻炼和培养了一批工人运动的骨干，积累了共产党在国民党统治区开展工人运动的成功经验。

121. 1944 年，国共双方拟定的《中国国民政府、中国国民党与中国共产党协定（草案）》的主要内容有哪些？

主要内容包括以下方面：（1）国共两党应通力合作，为打败日本而统一所有国内武力，并共同致力于中国复兴工作。（2）改组国民政府，成立各党各派和无党无派的联合政府，成立代表所有抗战力量的联合统帅部。（3）实行民主改革，给人民以自由。（4）承认中国所有抗日的武装力量，公平分配所有获自友邦的军事装备。（5）承认所有党派的合法地位。

122. 中国共产党六届七中全会的主要内容和历史意义是什么？

1944 年 5 月 21 日，中国共产党在延安杨家岭召开了六届七中全会。全会讨论和通过了党的《关于若干历史问题的决议》。《决议》总结了建党以来的历史经验，着重批评土地革命战争时期以王明为代表的“左”倾错误，肯定了以毛泽东为代表的把马列主义普遍真理同中国革命实践相结合的方向和路线，确定毛泽东思想为全党的指导思想。六届七中全会使党尤其是党的高级干部达到在马列主义、毛泽东思想基础上的团结一致，为中共七大的召开，在思想上做了充分的准备。

123. 中国共产党第七次全国代表大会于何时何地召开？主要内容有哪些？

1945 年 4 月 23 日至 6 月 11 日在延安举行。大会通过了毛泽东《论联合政府》的政治报告、朱德《论解放区战场》的军事报告。大会提出党的政治路线是：放手发动群众，壮大人民力量，在党的领导下，打败日本侵略者，解放全国人民，建立一个新民主主义的中国。大会强调毛泽东思想为全党的指导思想。大会通过的新党章强调了群众路线和党的民主集中制原则。这次大会是团结的大会，胜利的大会，为抗日战争和夺取新民主主义革命在全国的胜利奠定了基础。

124. 中共七大提出的中国共产党的三大作风是什么？

七大总结历史经验，把党在长期奋斗中形成的优良传统作风概括为三大作风，即理论和实践相结合的作风，和人民群众紧密联系在一起的作风，自我批评的作风。强调三大作风是共产党人区别于其他任何政党的显著标志，坚持和发扬党的优良作风对实现党的政治任务和组织任务具有重要意义。

125. 中共七大提出的党的任务是什么？

七大指出，在抗日战争即将胜利的形势下，党的任务是：放手发动群众，壮大人民力量，领导人民打败日本侵略者，解放全国人民，建立一个独立、自由、民主、统一、富强的新中国。

126. 中共七大的召开有何重要历史意义？

大会总结了中国共产党领导中国民主革命在 24 年中曲折发展的历史经验，特别是总结了八年抗战的经验，制定出打败日本侵略者，建立新中国的正确的纲领和策略；批评了党内的错误思想，系统地阐明党的优良传统和作风，使全党的认识在马克思列宁主义、毛泽东思想的基础上统一起来；选举产生以毛泽东为首的中央领导集体，使全党在组织上达到空前的团结。“七大”是中国共产党在民主革命时期召开的最后的也是最重要的一次代表大会。

127. 为什么说中共七大确立毛泽东思想为党的指导思想是近代中国历史和人民革命斗争发展的必然选择?

20 世纪初期，灾难深重的中国人民在长期革命斗争中，经过反复比较鉴别，终于选择了马克思列宁主义作为自己的思想武器。中国共产党成立后，以毛泽东为主要代表的中国共产党人，根据马克思列宁主义的基本原理，经过 20 多年的探索，把中国革命实践中的一系列独创性经验进行理论概括，创造性地发展了马克思列宁主义，形成了适合中国情况的科学指导思想。这就是马克思列宁主义基本原理和中国革命实际相结合的伟大理论成果——毛泽东思想。

128. 延安精神的基本内涵包括哪些内容?

延安精神的基本内涵：自力更生、艰苦奋斗的精神；坚持真理、纠正错误的精神；实事求是、民主团结的精神；依靠群众、服务群众的精神。

129. 为什么说中国共产党是抗日战争的中流砥柱?

中国共产党成为抗日战争中流砥柱的原因主要表现在以下方面：第一，中国共产党在抗战中实行的是全面的全民族的抗战路线，提出了持久战的作战方针；第二，敌后战场的开辟与游击战争的发展，有力地牵制了敌人的力量；第三，中国共产党在抗战中还进行了抗日民族根据地的建设；第四，中国共产党在抗战中坚持抗战、团结、进步的方针，竭力维护和扩大抗日民族统一战线；第五，八路军、新四军在斗争中力量不断壮大；第六，中国共产党还团结国统区的民族力量，使国统区的抗日民族运动和进步文化工作得到进一步发展；第七，中国共产党在抗日战争时期还不断注重自身的建设。

130. 日本何时签署投降书?

1945 年 9 月 2 日，在东京湾的美国“密苏里”号巡洋舰上，日本外相重光葵和日军总参谋长梅津美治郎分别代表日本天皇、日本政府和日本帝国大本营在投降书上签字。至此，中国抗日战争胜利结束，世界反法西斯战争也胜利结束。

131. 抗日战争能够取胜的原因主要有哪些？

一是中国共产党以自己的坚定意志和模范行动，在全民族抗战中发挥了中流砥柱的作用；二是中国人民的巨大民族觉醒、空前民族团结和英勇民族抗争，是中国人民抗日战争胜利的决定性因素；三是世界所有爱好和平与正义的国家和人民、国际组织及各种反法西斯力量的同情和支持。

132. 抗日战争胜利的基本经验有哪些？

首先，全国各族人民的大团结是我们战胜一切艰难困苦、实现奋斗目标的力量源泉；其次，以爱国主义为核心的伟大民族精神是中国人民团结奋斗的精神动力；再次，提高综合国力是中华民族自立于世界民族之林的基本保证；此外，中国人民热爱和平，反对侵略，同时又决不惧怕侵略；最后，只有坚持中国共产党的领导，中华民族才能实现民族独立和解放，才能创造美好的未来。

133. 如何评价抗日民族统一战线这一策略在抗日战争中的重要作用？

抗日民族统一战线的建立、坚持和发展，是争取抗日战争胜利的基本保证。抗日战争开始时，国民党掌握着全国政权，拥有庞大的军事力量和经济力量。但是仅靠这一点，中国不可能取得反对日本侵略战争的胜利。为此，中国共产党积极倡导、努力建立和扩大以国共合作为基础的，包括各民主党派、人民团体以及一切爱国阶级、阶层的广泛的抗日民族统一战线，与全国人民一起，促进国共合作，推动国民党抗战。同时，从抗日战争的实际出发，党正确处理民族矛盾和阶级矛盾的关系，提出了正确的统一战线的策略和政策，强调各阶级的利益必须服从抗日的利益。抗日民族统一战线是最大限度地动员全国人民参加抗战，最大限度地反对日本侵略者和汉奸卖国贼，孤立顽固势力的反共投降活动的有力武器。

134. 抗日战争的胜利具有怎样的重大意义？

中国人民抗日战争是近代中国历史上最伟大的民族解放战争，是中华民族走向复兴的历史转折点。（1）抗日战争的胜利，一改百年来中国人民在抵抗外敌入侵的作战中屡战屡败的命运，彻底打败侵略者，彻底打败了日本法西斯侵略者，捍卫了中国的国家主权和领土完整，彻底改变了中国近代以后饱受外来侵略的屈辱历史，捍卫了中华民族数千年发展的文明成果。（2）抗日战争的胜利，促进了中华民族的觉醒，使中国人民在精神上、组织上取得前所未有的进步；为中国共产党带领中国人民实现彻底的民族独立和人民解放奠定了重要基础，使中国共产党领导中国人民取得了新民主主义革命的胜利，建立了中华人民共和国，实现了中国历史上最伟大、最深刻的社会变革。（3）抗日战争的胜利，促进了中华民族的大团结，弘扬了以爱国主义为核心的伟大民族精神。（4）抗日战争的胜利，促进了联合国的成立，推动制定了联合国宪章和其他国际关系基本准则，开始形成维护国际和平与安全的新机制，对战后世界局势的发展产生了深远影响。（5）抗日战争的胜利，彻底摧毁世界法西斯反动势力，壮大了世界进步力量，有力冲击了旧时代列强争霸的国际体系，动摇了世界殖民主义的基础，推动了殖民地、附属国争取国家独立和民族解放的斗争。

135. 抗日战争在世界反法西斯战争中具有怎样的地位？

中国的抗日战争，是世界反法西斯战争的重要组成部分。它发动最早，持续时间最长。中国战场是反对日本法西斯侵略的主战场，也是世界反法西斯战争的东方主战场。中国人民的抗战，大量消耗和削弱了日本军国主义的战争实力，长期打击并牵制了日本大部分陆军和大量海军，使日军不能轻易冒险地北攻或南下，从而减轻了苏联和美、英等国的压力。太平洋战争爆发后，中国战场继续吸引和滞留着日本陆军的主要兵力，有力地支援美、英等盟国在太平洋战场的作战，在战略上配合和援助了世界各国人民的反法西斯战争。

在这场战争中，中国付出了巨大的民族牺牲。中国军民伤亡总数在 3500 万以上，直接经济损失超过了 1000 亿美元，间接经济损失 5000 亿美元。中国人民为世界反法西斯战争的胜利做出了不可磨灭的贡献。同样，世界反法西斯战争在欧洲、亚洲太平洋等战场的巨大胜利，也有力地支援了中国抗战。

136. 什么是重庆谈判？

1945 年抗日战争胜利后，为避免内战、争取和平，中国共产党同国民党政府在重庆进行了为期 43 天的和平谈判，史称重庆谈判。整个事件过程从 1945 年 8 月 29 日开始，至 10 月 10 日结束，国共双方签订了《政府与中共代表会谈纪要》，即《双十协定》。

137.《双十协定》的主要内容是什么?

(1)承认和平建国的基本方针,同意以对话方式解决一切争端;(2)长期合作,坚决避免内战,建设独立、自由和富强的新中国,彻底实行三民主义;(3)迅速结束训政,实施宪政;(4)迅速召开政治协商会议,对国民大会及其他问题进行商讨后再做决定,制定新宪法。(5)中国共产党承认蒋介石及南京国民政府对中国的合法领导地位。这样一来,国共两党实质上并没有解决两党之间的核心矛盾,未能改变分裂局面。在政治协商会议召开不久,蒋介石单方面撕毁《双十协定》,宣告第二次国共合作破灭。

138. 政治协商会议于何时何地召开?主要内容是什么?

1946 年 1 月,政治协商会议在重庆召开。出席会议的有国民党、共产党、民主同盟、青年党和无党派人士代表共 38 人。会议历时 22 天,通过了政府组织案、国民大会案、和平建国纲领、军事问题案、宪法草案五项协议。这些协议的内容虽然不同于中国共产党主张的新民主主义纲领,但是对国民党独裁专制的政治制度和反人民的内战政策,具有明显的限制作用。它基本上符合全国人民的和平民主愿望,因而受到人民的欢迎。

139. 政治协商会议的中心议题是什么?

政协会议的中心议题,是关于政治民主化和军队国家化问题。

140. 全国内战爆发的标志是什么?

1946 年 6 月底,国民党军队以进攻中原解放区为起点,挑起了全国性的内战,这成为全国内战爆发的重要标志。

141. 全面内战爆发时,国共双方的力量对比情况如何?

全面内战爆发时,与国民党力量对比仍然存在很大悬殊。国民党的情况:(1)国民党军总兵力为 430 万人,由于接收了百万侵华日军和数十万伪军的装备,并得到美国的大量援助,部队装备十分精良。(2)国民党占据着 3 亿以上人口的地区,控制着全国几乎所有的大城市、交通干线和现代工业,拥有丰富的资源。

共产党的情况:人民解放军总兵力大约在 127 万人,武器装备不如国民党。解放区人口约 1.36 亿,面积约 230 万平方公里。其中大部分地区封建势力还未肃清,后方不巩固。

142. 毛泽东在同美国记者安娜·路易斯·斯特朗的谈话中提出了怎样的著名论断?

毛泽东在与美国记者的谈话中指出：“一切反动派都是纸老虎。”这一论断使中国人民极大地增强了斗争的勇气和信心。

143. 国民党伪国大召开说明了什么?

1946年11月12日，国民党单方面召开“国大”的行动，充分表明以蒋介石为首的国民党统治集团决心把内战进行到底，通向国内和平的道路被完全堵塞。

144. 解放战争时期，国民党重点进攻于何时发生，重点进攻的主要目标是什么?

在有生力量被大量歼灭，又需要分兵守备的困境下，蒋介石不得不从1947年3月开始，由全面进攻转为重点进攻。重点进攻的主要目标是陕北解放区和山东解放区。

145. 什么口号的提出标志着自卫战争阶段的结束和解放战争的正式开始?

“人民解放战争”口号是中国革命发展进程中党的战略指导思想的根本性转变，标志着自卫战争阶段的结束和解放战争的正式开始。

146. 解放战争时期，人民解放军战略防御作战阶段取得了怎样重大的成果?

1946年11月至1947年2月的4个月作战，人民解放军歼灭国民党军队41余万人；国民党军队占领解放区城市87座，人民解放军收复和新解放的城市也是87座。4个月来，国民党军队已由战争初期的得地失人变为净损失40余万人而无地可得，人民解放军在贯彻中央军委的积极防御方针的作战中已经取得了重大胜利。

147. 解放战争爆发一年后，国共双方兵力发生了怎样的变化?

解放战争进行一年后，战争形势发生重大变化。国民党军队的总兵力已由战争开始时的430万人减少到373万人，其中正规军由200万人减少到150万人。解放军的总兵力已由127万人增加到195万人，其中野战军由61万人发展到100

万人以上。

148. 中原中央局于何时成立?

1947 年 5 月。

149. "打倒蒋介石，解放全中国" 口号提出的历史意义是什么?

1947 年 10 月 10 日，毛泽东为中国人民解放军总部所起草的政治宣言里，提出了"打倒蒋介石，解放全中国" 的口号。这个口号的提出，极大地鼓舞了人民解放军全体指战员和全国人民的斗志。

150. 解放战争时期，中共中央整党的方针和基本内容有哪些?

方针: 开展批评与自我批评，以说服教育为主，惩前毖后，治病救人。基本内容: 通过开展三查(查阶级、查思想、查作风)三整(整顿组织、整顿思想、整顿作风)，克服党内的非无产阶级思想影响和官僚主义作风，牢固树立全心全意为人民服务的思想；对那些错误严重、屡教不改的党员辅之以组织纪律处分；对极少数混进党内的地主、富农和流氓分子坚决清除出党。

151. 解放战争时期，中共中央整党的基本方法是什么?

公开党的支部，吸收非党群众参加党的支部大会，使三查三整工作接受群众的监督；对少数被地主、富农和流氓分子操纵的党支部，则由上级组织派出工作组重新组建党支部，并协助支部开展整党工作。

152. "十二月会议"于何时何地召开? 会议通过了什么重要报告?

1947 年 12 月 25 日至 28 日，中共中央在陕北米脂县杨家沟召开扩大会议，即"十二月会议"。会议主要讨论并通过毛泽东的《目前形势和我们的任务》的书面报告。

153. 毛泽东在《目前形势和我们的任务》中都提出了哪些重要方针政策和纲领?

毛泽东在《目前形势和我们的任务》的报告中，深刻分析了国际国内形势，阐明了彻底打败蒋介石、夺取全国胜利的军事、经济、政治等方面的方针和政策。(1) 在军事方面，毛泽东总结人民革命战争的经验，提出了十大军事原则。它的核心是打歼灭战，不断歼灭敌人的有生力量。十大军事原则的提出使人民解放军的作战指导思想更加系统化、理论化，更能适应转入战略进攻后的作战需要。（2）在经济方面，毛泽东明确宣布新民主主义革命的三大经济纲领，以及一系列具体政策，特别阐明了土地制度改革的重要性，提出了土地改革总路线。阐述了新中国的经济构成和党对经济工作的指导方针。（3）在政治方面，毛泽东重申了党的基本政治纲领，即“联合工农兵学商各被压迫阶级、各人民团体、各民主党派、各少数民族、各地华侨和其他爱国分子，组成民族统一战线，打倒蒋介石独裁政府，成立民主联合政府”。

毛泽东在报告中明确宣布了新民主主义的经济纲领，即没收封建阶级的土地归农民所有，没收蒋介石、宋子文、孔祥熙、陈立夫为首的垄断资本归新民主主义的国家所有，保护民族工商业。毛泽东重申了党的基本政治纲领，即“联合工农兵学商各被压迫阶级、各人民团体、各民主党派、各少数民族、各地华侨和其他爱国分子，组成民族统一战线，打倒蒋介石独裁政府，成立民主联合政府”。

154. “十二月会议”的召开具有怎样的重要意义？

“十二月会议”是在革命战争的转折关头召开的一次具有重大意义的会议。毛泽东的报告可以说是共产党在打倒蒋介石反动统治集团，建立新民主主义中国的整个时期内，在政治、经济、军事各方面的纲领性文件，进一步丰富和发展了新民主主义理论。

155. 三大战役何时发生，主要战果如何？

辽沈战役于1948年9月12日开始至11月2日结束，历时52天。在这次战役中，林彪、罗荣桓指挥东北野战军主力连同地方武装共103万，在东北人民支援下，取得歼敌47万多人的重大成果。

淮海战役于1948年11月6日开始至1949年1月10日结束，历时66天。在此次战役中，在由刘伯承、陈毅、邓小平、粟裕、谭震林等组成的总前委领导下，华北野战军、中原野战军及地方武装60余万人共歼敌55.5万人。

平津战役自1948年11月29日开始至1949年1月31日结束，历时64天。在此次战役中，在由林彪、罗荣桓、聂荣臻组成的总前委的领导下，东北野战军、华北解放军主力与地方武装100万人，歼灭和改编国民党军队52万人。

156. 三大战役胜利的重大意义是什么？

三大战役的胜利，使人民群众胜利地完成了与敌主力的战略决战。三大战役共进行了 142 天，歼灭敌人 173 个师，共计 154 万多人。连同在此期间其他地区的作战，人民解放军共计歼敌 182 万人。这意味着国民党赖以维持其反动统治的主要军事力量基本上已被消灭殆尽。三大战役的胜利，奠定了人民解放战争在全国胜利的基础。

157.《中国土地法大纲（草案）》于何时何地颁布？主要内容是什么？

1947 年 7 月，在刘少奇主持下，中共中央工作委员会在河北省平山县西柏坡村召开全国土地会议，通过了《中国土地法大纲（草案）》。

《大纲》规定了彻底平分土地的基本原则，即“乡村中一切地主的土地及公地，由乡村农会接收，连同乡村中其他一切土地，按乡村全部人口，不分男女老幼，统一平均分配，在土地数量上抽多补少，质量上抽肥补瘦，使全乡村人民均获得同等的土地，并归各人所有”。

158.《中国土地法大纲》的颁布有什么重要意义？

《中国土地法大纲》是抗日战争胜利后，中国共产党公开颁布的第一个关于土地制度改革的纲领性文件。它向全中国和全世界人民表明：中国共产党高举反封建的战斗旗帜，为在全国消灭封建剥削的土地制度提供了一个基本纲领。

159. 如何理解土地改革的重要作用？

1947 年 11 月至 12 月，轰轰烈烈的土地改革运动，以雷霆万钧之力，猛烈地冲击着几千年来的封建土地制度。这一翻天覆地的变化，使亿万农民在政治上、经济上获得了解放，由此迸发出难以估量的革命热情。经过土地改革运动，到 1948 年秋，1 亿人口的解放区消灭了封建生产关系。土地制度的改革，使人民解放战争获得了源源不断的人力、物力支持。经过土地制度改革，中国最主要的人民群众——农民进一步认识到，中国共产党是自身利益的坚决维护者，因而自觉地在党的周围团结起来。这就为打败蒋介石、建立新中国奠定了深厚的群众基础。

160. 解放战争时期的“第二条战线”是如何形成的?

抗日战争胜利以后，全国人民强烈要求和平民主，而以蒋介石为首的国民党统治集团，在美国支持下，积极准备发动反人民的内战。为了争取和平，1945 年 8 月 28 日，毛泽东、周恩来等同志赴重庆同国民党进行谈判，签订了《双十协定》，并推动召开了政治协商会议。但是，蒋介石集团在美国支持下，背信弃义，悍然撕毁停战协议和政协协议，发动了全面内战。蒋介石政权的反动、卖国、独裁，激起了全国人民更加广泛、高涨的争取和平、民主斗争的开展。在抗战后期和解放战争中先后产生的中国民主同盟、中国民主建国会、中国民主促进会、九三学社、台湾民主自治同盟、中国国民党革命委员会以及抗战前建立的中国致公党、中国农工民主党等民主党派，与中国共产党携手合作，共同战斗。在共产党统一战线政策的号召下，国民党统治区的爱国民主运动日益高涨，反美反蒋斗争遍及全国 60 多个大中城市，形成了反对蒋介石集团的第二条战线，有力地配合了人民解放军直接打击国民党军队的第一条战线，使蒋介石集团陷入全民的包围之中。

161. “第二条战线”的地位和历史作用是什么?

（1）有力配合了人民解放军的军事斗争，加速了国民政府的灭亡；（2）保护了国统区的各种设施，配合了人民解放军接管城市的工作;（3）积蓄了革命力量，锻炼和培养了干部。

162. “五二〇”运动的发生具有怎样的历史意义?

以反饥饿、反内战、反迫害为内容的“五二〇”运动，是解放战争时期继“一二·一”运动之后又一次伟大的学生爱国运动，是民盟南京地方组织与国民党独裁政府斗争中重要的一页，也是中国共产党领导下的人民民主统一战线光辉历史的重要组成部分。

“五二〇”运动的重要意义主要有以下几点：（1）“五二〇”运动标志着第二条战线的正式形成。“五二〇”运动不但开辟了解放战争第二战场，而且与人民解放军的军事进攻紧密配合，推动中国革命新高潮的到来，使国民党反动统治陷于全民包围之中。（2）“五二〇”运动壮大了反蒋爱国民主统一战线，它促进了国统区爱国民主运动的高涨。（3）由于“五二〇”运动提出的反饥饿、反内战、反迫害口号，紧密联系广大群众的切身利益，反映了劳动群众的基本要求，又具有符合人民希望的政治内容，所以得到全国各界的大力支持，使一切热爱民主和平的人们团结起来，极大地冲击、削弱和动摇了蒋介石的反动统治，使反动派更加陷于孤立。（4）“五二〇”运动还教育了一代青年，使广大青年认识到：要生存，要和平，要自由，除了团结起来推翻国民党反动政府之外，别无出路，为党组织在国统区第二战场的斗争培养锻炼了大批骨干力量，促进了全国青年学生的大联合。

163. 1949 年新中国成立以前，中国存在着哪三种主要的政治力量？

一是地主阶级和买办性的大资产阶级（后来的官僚资产阶级）。他们是反动势力、民主革命的对象。其政治代表先是北洋政府，以后主要是国民党统治集团。二是民族资产阶级。他们是中间势力，民主革命的力量之一。其政治代表是民族党派的某些领导人物和若干无党派人士。三是工人阶级、农民阶级和城市小资产阶级。他们是进步势力，民主革命的主要力量，其政治代表是中国共产党。

164. 新中国成立以前的三种政治力量分别提出了哪三种不同的建国方案？

一是地主阶级和买办性的大资产阶级的方案。主张继续实行地主阶级、买办的大资产阶级的军事独裁统治，使中国继续走半殖民地半封建社会的道路。二是民族资产阶级的建国方案。他们是要建立一个名副其实的资产阶级共和国，以便使资本主义得到自由和充分的发展，使中国成为一个独立的资本主义社会。三是工人阶级和其他进步势力的方案。他们主张在工人阶级及其政党的领导下，首先进行一场彻底的反帝反封建的新式资产阶级民主革命，即新民主主义革命，以便建立一个工人阶级领导的人民共和国，即人民民主专政的国家；并经过这个人民共和国，逐步达到社会主义和共产主义。上述建国方案摆在中国人民的面前，由他们在自己的政治实践中做出选择，但是，从根本上说，由于资产阶级共和国方案并不具备现实性，可供中国人民选择的方案主要有两个：或者是继续半殖民地半封建的旧中国，或者是创建新民主主义的新中国。

165. 中国共产党的建国方案为什么会最终成为中国人民的共同选择？

资产阶级共和国的方案之所以行不通，是由当时中国所处的时代条件和国内阶级关系的状况所决定的。第一，资产阶级的共和国，外国有过的，中国不能有，因为中国是受帝国主义压迫的国家，建立资产阶级共和国是他们不能容忍的。第二，民族资产阶级的力量过于软弱。他没有勇气和能力去领导人民进行彻底的反帝反封建的革命斗争，从而为建立资产阶级共和国扫清障碍。总之，地主阶级与买办性的大资产阶级的方案由于违背中国人民的根本利益，遭到了广大人民的唾弃，他们的反动统治也在根本上被推翻了。民族资产阶级的方案由于脱离中国实际，也没有得到中国广大群众的拥护，连提出这种方案的多数人最终也承认这个方案是行不通的。只有中国共产党提出的关于建立人民共和国的方案，逐步获得了工人、农民、城市小资产阶级乃至民族资产阶级的政治代表的拥护，由此成了中国最广大群众的共同选择。

166. 什么是“第三条道路”？

“第三条道路”也称“中间道路”，是指在抗日战争结束后，一部分民主人士曾经所持的政治主张。他们幻想在国民党的大地主、大资产阶级专政和共产党所领导的人民民主专政之外，另找所谓“第三条道路”。实际上就是英美式的资产阶级专政的道路。

167. 第三条道路在中国为什么走不通？

资产阶级共和国的方案在中国行不通，资产阶级共和国让位于人民共和国是近代中国历史发展的必然。（1）资产阶级共和国的方案不适合中国国情。在西方国家，资产阶级民主革命的对象是封建势力。在中国，这个革命的对象除了封建势力外，还有帝国主义。这是由中国半殖民地半封建社会的基本国情决定的。帝国主义列强来到中国的目的，不是使中国成为一个独立富强的资本主义国家，而是掠夺中国来发展自己的资本主义。因此，他们扶植自己的代理人——清政府、北洋军阀和国民党政权，通过这些带有浓厚封建性和买办性的反动阶级的统治，把中国牢牢地控制在自己的殖民体系内。因此，建立资产阶级共和国是帝国主义所不允许的。（2）资产阶级共和国方案不符合中国人民的意志，不为中国人民所欢迎。在十月革命胜利以前，资产阶级的思想和文化曾被视为医治中国贫穷落后的良方。康有为、严复、孙中山甚至陈独秀、李大钊、毛泽东等仁人志士都热心地提倡过向西方资本主义国家学习。但是，学习西方的结果，并没有改变中国落后挨打的局面。相反，帝国主义列强日益加紧的侵略，彻底打破了中国人学习西方的迷梦。十月革命的胜利给中国送来了马克思列宁主义。帝国主义的侵略、剥削和社会主义俄国的支持、援助形成了鲜明对比。资产阶级共和国方案自然不为广大工农群众所欢迎。（3）资产阶级共和国方案是中国国内封建势力所不允许的。代表大地主大资产阶级利益的北洋军阀和国民党政权是独裁专制的政权，为维护自己的阶级利益，他们必然排斥、镇压一切先进的思想。前者扼杀了孙中山亲手创立的中华民国南京临时政府，后者在抗战胜利前后，封杀了中国民主同盟等民主党派希望建立的英美式资产阶级共和国方案，并拒绝了中国共产党提出的建立包括蒋介石集团在内的民主联合政府的主张。（4）民族资产阶级的软弱性和妥协性从根本上决定了资产阶级共和国方案在中国行不通。中国的民族资产阶级是在帝国主义和封建主义的夹缝中生存、发展起来的，这就决定了民族资产阶级经济上不发达和政治上软弱的状况。同时，在近代中国，外有帝国主义的侵略、内有封建势力的残酷统治，中国民主革命的敌人是异常强大和残暴的。因此，民族资产阶级不可能也没有能力打败强大的敌人，建立资产阶级共和国。（5）中国共产党的正确政策及其领导的中国革命的不断胜利，促使民族资产阶级放弃了“第三条道路”。

168. 七届二中全会于何时何地召开？主要内容有哪些？

1949 年 3 月 5 日至 13 日，中国共产党在河北省平山县西柏坡村举行了第七届中央委员会第二次全体会议。（1）会议着重讨论了党的工作重心的战略转移，即工作重心由乡村转移到城市的问题。（2）全会充分地研究了经济政策问题。（3）全会指出，革命在全国胜利并解决了土地问题以后，中国还存在着两种基本矛盾：国内是工人阶级和资产阶级的矛盾，国外是中国和帝国主义国家的矛盾。因此，工人阶级领导的国家政权不是可以削弱的，而是必须强化。（4）全会强调应加强党的思想建设。

169. 七届二中全会召开的历史背景？

1949 年 3 月，党中央在西柏坡指挥的辽沈、淮海、平津三大战役刚刚落下帷幕，蒋家王朝摇摇欲坠，全国解放指日可待。中国共产党领导的人民革命，经过 28 年艰苦卓绝的斗争，基本完成了农村包围城市、武装夺取政权的历史任务，新中国的成立已成事实。党的工作重心开始从农村转向城市，从革命战争转向和平建设，党也即将从革命的领导主体向建设的领导主体即执政党转变。为了使全党适应这一历史性转变的新要求，召开了此次会议。

170. 西柏坡精神的基本内涵包括哪些内容？

“两个敢于”，即敢于斗争、敢于胜利的彻底革命精神；“两个善于”，即善于破坏旧世界、善于建设新世界的开拓创新精神；“两个坚持”，即坚持依靠群众、坚持团结统一的民主团结精神；“两个务必”，即务必使同志们继续保持谦虚、谨慎、不骄、不躁的作风，务必使同志们继续保持艰苦奋斗的作风。

171. 国民党统治于何时正式崩溃？

1949 年 4 月 23 日胜利渡江的人民解放军解放了国民党反动统治的中心南京，南京的解放标志着国民党 22 年反动统治的崩溃。

172. 毛泽东系统阐述人民民主专政理论的代表作是什么？其主要内容有哪些？

代表作是《论人民民主专政》。主要内容：（1）建立人民民主专政的国家政权是中国社会发展的必由之路。（2）总结了人民民主专政得以实现的国内和国外基本经验。（3）分析了各阶级在人民民主专政的新政权中的地位和作用。（4）论述了人民民主专政的内容和职能。（5）阐述了人民民主专政的历史任务。

173.《论人民民主专政》是在怎样的历史背景下发表的？

人民解放军胜利渡过长江之后，南京国民政府被推翻，新的政治协商会议召开了，成立中华人民共和国的时机已经完全成熟，我们提出建立人民民主专政的国家。但对于何为人民民主专政，在人民内部存在错误看法，国内外敌对势力则进行了大肆污蔑和攻击，为驳斥敌人的攻击，澄清民众思想上的混乱和错误，及时向全党和全国广大人民进行宣传教育，毛泽东于 1949 年 6 月发表了这样一篇光辉著作。

174. 党在新民主主义革命时期探索出的建立新型国家的基本经验是什么？

经过工农民主政权、抗日民主政权和人民民主政权的不同发展阶段，党逐步摸索和总结出一套建立以人民大众为主体的新型国家的基本经验，这就是：建立工人阶级（经过共产党）领导的以工农联盟为基础的人民民主专政的国家政权；实行多种经济成分在社会主义性质的国营经济领导下分工合作、各得其所的经济制度；提倡发展新民主主义的即民族的科学的大众的文化。

175. 中国人民政治协商会议第一届全体会议于何时何地召开？

1949年9月21日至30日，中国人民政治协商会议第一届全体会议在北平召开。

176. 中国人民政治协商会议第一届全体会议的主要内容有哪些？

会议通过了《中国人民政治协商会议共同纲领》《中华人民共和国中央人民政府组织法》《中国人民政治协商会议组织法》。会议决定了中华人民共和国首都定于北平，将北平改为北京；采用公元纪年；以《义勇军进行曲》为代国歌；国旗为五星红旗。会议选举毛泽东为中央人民政府主席，朱德、刘少奇、宋庆龄、李济深、张澜、高岗为副主席，周恩来等56人为委员，组成中央人民政府委员会等。

177. 出席中国人民政治协商会议第一届全体会议的民主党派有哪些？

出席该次会议的民主党派有中国国民党革命委员会、中国民主同盟、民主建国会、中国民主促进会、中国农工民主党、中国人民救国会、三民主义同志联合会、中国国民党民主促进会、中国致公党、九三学社、台湾民主自治同盟等。

178. 中国人民政治协商会议是一个什么性质的政治组织？

中国人民政治协商会议是中国共产党领导的多党合作和政治协商制度的一种重要的组织形式，是由中国共产党、各民主党派、各人民团体和各少数民族、台湾同胞、港澳同胞和归国华侨代表组成的最广泛的爱国统一战线组织。它的主要职能是对国家的大政方针和地方重要事务以及群众生活、爱国统一战线内部关系等重要问题进行政治协商，并通过提出建议和批评，发挥民主监督作用。

179. 开国大典于何时何地举行？

1949年10月1日下午3时，首都30万军民齐聚天安门广场，举行隆重的开国大典。毛泽东宣读中央人民政府公告，宣告中央人民政府成立。

180. 中华人民共和国国庆日是如何确定的？

1949年12月2日，中央人民政府委员会第四次会议确定1949年10月1日为中华人民共和国宣告成立的日子，每年的10月1日为中华人民共和国国庆日。

181. 新中国成立初期我们和哪些国家建立了外交关系?

1949 年 10 月 2 日，苏联政府决定同新中国建立外交关系。3 日，周恩来复电表示热忱欢迎，并互派大使。自 1949 年 10 月至 1950 年 1 月，新中国先后与保加利亚、罗马尼亚、匈牙利、朝鲜民主主义人民共和国、捷克斯洛伐克、波兰、蒙古、德意志民主共和国、阿尔巴尼亚和越南民主共和国建立外交关系。至 1951 年年底，新中国与印度、缅甸、巴基斯坦、印度尼西亚、瑞典、丹麦、瑞士、列支敦士登、芬兰建立外交关系。

182. 中国少年儿童队是如何建立的?

1949 年 10 月 13 日，中国新民主主义青年团中央召开常委扩大会议，通过建立中国少年儿童队的决议。1953 年 8 月，中国少年儿童队改名为中国少年先锋队。

183. 中央人民政府政务院何时成立?

1949 年 10 月 21 日，中央人民政府政务院宣告成立。政务院设政治法律委员会、财政经济委员会、文化教育委员会、人民监察委员会和 30 个部、会、院、署、行。

184. 海关总署于何时成立?

1949 年 10 月 25 日，海关总署宣告成立。中国海关从此完全掌握在中国人民手中。

185. 中国科学院于何时成立?

1949 年 11 月 1 日，中国科学院成立，郭沫若任院长。

186. 中央纪律检查委员会于何时成立?

1949 年 11 月 9 日，中共中央决定成立中央及各级党的纪律检查委员会，朱德任中央纪律检查委员会书记。

187. 中国人民解放军空军司令部于何时成立?

1949 年 11 月 11 日，中国人民解放军空军司令部成立，刘亚楼任司令员，萧华任政治委员。

188. 1949 年 12 月毛泽东出访苏联的目的有哪些?

毛泽东这次访问的目的主要有：一是祝贺斯大林的 70 寿辰；二是与苏联领导

人交换对国际形势的看法；三是同苏联订立新的条约；四是商谈向苏联贷款事宜。其中，最重要的是第三点。

189. 新中国成立伊始，党面临着哪些困难和严峻考验?

新中国成立伊始，党面临着很多困难和严峻考验。军事上，国民党还有上百万军队在负隅顽抗。经济上，所继承的是一个十分落后的千疮百孔的烂摊子。国际上，美国拒绝承认并竭力阻挠其他国家承认新中国，阻挠恢复中华人民共和国在联合国的合法席位，对新中国实行政治孤立、经济封锁和军事包围的政策。此外，党也面临着因革命胜利而可能滋长的骄傲自满、享乐腐化等腐朽思想的侵蚀。

190. 新中国成立后新解放区的政权建设过程是怎样的?

随着人民解放军的胜利进军，各新解放地区迅即建立临时的过渡性政权——军事管制委员会，镇压反革命的破坏活动，接管国民党的一切公共机关，维护社会秩序，帮助各地召集各界人民代表会议，选举地方人民政府。

191. 中华人民共和国基本的政治制度是什么?

中华人民共和国的国体是工人阶级领导的、以工农联盟为基础的人民民主专政，它的政体是实行民主集中制的人民代表大会制度，它的政党制度是中国共产党领导的多党合作和政治协商制度，它的国家结构形式是统一的多民族国家和在单一制国家中的民族区域自治制度。这些制度完整、系统地构成了中华人民共和国的基本政治制度。

192. 什么是“米棉之战”?

上海解放以后，一些不法商人囤积了大量的粮食、布匹等重要的商品，市场上米价、棉纱、棉布的价格上涨了三四倍。人民政府从全国各地调运了大量的粮棉物资，选择适当的时机，集中抛售，把物价降了下来，使投机商人纷纷破产。这就是著名的“米棉之战”。

193. 什么是“银圆之战”?

新中国成立之初，一些不法资本家拒用人民币，非法进行黄金、银元的投机倒把活动，导致金银价格暴涨，物价混乱，上海军管会断然查封挑起“银圆之战”

的大本营上海“证券大楼”，逮捕了投机倒把的首要分子。这场斗争严厉打击了非法金融投机活动，使人民币迅速进入市场流通。

194. 新中国如何取消帝国主义国家在中国大陆的驻军权？

1950 年 1 月 6 日，北京市军事管制委员会颁发布告，宣布收回在京的外国兵营地产，征用兵营及其他建筑。1 月和 4 月，北京市军管会收回、征用美国、法国、荷兰和英国的兵营地产；6 月和 9 月，天津、上海市军管会先后收回、征用法国的兵营地产。帝国主义国家在中国大陆的驻军权被彻底取消。

195. 1950 年 3 月中央采取制止通货膨胀的措施后，私营工商业生产经营发生困难的原因是什么？

一是制止通货膨胀后，人民无须购物保值，社会需求大为缩减。二是过去的一些奢侈品及服务项目，现在人民不需要了；从前依赖国外市场的，现在靠不住了。而相关行业未及时转产或转业，必然出现市场困难。三是当时军政公人员、企业事业单位职工的消费水平普遍较低，特别是占人口大多数的农民的购买力很低，有许多生产、生活用品买不起。四是很多私营企业对社会需求的变化并不了解，盲目生产，盲目竞争，导致产品严重滞销。此外，前一阶段人民政府平抑物价的措施过猛，一些政府部门在公私关系的处理上，过分地排挤、限制私营经济，也导致了私营工商业在经营环境上处于不利地位。

196. 新中国成立初期，中央为调整城市工商业采取了哪些措施？

这一时期，中央确定调整工商业工作，必须在“公私兼顾、劳资两利”的基本方针下，抓好三个主要环节，即调整公私关系、劳资关系和产销关系，重点是调整公私关系，即人民政府、国营经济同私人资本主义经济之间的关系。

197. 新中国成立初期党和人民政府是如何领导开展经济、政治、思想文化等方面建设的？

各方面的建设都紧紧围绕着恢复和发展生产这一中心任务。经济方面，全面贯彻实行公私兼顾、劳资两利、城乡互助、内外交流的基本经济方针，促进各种经济成分在国营经济领导下分工合作、各得其所，以发展生产，繁荣经济。政治方面，加强各级政权的民主建设，团结和动员各方面的社会力量参加民主改革和国家建设。思想文化方面，树立马克思列宁主义、毛泽东思想的指导地位，有步骤地对教育文化事业进行改造和建设。

198. 新中国对外贸易的基本问题是什么？

新中国对外贸易的基本问题，是如何逐步把半殖民地的贸易改变为独立自主的贸易。积极开展内外交流、反对封锁禁运的斗争，促使我国的对外贸易从机构、管理、进出口经营，包括外贸商品生产等各个方面进行改组，加快了经济上实现独立自主的步伐。

199. 新中国成立初期对旧有教育制度的改革，主要从哪两方面进行？

主要从以下两个方面进行：一是使教育事业从过去掌握在少数人的手里，转向为广大劳动人民服务；二是使教育事业从过去脱离实际、脱离生产，转向为恢复和发展国家的生产事业服务。

200. 中国人民解放军海军领导机关于何时成立？

1950 年 4 月 14 日，中国人民解放军海军领导机关成立，萧劲光任司令员。

201. 新中国的第一部法律是什么？有什么主要内容？

1950 年 5 月 1 日，《中华人民共和国婚姻法》公布施行。这是新中国的第一部法律。《婚姻法》规定，废除包办强迫、男尊女卑、漠视子女利益的封建主义婚姻制度；实行男女婚姻自由、一夫一妻、男女权利平等、保护妇女和子女合法利益的新婚姻制度。

202. 海南岛于何时解放？

1950 年 5 月 1 日，人民解放军解放海南岛。新中国成立后，人民解放军向华南、西南等地和沿海岛屿的国民党军队残余力量展开最后的围歼。到 1950 年 6 月，解放了除西藏、台湾和少数几个岛屿以外的广大国土。

203. 七届三中全会于何时召开？

1950 年 6 月 6 日—9 日，中共七届三中全会召开。毛泽东作《为争取国家财政经济状况的基本好转而斗争》的书面报告和《不要四面出击》的讲话。

204. 党的七届三中全会上提出的争取财政经济情况的根本好转要创造的条件包括哪些？

党的七届三中全会上提出要获得财政经济情况的根本好转，需要用三年左右的时间，创造三个条件，即土地改革的完成、现有工商业的合理调整、国家机构所需经费的大量节减。

205. 毛泽东在《为争取国家财政经济状况的基本好转而斗争》的报告中阐明的各项工作要严格遵守的政策原则有哪些？

在土地改革中，要将过去征收富农多余土地财产的政策改为保存富农经济的政策，以利于早日恢复农村生产。在工商业调整中，要切实而妥善地改善公私关系和劳资关系，以促进整个社会经济的恢复发展。在教育文化改革和知识分子问题上，拖延时间不愿改革的思想是不对的，过于性急，企图用粗暴方法进行改革的思想也是不对的。在团结各界民主人士问题上，必须克服统一战线中的关门主义倾向。在镇压反革命问题上，必须贯彻镇压与宽大相结合的政策。全党整风运动必须在和各项工作任务密切相结合而不是相离的条件下进行，等等。

206. 新中国成立初期毛泽东提出“不要四面出击”战略策略方针的具体表现有哪些方面？

毛泽东在阐述“不要四面出击”战略策略时，具体指出：我们要使工厂开工，解决工人失业问题。实行土地改革、剿匪反霸，使广大农民拥护我们，并要给小手工业者找出路，维持他们的生活。对民族资产阶级，要通过合理调整工商业，调整税收，改善同他们的关系，不要搞得太紧张。对知识分子，要使用他们，同时对他们进行教育和改造，但是不要过于性急，观念形态的东西，不是用大炮打得进去的，要用 10 年到 15 年的时间来做这个工作。全党都要认真地、谨慎地做好统一战线工作，要主动地去团结各界民主人士。各界人民代表会议要放手发扬民主，广开言路，不要怕别人讲话。少数民族地区的社会改革，必须谨慎对待，条件不成熟，不能进行改革。要帮助少数民族训练他们自己的干部，团结少数民族的广大群众。

207. “不要四面出击”战略策略方针提出的历史背景是什么？

一方面，新中国成立几个月来，出现社会关系紧张的情况。主要是由于社会经济的重新改组和支援战争的巨大开支，暂时给社会带来很重的负担，许多人对现状产生不满。另一方面，在打击不法投机资本的斗争中，党内一部分干部对利用和限制资本主义的政策缺乏正确认识，主张乘胜挤垮资产阶级，早日实现社会主义。这些“左”的偏向，导致统一战线中各阶级、阶层及民族之间的关系出现紧张情况，妨碍团结全国人民去实现当前的中心任务，从而引起党中央的高度重视。

208. 抗美援朝的基本过程是怎样的？

1950 年 6 月，朝鲜战争爆发，美国随即打着联合国旗号武装干涉朝鲜并派遣第七舰队入侵台湾海峡。10 月上旬，中共中央做出抗美援朝、保家卫国的战略决策。10 月 8 日，毛泽东发布命令，将东北边防军组成中国人民志愿军，任命彭德怀为司令员兼政治委员。10 月 19 日，中国人民志愿军入朝作战。到 1951 年 6 月，志愿军与朝鲜人民军紧密配合，历时八个月，连续进行五次大的战役，将以美国为首的“联合国军”从鸭绿江边赶回到三八线附近，敌人被迫同意与我进行停战谈判。与此同时，党和政府在国内发动了一场轰轰烈烈的抗美援朝运动，极大地激发了全国人民的爱国主义热忱。在此后持续两年的打打谈谈中，美国在战场上没有得到的东西，在谈判桌上也没有得到。它遭到的空前的严重失败，使它不得不于 1953 年 7 月 27 日签署停战协定。

209. 毛泽东和中央政治局对出兵朝鲜取得胜利的可能性是如何分析的？

朝鲜战争爆发后，毛泽东和中央政治局认为，尽管存在着严重闲难，但我军出兵朝鲜还是必要的，而且也存在取得胜利的可能性，这是因为：我们进行的是反侵略的正义战争，得道多助，士气旺盛；我军兵源充足，一贯能够以劣势装备战胜装备优良的敌人，有丰富的战争经验、灵活的战略战术和不怕牺牲、不畏艰苦的勇敢作战精神；战场背靠我国东北，后勤支持近便，而美军虽然武器先进，但兵力分散，补给线长，战斗意志不强。

210. 抗美援朝战争胜利的历史意义是什么？

抗美援朝战争的胜利，粉碎了帝国主义扩大侵略的野心，维护了亚洲和世界和平，使中国的国际威望空前提高，包括美、苏在内的世界各国都感到必须重新估计中国在世界上的分量。帝国主义从此不敢轻易欺侮和侵犯中国，为我国新民主主义改革和建设赢得了一个相对稳定的和平环境。

211. 抗美援朝精神的内涵有哪些？

抗美援朝精神的内涵是：祖国和人民利益高于一切、为了祖国和民族的尊严而奋不顾身的爱国主义精神，英勇顽强、舍生忘死的革命英雄主义精神，不畏艰难困苦、始终保持高昂士气的革命乐观主义精神，为完成祖国和人民赋予的使命慷慨奉献自己一切的革命忠诚精神，以及为了人类和平与正义事业而奋斗的国际主义精神。

212. 新中国成立初期，我们对香港和澳门采取的政策是什么？

中共中央对此确定的政策是“暂时维持现状”和“长期打算，充分利用”的政策。其基点在于利用两地尤其是香港原有的地位，发展海外关系和对外贸易，以利于新中国的经济恢复与工业建设。

213. 1950 年颁布的《中华人民共和国土地改革法》同老解放区的土地改革政策相比，有哪些新的规定？

一是由征收富农多余的土地和财产，改变为保存富农经济。二是由没收地主在农村中的一切财产，改变为只没收其“五大财产”，即没收地主的土地、耕畜、农具、多余的粮食及其在农村中多余的房屋，但地主的其他财产不予没收。三是增加了对小土地出租者的政策规定。

214. 新中国成立初期为什么要进行土地改革？

新中国成立初期进行土地改革的基本理由是：旧中国土地制度极不合理，是我们民族被侵略、被压迫、穷困及落后的根源，是我们国家民主化、工业化、独立、统一及富强的基本障碍。这种情况如果不加以改变，中国人民革命的胜利就不能巩固，农村生产力就不能解放，新中国的工业化就没有实现的可能，人民就不能得到革命胜利的基本的果实。

215. 新中国成立初期进行土地改革达到了怎样的目的？

通过土地改革，废除地主阶级封建剥削的土地所有制，实行农民的土地所有制，借以解放农村生产力，发展农业生产，为新中国的工业化开辟道路。

216. 镇压反革命运动的情况是怎样的?

朝鲜战争爆发后，国民党遗留在大陆的一批反革命分子一时气焰嚣张，大肆散布谣言，进行种种破坏和捣乱活动，甚至袭击政府机关，残害干部和群众。针对这种情况，党中央做出决定，从1950年10月开始，在全国范围内大张旗鼓地开展了镇压反革命运动。历时三年的镇反运动，基本上扫除了国民党反动派遗留在大陆的反革命残余势力，曾经猖獗一时的特务、地下军、反动会道门等黑社会组织及旧中国历代政府都未能肃清的湘西、广西匪患基本上被肃清。我国社会秩序获得前所未有的安定，有力地支持、配合了抗美援朝战争和各项改革建设工作。

217. 中央确定的镇反工作路线是什么?

党委领导，全党动员，群众动员，吸收各民主党派及各界人士参加；统一计划，统一行动，严格地审查捕人和杀人的名单；注意各个时期的斗争策略，广泛地进行宣传教育工作，打破关门主义和神秘主义，坚决地反对草率从事的偏向；要把公安、司法等专门机关的工作和广大人民群众的积极性密切结合起来。

218. 毛泽东提出的镇反工作方针是什么?

毛泽东提出了“稳、准、狠”的镇反工作方针：“所谓打得稳，就是要注意策略。打得准，就是不要杀错。打得狠，就是要坚决地杀掉一切应杀的反动分子（不应杀者，当然不杀）。”

219. 1950年下半年，全党整风运动的主要任务和重点是什么?

全党整风运动，从1950年下半年开始，经分批整训，于年底结束。根据中央的要求，这次整风的主要任务是，提高干部和一般党员的思想水平和政治水平，克服工作中所犯的错误，克服以功臣自居的骄傲自满情绪，克服官僚主义和命令主义，改善党和人民的关系。整风的重点是整顿各级领导机关和干部。

220. “三年准备、十年计划经济建设”思想的内涵是什么?

1951年2月，毛泽东在中共中央政治局扩大会议上提出“三年准备、十年计划经济建设”的思想。5月7日和7月5日，刘少奇受毛泽东委托，阐述了该思想，主要包括：第一，在三年准备期间，要从军事上、政治上、经济上和文化上把各方面的准备工作加强起来。第二，在经济建设方针上，工业农业都要发展。首先要恢复和发展农业，其次是发展工业，开始要搞些轻工业。第三，十年计划经济建设时期，四个阶级联盟统一战线基本上不会有变化，但是我们同资产阶级之间有限制与反限制的斗争。五种经济成分都要发展，但其比重会有变化。第四，准备向社会主义过渡。

221. 新中国成立初期农村土改后出现了哪些新情况和新问题？

随着农业生产的恢复和初步发展，土改后的农村出现了一些新情况和新问题。一是农村各阶层的状况发生了新的变化。广大农民在分得土地和其他生产资料后，努力发展生产，经济地位普遍有所上升，很大一部分原来的贫农、雇农上升为新中农。二是农村阶层中新的分化现象开始出现，一些刚刚分得土地的农民重新丧失土地，或者面临失地危险。如果对此放任自流，重新导致农村的两极分化，势将带来严重后果。

222. 1951 年，中央要求各地发展农业生产互助合作运动应采取不同的步骤，这一方针的基本内涵是什么？

中央要求，根据发展生产力的必要性，各地发展农业互助合作运动应采取不同的步骤：全国各地，特别是新解放区和互助运动薄弱的地区，有领导地大量地发展临时性的季节性的劳动互助；在有初步互助运动基础的地区，必须有领导地逐步地推广有更多内容的常年互助组；在群众有比较丰富的互助经验并有比较坚强的领导骨干的地区，有重点地发展土地入股的农业生产合作社。此外，在农民完全同意并有机器条件的地方，可试办少数社会主义性质的集体农庄。

223. 西藏和平解放的历史意义是什么？

1951 年 5 月，中央人民政府和西藏地方政府签订《关于和平解放西藏办法的协议》（“十七条协议”），宣告西藏和平解放。西藏的和平解放，是西藏地方从分离走向团结，从落后走向进步的重要转折点，这是中国共产党民族政策的一个重大胜利。

224. 新中国成立初期设立了哪几个大行政区？

新中国成立初期，为保证中央政令的统一和有力贯彻执行，国家行政层次上实行大行政区制度，即在中央与省之间设立东北、华东、中南、西南和西北五个大行政区。

225. 在社会主义改造中农业实行集体化的过渡形式是什么？

关于农业实行集体化的过渡形式，实际上在经济恢复的实践中已经基本解决。这就是 1951 年 9 月《中共中央关于农业生产互助合作的决议（草案）》所确定的，在临时的季节性的互助组和常年的互助组的基础上，发展土地入股的初级农业生产合作社，逐步过渡到土地公有的高级农业生产合作社，实现农业的社会主义化。

226. 什么是“三反”运动？

在增产节约运动开展过程中，暴露出一些党政机关内部存在着贪污、浪费现象和官僚主义问题。1951 年 12 月 1 日，中共中央作出《关于实行精兵简政、增产节约、反对贪污、反对浪费和反对官僚主义的决定》。1952 年元旦，毛泽东发出反对贪污、反对浪费、反对官僚主义的斗争的号召。1 月 4 日，党中央下达限期发动“三反”运动的指示。一场群众性的“三反”运动很快在全国形成高潮。“三反”运动于 1952 年 10 月结束，它是党在全国执政以后保持党政机关的廉洁，反对贪污腐败的初战。

227. 为什么要进行“三反”运动？

“三反”运动教育了干部的大多数，挽救了犯错误的同志，清除了党和国家干部队伍中的贪污腐败分子。同时，“三反”还是一场群众性的社会改革运动，有力地抵制了旧社会遗留的恶习和资产阶级的腐蚀，树立了良好的社会风气。

228.《毛泽东选集》第一卷何时出版？

1951 年 10 月 12 日，《毛泽东选集》第一卷出版。第二、三、四卷分别于 1952 年 4 月、1953 年 4 月、1960 年 9 月出版。

229. 抗美援朝时期的增产节约运动的进程是怎样的？

抗美援朝战争进行期间，国内工业和农业战线上广泛开展了爱国增产运动。1951 年 10 月 23 日，毛泽东在全国政协一届三次会议上提出，为了继续坚持抗美援朝这个必要的正义的斗争，我们需要增加生产，厉行节约，以支持中国人民志愿军，这是中国人民今天的中心任务。会议向全国各民族、各阶层人民发出开展增产节约运动的号召。增加生产，厉行节约，既是保证抗美援朝前线物资供应的需要，是准备开展大规模经济建设，为国家工业化积累资金的需要，同时也是整肃党纪、政纪，提高工作效率和转变社会风气的需要，是国家建设的一项带根本性的方针。

230. 新中国成立初期的整党运动是怎样进行的？

在整风的基础上，为进一步提高全党的政治素质，纯洁党的组织，1951 年 2 月，中共中央政治局召开扩大会议，决定从 1951 年下半年开始，用三年的时间进行一次整党运动。同年 3 月，中共中央召开第一次全国组织工作会议，通过了《关于整顿党的基层组织的决定》和《关于发展新党员的决议》。会后，整党运动有步骤地在全党展开。这次整党以思想整顿为中心环节，对党员普遍进行党纲、党章教育，以及党员八项条件的教育。在此基础上，按照党员标准八项条件，对党员进行登记、审查和处理。三年多的整党运动，使党在组织成分和党员素质等方面都有了明显的改善和提高。

231. 新中国成立初期，为巩固新生的人民政权我们主要进行了哪三项斗争？

一是大规模的剿匪斗争，到 1951 年上半年，各地清剿的股匪逾百万，大陆上的匪患基本平息，到 1953 年，结束了中国匪患久远、为害甚烈的历史，有力地保护了人民的安居乐业，稳定了社会秩序。二是镇压反革命运动，重点打击特务、土匪、恶霸、反动党团骨干及反动会道门头子，从而为巩固新生政权，保证土地改革和经济恢复工作的顺利进行提供了保障。三是打击不法投机资本，稳定经济秩序，主要采取了有力的经济措施和必要的行政手段。到 1950 年年底，全国物价基本趋于稳定，国营经济在这场斗争中增强了实力，开始掌握稳定市场的主动权。

232. 新中国成立初期，我们党对官僚资本企业没收和改造的方针是什么？

根据官僚资本企业的经济属性，党在总结东北、华北接管城市经验的基础上，确定对官僚资本企业采取与对待旧政权不同的办法，即不打碎它们的机构，而是保持其原来的组织机构和生产系统，“原职、原薪、原制度”不变，先完整地接收下来，实行监督生产，然后逐步进行民主改革和生产改革，把官僚资本企业改造成为社会主义性质的国营企业。

233. 新中国成立初期，毛泽东提出的消灭国民党残余军队的作战方针和内涵是什么？

为了迅速彻底地歼灭国民党残余军队，不给敌人喘息和逃跑的机会，毛泽东明确提出人民解放军在消灭残敌的作战中，必须实行大迂回、大穿插、大包围的作战方针，即完全不理会敌人的防线而远远超过它，迂回并占领它的后方，迫其不得不与解放军作战，并一举歼灭它。这样的打法，可避免将敌驱向不利于行军作战的云贵高原、个别海岛或逃往境外。

234. 什么是“五反”运动？

随着“三反”运动的深入，揭露出许多资本家的行贿偷税等严重违法行为。1952 年 1 月 26 日，中共中央发出《关于首先在大中城市开展“五反”斗争的指示》，要求在全国大中城市，向违法的资本家开展反对行贿、反对偷税漏税、反对盗骗国家财产、反对偷工减料和反对盗窃经济情报的斗争。“五反”运动的开展，有力地打击了不法资本家的严重“五毒”行为，推动了在私营企业中建立工人监督和实行民主改革，使党在同资产阶级的限制和反限制斗争中取得又一个胜利。“五反”运动于 1952 年 10 月结束。

235. 新中国成立后何时建成第一条铁路干线？

1952 年 7 月 1 日，成渝铁路（成都至重庆）建成通车，全长 505 公里。这是新中国成立后建成的第一条铁路干线。

236.《中华人民共和国民族区域自治实施纲要》的主要内容有哪些？

8 月 9 日，《中华人民共和国民族区域自治实施纲要》公布施行。《纲要》对民族自治地方的建立、自治机关的组成、自治机关的自治权利等重大问题做出明确规定。《纲要》规定：各民族自治机关都是中央人民政府统一领导下的一级地方政权，并受上级人民政府的领导。各民族自治区依自治权限，制定本自治区单行法规。自治区在国家统一的经济制度和经济建设计划之下，自由发展本自治区的地方经济事业。在国家统一的财政制度下，依据财政权限的划分，管理本自治区的财政，采取必要的和适当的办法，发展各民族的文化、教育、艺术和卫生事业。

237. 为适应大规模工业化建设的展开，人民政府的机构做了哪些调整？

随着社会主义工业化建设的到来，中共中央认为，以发展重工业为主的大规模经济建设，首先必须加强国家经济的计划性，因而必须加强中央的统一和集中的领导。1952 年 11 月 15 日，中央人民政府委员会第十九次会议通过如下决定：一是减少行政层次，取消大区一级的政府职能，将大行政区人民政府（军政委员会）一律改为行政委员会，作为代表中央人民政府在各地区进行领导与监督地方政府的机关。二是调整省区建制，加强省、市级人民政府的组织，加重省、市级领导的责任。三是加强中央人民政府机构，增设中央人民政府国家计划委员会、体育运动委员会、高等教育部、扫除文盲工作委员会四个部门。

238. 经过新中国成立头三年的各项建设，实现社会主义国家工业化具备了哪些有利条件？

从国内情况看，新中国成立三年来，在人民民主专政得到巩固的政治条件下，工农业生产的新发展，国民经济的迅速恢复，特别是国营工业的比重占居优势地位，社会主义国营经济的力量迅速壮大，使建设国家工业化获得基本的经济条件。从国际环境看，抗美援朝战争结束后，新的战争危险不会在短时期内出现，加上苏联的友好互助合作和经济援助，这为我国开展工业化建设提供了有利的国际条件。

239. 第一个五年计划的指导方针和基本任务是什么？

1953 年 1 月 1 日，我国开始执行发展国民经济的第一个五年计划。“一五”计划的指导方针是，集中主要力量发展重工业，建立国家工业化和国防现代化的初步基础；相应地发展交通运输业、轻工业、农业和商业；相应地培养建设人才；有步骤地促进农业、手工业的合作化；继续进行对资本主义工商业的改造；保证国民经济中社会主义成分的比重稳步增长，同时正确地发挥个体农业、手工业和资本主义工商业的作用；保证在发展生产的基础上逐步提高人民物质生活和文化生活的水平。

“一五”计划的基本任务是，五年中将新建一批规模巨大、技术先进的新兴工业部门，同时要用现代先进技术扩大和改造原有的工业部门；要合理利用和改建东北、上海和其他沿海地区城市已有的工业基础，同时要开始在内地建设一批新的工业基地。

240. “一五”计划较好地解决了我国经济建设中的哪几个重大关系问题?

一是关于优先发展重工业和相应地发展农业、轻工业等的问题。二是关于经济发展的布局问题。三是关于经济建设的规模、速度和效益的问题。四是关于自力更生和争取外援的问题。五是关于生产和生活、积累和消费的关系问题。

241. 什么是“156 项工程”?

1953 年 5 月 15 日，中苏两国政府签订《关于苏维埃社会主义共和国联盟政府援助中华人民共和国中央人民政府发展中国国民经济的协定》，规定苏联援助中国新建和改建 91 个工业项目。加上 1950 年已确定的 50 项和 1954 年增加的 15 项，共 156 项，列入“一五”计划。1955 年又商定增加 16 项，之后再增 2 项，共 174 项。后多次调整，确定 154 项。因 156 项公布在先，故仍称“156 项工程”。实际施工 150 项。

242. 对资本主义工商业的社会主义改造，中央确定的方针是什么?

1953 年 6 月 15 日、19 日，中共中央政治局召开会议，确定对资本主义工商业实行利用、限制和改造的方针。

243. 在建设社会主义工业化的同时，为什么要对个体农业和资本主义工商业进行社会主义改造?

对个体农业进行社会主义改造，是因为建立在劳动农民生产资料私有制上面的小农经济，制约着我国农业生产力的发展，不能满足人民特别是加快工业化建设对粮食和原料作物日益增长的需要。它与国家有计划经济建设之间的矛盾，随着工业化的进展而日益显露出来。同时，我国个体农民，特别是在土地改革中新获得土地而缺少其他生产资料的贫农、中下农，为了避免重新借高利贷甚至典让和出卖土地，产生两极分化；为了发展生产，兴修水利，抗御自然灾害，采用农业机械和其他新技术，确定走互助合作道路的要求。除此之外，随着工业化的发展，国家对农产品的需要日益增大，同时，国家对农业技术改造的日益增强，也必然促使个体农业向着合作化方向发展。

对资本主义工商业进行社会主义改造，是因为我国私人资本主义经济力量弱小，机器设备落后，管理混乱，在资金、原料、市场方面对国家和国营经济有很大的依赖性，自身发展困难，不可能完成国家工业化的任务。同时，资本主义私有制与其生产的社会化之间存在着深刻的矛盾。国家需要有利于国计民生的资本主义工商业有一定的发展，但资本主义工商业的发展也必然出现不利于国计民生的一面，这就不能不发生限制和反限制的斗争。这都要求要把资本主义工商业逐步引上社会主义改造的道路。

244. 在社会主义改造中农业实行集体化的过渡形式是什么？

关于农业实行集体化的过渡形式，实际上在经济恢复的实践中已经基本解决。这就是 1951 年 9 月《中共中央关于农业生产互助合作的决议（草案）》所确定的，在临时的季节性的互助组和常年的互助组的基础上，发展土地入股的初级农业生产合作社，逐步过渡到土地公有的高级农业生产合作社，实现农业的社会主义化。

245. 新中国成立后逐步实现工业化存在着哪些有利条件？

中国建立了一个集中统一、比较高效的中央政府，并得到绝大多数人民的衷心拥护和支持，具有很强的组织动员能力；社会经济环境较稳定，通货膨胀率较低；国际方面，尽管西方的封锁禁运造成许多困难，但有苏联对我国的“一五”计划建设提供全面的经济技术援助，这在中国历史上是没有过的。

246. 新中国成立后开展工业化的不利条件有哪些？

第一，我国是一个落后的农业国，农业在相当长时期内还无力进行技术改造，劳动生产率很低，势必影响工业的持续、稳步发展；第二，因为农业基本上是靠天吃饭，一年的收成要到秋收时节才能明了，所以当年制定的国民经济计划具有很大的不确定性，难以符合生产发展的实际状况；第三，我国的经济文化十分落后，工业建设所急需的工程技术人员、技术工人短缺，劳动力的文化素质普遍很低，这种状况不是短期内能改变的；第四，我国是世界上人口最多的国家之一，人口数量的庞大与消费需求不断增加的矛盾，使积累与消费的紧张关系难以缓解。这些不利因素，对我国的经济建设和工业化进程长期起着制约作用。

247. 为什么说中国必须采取优先发展重工业的战略？

我国现代工业尤其是重工业基础十分薄弱，而农业的增产需要重工业大量提供农业机械和技术装备。另外，要切实改善人民生活，必须扩大轻工业，但现实情况是，许多轻工业生产设备利用率很低，原因就是既缺少来自农业的原材料，又缺少来自重工业的机器设备与现代技术装备。同时，我国处在帝国主义的包围和威胁之中，需要建设一支强大的现代化国防军，迅速发展现代国防工业。

248. 我国采取优先发展重工业的战略具有哪些有利条件？

一是有苏联优先发展重工业、快速实现工业化的经验可以借鉴；二是中国的农业和轻工业相对来说具有一定的基础，可发挥相当的增产潜力，因此国家可以集中主要力量发展重工业。

249. 新中国第一座大型露天煤矿何时建成投产？

1953 年 7 月 1 日，新中国第一座大型露天煤矿——阜新海州露天煤矿建成投产。

250. 新中国第一部彩色影片是什么？

1953 年 10 月，新中国第一部彩色影片《梁山伯与祝英台》由上海电影制片厂拍摄完成。

251. 从 1953 年起，国家逐步扩大计划管理的力度和范围的表现有哪些？

首先，在财政上明确划分中央、省（区、市）、县三级的收支范围，实行统一领导、分级管理的财政经济管理体制。其次，建立由国家计委和中央各主管部门严格控制的物资管理和分配制度。再次，建立由各级计划、劳动部门和工会统一招收工人，制定统一工资标准的劳动管理制度。由此，我国逐渐形成集中统一的计划经济管理体制。

252. 1953 年 8 月，周恩来在全国财经会议上深刻总结了经济建设工作的经验教训，提出应注意哪几个问题？

一是发展生产，保证需要，提高计划性，防止盲目性。二是重点建设，稳步前进。三是既要加强集中统一，又要发挥地方与群众的积极性。四是必须加强和服从党的统一领导，各级党委必须抓紧政府工作，尤其是财经工作，党的部分组织必须统一服从中央，以减少或避免可能发生的错误。五是为了减少盲目性和少犯错误，必须向一切有经验和知识的人学习。

253. 过渡时期总路线的内容是什么?

1953 年 12 月 28 日，中共中央批准中央宣传部制发的《为动员一切力量把我国建设成为一个伟大的社会主义国家而斗争——关于党在过渡时期总路线的学习和宣传提纲》。《提纲》指出：从中华人民共和国成立，到社会主义改造基本完成，这是一个过渡时期。党在这个过渡时期的总路线和总任务，是要在一个相当长的时期内，逐步实现国家的社会主义工业化，并逐步实现国家对农业、手工业和资本主义工商业的社会主义改造。

254. 过渡时期总路线中，“一体”与“两翼”的关系如何?

过渡时期总路线是“一体两翼”的总路线。它的基本任务是逐步实现社会主义工业化。在中国实现社会主义，没有普遍实行社会化大生产的工业化为主体是不行的，但若离开了改造个体经济和改造私人资本主义经济这两翼，就会妨碍大规模有计划的工业建设顺利进行。这两方面的任务必须密切配合，协调发展。总路线的主体与两翼之间，改造个体经济与改造资本主义工商业这两翼之间，是彼此联系、相互促进的，体现了解放和发展生产力同变革生产关系的辩证统一。

255. 全国新解放区的剿匪斗争何时基本结束?

从 1949 年 5 月开始的全国新解放区的剿匪斗争到 1953 年年底基本结束，在大陆范围内平息了匪患，巩固了新生的人民政权。

256. 新中国第一部现代汉语字典何时出版?

1953 年，新中国第一部现代汉语字典《新华字典》出版。

257. 什么是粮食的统购统销?

1953 年随着我国经济规模迅速扩大，粮食的产需矛盾、供求矛盾十分尖锐。10 月 10 日，全国粮食会议在北京紧急召开，会议经过讨论，确定将粮食征购定名为“计划收购”，粮食配售定名为“计划供应”，简称“统购统销”。具体政策为：计划收购，计划供应，由国家严格控制粮食市场，由中央对粮食实行统一管理。

258. 什么是粮食定产、定购、定销的“三定”政策?

粮食的统购统销政策施行后带来了一些矛盾和问题，为了解决这些矛盾和问题，党和政府在总结经验教训的基础上，提出了粮食定产、定购、定销的“三定”政策，即在每年春耕以前，以乡为单位，将全乡粮食的计划产量确定下来，向农民宣布国家将向本乡征购和销售的粮食数字，使农民结合确定的指标，知道自己生产多少，国家收购多少，个人留用多少，缺粮户供应多少，做到心中有底。

259. 怎样评价国家对粮食等主要农产品的统购统销政策？

历史地看，实行粮食等主要农产品的统购统销，是我国工业化初创阶段必须采取的一项重大决策。在当时的历史条件下，这项政策不仅稳定了市场，在不高的水准上解决了全国人民经济生活中最重要的吃、穿问题，而且基本满足了初期工业建设对大宗粮食的需要。同时，统购统销和互助合作相互联系，作为对小农经济进行社会主义改造的两大措施，从根本上排除、代替了私营批发商在粮食、棉花等重要物资方面的阵地，加强了国营经济与农民的联系，促使广大农民走上合作化的道路。当然也应看到，统购统销制度在客观上割断了农民历来同市场的联系，限制了商品生产的发展，这在当时的历史条件下是难以避免的。总的来说，主要农产品的统购统销，在我国实现工业化的初期是一个适合当时需要的积极举措。

260. “和平共处”五项原则的提出所具有的重大战略意义是什么？

“和平共处”五项原则是 1953 年 12 月周恩来在接见印度政府代表团时首次提出来的，其具体是指互相尊重主权和领土完整、互不侵犯、互不干涉内政、平等互利、和平共处。1954 年 6 月 28 日、29 日，周恩来分别与印度总理尼赫鲁和缅甸总理吴努发表《联合声明》，共同倡导“和平共处”五项原则。

“和平共处”五项原则的提出具有重大的战略意义。它是新中国在国际舞台上开展活动，冲破美国的孤立和遏制政策，扩大对外交往的有力武器。在社会主义和资本主义两大阵营截然对立的时代，“和平共处”五项原则超越意识形态和社会制度，主张世界各国在相处中互相监督，实行对等的约束和自我约束，具有法律性和道义性。它不仅包含了处理国家间政治关系的原则，同时也包含了处理国家间经济关系的内容。“和平共处”五项原则不仅成为我国对外政策的基石，也逐渐被国际社会普遍接受。

261. 新中国首次参加的重大国际会议是什么？

1954 年 4 月 26 日至 7 月 21 日，新中国首次以五大国之一的身份参加讨论和平解决朝鲜问题和恢复印度支那和平问题的日内瓦会议。会议实现了印度支那的停战。

262. 第一届全国人大一次会议的主要内容有哪些？

1954 年 9 月 15 日至 28 日，第一届全国人民代表大会第一次会议举行。会议通过《中华人民共和国宪法》；通过全国人民代表大会、国务院、人民法院、人民检察院等组织法；选举毛泽东为中华人民共和国主席，朱德为副主席；刘少奇为全国人民代表大会常务委员会委员长，宋庆龄等 13 人为副委员长；董必武为最高人民法院院长，张鼎丞为最高人民检察院检察长；决定周恩来为国务院总理；决定设立国防委员会和国防部，任命毛泽东兼任国防委员会主席，彭德怀任国防部部长。按照《中华人民共和国宪法》规定，全国人民代表大会是中华人民共和国的最高权力机关；国务院即中央人民政府，是最高国家权力机关的执行机关，是最高国家行政机关。

263. 第一届全国人大一次会议期间，军事领导制度进行了哪些调整？

第一届全国人大一次会议新组建的中央机构中，不再设立中央人民政府人民革命军事委员会，决定设立国防委员会和国防部。中华人民共和国主席毛泽东任国防委员会主席，彭德怀为国防部部长。1954 年 9 月 28 日，中央政治局决定在中央政治局和书记处下成立中央军事委员会，担负整个军事工作的领导。这项设制，体现了自中国人民解放军建军以来中国共产党对人民军队绝对领导的原则。

264. 第一届全国人大一次会议确定的国家行政体制是什么？

在国家行政体制方面，第一届全国人大一次会议确立了国务院即中央人民政府的一级政府体制，改变了原来中央人民政府下辖政务院的两级政府的过渡状态。国务院作为最高国家行政机关，统一领导全国地方各级国家行政机关的工作。地方各级人民政府作为国务院统一领导下的国家行政机关，对本级人民代表大会和上级国家行政机关负责并报告工作；地方各级人民政府所属各工作部门，受该级人民政府的统一领导，并受上级人民政府（直至国务院）主管部门领导。

265. 如何评价中华人民共和国第一部宪法？

1954 年第一届全国人民代表大会制定的《中华人民共和国宪法》，是我国历史上第一部社会主义类型的宪法。它的内容包括序言，总纲，国家机构，公民的基本权利和义务，国旗、国徽、首都 5 部分，计 4 章，106 条。这部宪法是我国人民 100 多年来英勇斗争的历史经验的总结，它巩固了我国新民主主义革命的成果及新中国成立后社会主义改造和建设的新胜利，反映了国家在过渡时期的根本要求和广大人民建设社会主义的共同愿望，是我国人民巩固人民民主专政和进行社会主义改造与建设的有力武器。

266. 党的军事委员会何时成立？

1954 年 9 月 28 日，中共中央政治局作出《关于成立党的军事委员会的决议》。毛泽东任中共中央军事委员会主席，彭德怀主持军委日常工作。

267. 康藏公路、青藏公路何时全线通车？

1954 年 12 月 25 日，康藏公路（四川、西康两省交界的金鸡关至拉萨）与青藏公路（西宁至拉萨）同时全线通车，分别长 2271 公里和 1937 公里。西藏拉萨、四川雅安、青海西宁各界各族人民，在这一天举行了盛大集会，热烈庆祝通车。毛泽东主席特为康藏、青藏公路全线通车题词："庆祝康藏、青藏两公路的通车，巩固各族人民的团结，建设祖国！"

这两条公路的通车，密切了西藏地方和祖国内地的联系，加强了汉、藏民族之间的团结，对于全国经济和文化的发展，对于促进西藏人民及青、康、藏地区各族人民的经济、文化的发展，都有重大作用。

268. 第三次全国手工业生产会议确定手工业的合作化主要形式有哪些？

第三次全国手工业生产会议确定手工业的合作化主要采取三种形式：第一种是手工业生产小组，这是广泛组织手工业劳动者的初级形式；第二种是手工业供销生产合作社；第三种是手工业生产合作社，是手工业社会主义改造的高级形式。

269. 什么是手工业供销生产合作社？

手工业供销生产合作社，是由若干手工业劳动者或几个手工业生产小组组织起来，统一购买原料、推销成品，统一承揽加工订货，并以业务经营中的积累来购置公有的生产工具，进行部分的集中生产，逐渐增加社会主义因素。

270. 什么是手工业生产合作社？

手工业生产合作社，是手工业社会主义改造的高级形式。其中一部分社的主要生产资料已完全归社员集体所有，完全按劳分配，已经是完全社会主义性质的生产合作社。还有一大部分社的主要生产资料尚未完全成为集体所有，实行工具入股分红，统一经营，收益的一部分采取按劳分配，这是半社会主义性质的生产合作社。

271. 怎样理解资本主义工商业改造过程中的国家资本主义？

对资本主义工商业改造是通过国家资本主义的途径进行的。毛泽东指出，新式的国家资本主义经济是在人民政府管理之下的，用各种形式和国营社会主义经济联系着的，并受工人监督的资本主义经济。这种新式国家资本主义经济带着很强的社会主义性质，是改造资本主义工商业和逐步完成社会主义过渡的必经之路。

272. 我们对资本主义工商业进行社会主义改造采取了哪些步骤？

通过国家资本主义经济改造资本主义工商业，采取了由低级到高级的发展步骤：第一阶段是实行初级形式的国家资本主义，如收购产品、加工订货、统购包销、经销代销等；第二阶段是实行单个企业的公私合营，这是国家资本主义的高级形式；第三阶段是实行全行业的公私合营。

273. 什么是"四马分肥"？

"四马分肥"是我国社会主义改造时期对民族资本主义工商业利润分配形式的形象说法。1953 年国家规定，私营企业每年结算盈余，其利润分配依照"四马分肥"的方式，即将利润分为国家所得税、企业公积金、工人福利费、资方红利四方面进行分配，资方红利大体只占四分之一，企业利润的大部分归国家和工人，基本上是为国计民生服务的。

274. 什么是和平赎买政策？

党根据中国的历史和现实的条件，在社会主义改造中继续保持同资产阶级的联盟，确定了对资本家实行和平赎买的政策。同其他社会主义国家相比，中国对私人资本主义的改造，既不是采取剥夺的方式，也不是采取由国家付出一大笔赎金的购买方式，而是创造了在相当一段时期内让资本家继续从企业分得一部分红利和股息的赎买办法。这不仅有效地减少了资本家对私有制变革的抵抗，而且继续利用和发挥了私人资本主义在扩大生产、增加国家税收、改进企业管理等方面的积极作用。

275. 中央关于资本主义工商业公私合营后出现的问题采取了哪些调整和解决办法？

中央关于公私合营后出现的一些问题的方针调整和解决办法，概括起来主要有以下几点。第一，采取“大部不变，小部调整”的方针。第二，私营商业中不雇店员的小商店数量很多，就其经济性质来说属于个体经济范畴，必须采取与对资本主义商店相区别的办法，慎重对待。第三，小摊贩、挑贩等，是商业中的独立劳动者，对他们的改造，应在自愿的原则下，分期分批地组成分散经营、各负盈亏的合作小组，并在国营或合作社商业批发店的领导下，同社会主义经济密切联系。第四，要合理使用资方人员。

276. 新中国成立后我国确立的积极防御的战略方针的内涵是什么？

所谓积极防御，就是在战争爆发前，应不断地加强我们的军事力量，继续扩大国际统一战线活动，从军事上、政治上制止或推迟战争的爆发。当帝国主义不顾一切后果向我国发动侵略战争的时候，人民解放军要能够立即给予有力的还击，并在预定设防地区阻止敌人的进攻，逐渐剥夺敌人在战略上的主动权，然后由战略防御转入战略进攻，最后彻底消灭全部进犯之敌。

277. 朝鲜停战前夕，党对国际形势的判断是什么？

朝鲜停战前夕，党对国际形势的看法是，朝鲜停战是大趋势，爆发新的世界战争的危险已经被推迟了，我国有可能争取到十年时间从事建设；当前国际上的矛盾具体表现在战争与和平、民主与反民主、帝国主义与殖民地及帝国主义国家之间这四方面，其中主要矛盾是战争与和平问题。

278. 浙江沿海岛屿何时全部解放？

1955 年 1 月 18 日，人民解放军解放一江山岛。2 月 13 日至 26 日，大陈岛及外围列岛解放。至此，浙江沿海岛屿全部解放。

279. 新中国何时发行新人民币?

1955 年 2 月 21 日，国务院发布《关于发行新的人民币和收回现行的人民币的命令》。自 3 月 1 日起，中国人民银行发行新人民币，以新币 1 元等于旧币 1 万元的折合比率收回旧人民币。

280. 第一次由亚非国家发起和参加的大型国际会议是什么?

1955 年 4 月 18 日至 24 日，周恩来率中国代表团出席在印度尼西亚万隆举行的有 29 个国家参加的亚非会议。这是第一次由亚非国家发起和参加的大型国际会议。中国代表团本着“求同存异”的方针，同其他与会国家一起，为会议的成功做出了贡献。通过这次会议，中国打开了与亚非国家普遍交往的大门。

281. 1955 年召开的亚非会议的宗旨是什么?

会议的宗旨是促进亚非各国间的亲善和合作、探讨发展民族经济和文化、争取民族主权、结束殖民主义和保卫世界和平等共同关心的问题。

282. 什么是“克什米尔公主号”事件?

1955 年 4 月 18 日至 24 日，首届亚非会议即万隆会议在印度尼西亚万隆举行。4 月 11 日，出席亚非会议的中国代表团成员和随同采访的中外记者共 11 人乘坐中国租用印度航空公司的“克什米尔公主号”飞机从香港飞往雅加达。当飞机飞离香港后中途爆炸坠毁，机上人员全部遇难。事后查明，这是台湾特务机关针对亚非会议，以周恩来为目标制造的一起政治谋杀案。周恩来应邀访问缅甸，并未搭乘这一包机。中国政府对这一破坏活动给予了揭露和谴责。

283. 党中央何时提出用和平方式解放台湾的设想?

1955 年 5 月 13 日，周恩来在第一届全国人大常委会第十五次扩大会议上做《关于亚非会议的报告》，提出争取用和平的方式解放台湾的思想。

284.《中国科学院科学奖金暂行条例》何时发布?

1955 年 8 月 31 日，国务院发布《中国科学院科学奖金暂行条例》。这是新中国对自然科学和社会科学理论研究工作给予奖励的第一个条例。1957 年 5 月，中国科学院举行 1956 年度科学奖金（自然科学部分）授奖仪式。华罗庚的典型域上的多元复变数函数论、吴文俊的示性类及示嵌类的研究、钱学森的工程控制论获一等奖。

285. 中国人民解放军何时开始实行军衔制度?

1955 年 9 月，中国人民解放军开始实行军衔制度。27 日，授予元帅军衔及勋章典礼隆重举行。朱德、彭德怀、林彪、刘伯承、贺龙、陈毅、罗荣桓、徐向前、聂荣臻、叶剑英被授予中华人民共和国元帅军衔。同日，国务院举行授予将官军衔和勋章典礼。首次授衔，共授元帅 10 名、大将 10 名、上将 55 名、中将 175 名、少将 800 名。加上补授和晋升，到 1965 年取消军衔制度止，共授上将 57 名、中将 177 名、少将 1360 名。

286. 新疆维吾尔自治区何时成立?

1955 年 10 月 1 日，新疆维吾尔自治区宣告成立，首府设于乌鲁木齐市。

287. 中国大规模社会主义建设起步时期有哪些有利的国际经济政治条件?

一是朝鲜战争后，虽然社会主义阵营同资本主义阵营之间的冷战仍在继续，但缓和的趋向已经出现；同时亚非国家争取和维护民族独立的运动有了新进展。二是中国所处的国际环境也在不断改善。三是世界经济和科学技术开始进入一个迅速发展时期。

288. 20 世纪 50 年代中期中国所处的国际环境不断改善的表现是什么?

这一时期，中国所处的国际环境也在不断改善。中国同社会主义各国的交往日益密切，中苏关系处在良好的发展时期。中国同亚非各国的关系取得新进展。1956 年 5 月，中国同埃及宣布建交，与中东地区国家的关系取得突破。与此同时，中国与主要资本主义国家的关系也显露出一些可能改善的迹象，中日民间关系的发展引人注目，中美关系在两国大使级谈判开始后有所缓和。

289. 1955 年，农业生产合作社在大发展过程中出现了一些问题，我们采取了哪些措施予以整顿?

农业社大发展中一些地方出现的工作粗糙现象，引起农民的不满。中央决定对农业生产合作社进行一次整顿。整顿的方针是：区别不同地区的情况，或者暂时停止发展，或者适当收缩，或者在巩固中继续发展，即“停、缩、发”。

290. 什么是新中国成立后第一次知识分子问题会议？

1955 年 11 月，在毛泽东主持下，党中央决定召开知识分子问题会议。1956 年 1 月 14 日，会议在中南海怀仁堂隆重开幕。这是新中国成立后第一次把知识分子问题、发展科学技术问题，作为全党必须密切关注的重大工作郑重地提了出来。会上周恩来代表党中央做大会的主题报告——《关于知识分子问题的报告》。他在报告中，一方面对我国知识分子状况做出了正确估计和判断，代表党中央郑重宣布，我国知识分子“已经是工人阶级的一部分”。这是对我们党关于知识分子观点的重大发展。另一方面用相当大的篇幅阐述“向现代科学进军”的问题。在上述两方面极其重要论断的基础上，他着重阐述了如何最大限度地发挥知识分子作用的政策和措施，如何大力发展我国科学技术的战略考虑和规划。这次会议鼓舞了广大知识分子，激发了他们的政治热情和工作积极性。会后，全国迅速掀起了“向科学进军”的热潮。

291. 什么是《中共中央关于知识分子问题的指示》？

第一次知识分子问题会议之后不久，中央政治局通过《中共中央关于知识分子问题的指示》，肯定我国知识分子的面貌已经发生了根本的变化，知识分子基本上已经成了为社会主义服务的工作人员，知识分子的基本队伍已经成了劳动人民的一部分。该指示提出，党有必要进一步地把知识分子问题放在全党和国家的各个工作部门的议事日程上，全面规划，加强领导，克服这方面工作中的缺点和错误，采取一系列有效措施充分地动员和发挥现有知识分子的力量。

292. 国务院《关于公布汉字简化方案的决议》《关于推广普通话的指示》何时发布？

1956 年 1 月 28 日，国务院全体会议第二十三次会议通过国务院《关于公布汉字简化方案的决议》《关于推广普通话的指示》，批准成立中央推广普通话工作委员会。2 月 9 日，中国文字改革委员会发表《汉语拼音方案（草案）》。

293. 1956 年党制定的既反保守又反冒进的经济建设方针的内容是什么？

1956 年年初，在我国经济战线上出现了急躁冒进的苗头，不断提高的各项指标加剧了财政和物资的紧张状态。为扭转这种急躁冒进的趋势，5 月，党中央召开会议确定了既反保守，又反冒进，坚持在综合平衡中稳步前进的方针。1956 年 6 月 20 日，《人民日报》根据中共中央政治局的意见，发表了题为《要反对保守主义，也要反对急躁情绪》的社论，为动员全党尤其是各级领导干部重视在经济工作中纠正急躁冒进倾向起了重要作用。

294. 《论十大关系》主要论述了哪些社会主义建设中应注意和处理好的关系？

1956 年 4 月 25 日，毛泽东在政治局扩大会议上做了《论十大关系》的报告。该报告主要论述了：正确处理重工业和轻工业、农业的关系，沿海工业和内地工业的关系，经济建设和国防建设的关系，国家、集体和个人的关系，中央和地方的关系，汉族和少数民族的关系，党和非党的关系，革命和反革命的关系，是非关系，以及中国和外国的关系。

295. 《论十大关系》中确定的基本方针是什么？

这个报告确定的基本方针，就是尽量争取化消极因素为积极因素，努力把党内党外、国内国外的一切积极的因素，直接的、间接的积极因素，全部调动起来，把我国建设成为一个强大的社会主义国家。

296. “双百”方针提出的历史背景是什么？

“双百”方针即“百花齐放、百家争鸣”的方针，是 1956 年 4 月党中央在讨论十大关系的过程中，确定的繁荣与发展社会主义科学和文化事业的重要指导方针。“双百”方针的提出，有着深刻的社会历史背景。当时，一方面，我国生产资料的社会主义改造取得了决定性胜利，党和国家面临的迫切任务，是要调动一切积极因素建设社会主义，迅速发展我国的经济、科学和文化事业。但是，另一方面，在科学文化领域内仍然存在着某些“左”的思想影响，在学术、文化和艺术问题上动辄“打棍子”“扣帽子”的情况时有发生。这与党和国家面临的形势和任务是不相适应的。针对这种情况，中央政治局扩大会议在讨论十大关系的过程中，提出要把政治思想问题同学术、艺术和技术性质的问题区分开来；为了发展文化和科学，要贯彻毛泽东过去吸收党内意见分别提过的“百花齐放、百家争鸣”的口号。

297. 毛泽东是怎样评价苏共二十大及其影响的？

毛泽东认为苏共二十大及其影响可以形象地概括为两点：一是“揭了盖子”，二是“捅了娄子”。一方面，秘密报告表明，苏联、苏共、斯大林并不是一切都正确，这就破除了迷信，不要再硬搬苏联的一切，有利于反对教条主义。另一方面，秘密报告无论是在内容上还是在方法上都有严重错误，主要是不恰当地全盘否定斯大林。

298. 什么是《关于无产阶级专政的历史经验》？

针对苏共二十大及其对斯大林的评价，1956 年 4 月 5 日，《人民日报》发表经毛泽东审阅和修改并由中央政治局扩大会议讨论通过的编辑部文章《关于无产阶级专政的历史经验》。这篇文章对斯大林的功绩作了充分肯定，对苏共二十大反对个人崇拜给予积极评价，又对斯大林后期的错误进行了分析。文章表示，我们应当用历史的观点看斯大林，对于他的正确和错误的地方作出全面的和适当的分析，从而吸取有益的教训。

299. 毛泽东认为从苏共二十大中我们得到的最重要的教益是什么？

在中央政治局讨论《关于无产阶级专政的历史经验》文章时，毛泽东着重指出：对苏共二十大，重要的问题在于我们从中得到什么教益，最重要的是要把马列主义基本原理同中国革命和建设的具体实际相结合。民主革命时期我们在吃了大亏之后才成功地实现了这种结合，取得了中国新民主主义革命的胜利。现在是社会主义革命和建设时期，我们要进行第二次结合，找出中国怎样建设社会主义的道路。

300. 从七大到八大，党领导中国人民经历了哪两次有巨大意义的历史转变？

从七大到八大，党领导中国人民经历了两次有巨大意义的历史转变。一是经过长期艰苦卓绝的斗争，推翻了帝国主义、封建主义和官僚资本主义的反动统治，在 1949 年建立了中华人民共和国；二是到八大召开前夕，在积极推进社会主义工业化的同时，全国绝大部分地区基本上完成了对农业、手工业和资本主义工商业的社会主义改造，建立起社会主义的基本制度。

301. 为准备党的八大，毛泽东、刘少奇等党中央领导人进行了哪些调查工作？

从 1955 年年底到 1956 年春天，为准备八大的召开和迎接大规模经济建设，毛泽东、刘少奇等党中央领导人进行了一系列调查工作。从 1955 年 12 月上旬起，先是刘少奇为准备起草八大的政治报告，分别约请中央和国务院 30 多个部门的负责人座谈。接着，从 1956 年 2 月中旬至 4 月下旬，毛泽东又分别听取中央和国务院 34 个部（委、办、局）关于工业生产和整个经济工作的汇报。4 月下旬至 5 月 2 日，他还邀请湖北、广东两省和武汉、广州两市的党委负责人开了四次座谈会。在调查中，毛泽东形成了一些对中国社会主义建设有长远指导意义的思想。

302. 中国共产党第八次全国代表大会的基本情况是怎样的？

中国共产党第八次全国代表大会于 1956 年 9 月 15 日至 27 日在北京举行。大会宣布，对农业、手工业和资本主义工商业的社会主义改造已取得决定性胜利，社会主义的社会制度在我国已经基本上建立起来了；国内主要矛盾是人民对于经济文化迅速发展的需要同当前经济文化不能满足人民需要的状况之间的矛盾；党和全国人民当前的主要任务，就是要集中力量来解决这个矛盾，把我国尽快地从落后的农业国变为先进的工业国。大会着重提出了加强执政党建设的问题，通过了《中国共产党章程》。9 月 28 日，中共八届一中全会选举毛泽东为中央委员会主席，刘少奇、周恩来、朱德、陈云为副主席，邓小平为总书记。上述 6 人为中央政治局常务委员会委员。

303. 毛泽东在八大预备会议第二次全体会议上的讲话对党中央领导集体的建设方向提出了怎样的新要求？

1956 年 9 月 10 日，毛泽东在八大预备会议第二次全体会议上讲话，重点讲经济建设和中央委员会的选举。他指出大规模的经济建设，需要造就知识分子，我们计划在三个五年计划之内造就 100 万到 150 万高级知识分子，以适应社会主义建设的需要。到那时党中央委员会的成分也会改变，中央委员会中应该有许多工程师和科学家。现在的中央委员会还是一个政治中央委员会，不是一个科学中央委员会。这是毛泽东根据国内外迅速发展的形势，对党中央领导集体的建设方向提出的新要求。

304. 党的八大对国内主要矛盾和主要任务的新认识是什么？

党的八大正确地分析国内外形势和国内主要矛盾的变化，明确指出：由于社会主义改造已经取得决定性的胜利，我国无产阶级同资产阶级之间的矛盾已经基本上解决，国内的主要矛盾，已经是人民对于建立先进的工业国的要求同落后的农业国的现实之间的矛盾，已经是人民对于经济文化迅速发展的需要同当前经济文化不能满足人民需要的状况之间的矛盾。党和全国人民当前的主要任务，就是要集中力量解决这个矛盾，把我国尽快地从落后的农业国变为先进的工业国。这些论述，是社会主义制度在我国建立起来以后党确定正确路线的基本依据。

305. 党的八大提出的党的建设的基本任务是什么？

党的八大提出，党的建设的基本任务就是提高全党的马克思列宁主义水平，坚持理论联系实际、实事求是的原则，把马克思列宁主义的普遍真理同中国革命的具体实践密切结合，反对主观主义、官僚主义和宗派主义。

306. 刘少奇在党的八大上提出的反对主观主义、官僚主义和宗派主义的最有效的武器是什么？

刘少奇提出，广大党员特别是党的高级干部能否坚持用马克思列宁主义的立场、观点和方法总结经验，坚持真理，修正错误，是考验其马克思列宁主义觉悟水平高低的主要标志。没有先进理论武装的党，不可能是先进的党；没有先进理论武装的共产党员，不可能发挥先锋战士的模范作用。所以坚持提高全党的马克思列宁主义水平，加强党的思想建设，就成为当前反对主观主义、官僚主义和宗派主义的最有效的武器。

307. 党的八大确定的社会主义建设的战略目标是什么？

在明确主要任务的基础上，八大进一步确定了社会主义建设的战略目标，即“尽可能迅速地实现国家工业化，有系统、有步骤地进行国民经济的技术改造，使中国具有强大的现代化的工业、现代化的农业、现代化的交通运输业和现代化的国防”。

308. 党的八大确定的中国社会主义现代化建设两步走的构想是什么？

党的八大实际上确定了中国社会主义现代化建设分两步走的构想：第一步，

用三个五年计划的时间初步实现工业化；第二步，再用几十年的时间接近或赶上世界最发达资本主义国家。

309. 什么是“三个主体，三个补充”？

“三个主体，三个补充”是由陈云在中共八大上提出来的。“三个主体，三个补充”，即在工商业经营方面，国家经济和集体经济是工商业的主体，一定数量的个体经济是国家经济和集体经济的补充；在生产计划方面，计划生产是工农业生产的主体，按照市场变化在国家计划许可范围内的自由生产是计划生产的补充；在社会主义的统一市场里，国家市场是它的主体，一定范围内的国家领导的自由市场是国家市场的补充。

310. 党的八大规定了国家政治生活的主要任务包括什么？

党的八大规定了国家政治生活的主要任务包括：进一步扩大国家的民主生活，开展反对官僚主义的斗争；加强共产党同民主党派和无党派民主人士的合作共事关系；着手系统地制定比较完备的法律，健全国家的法制。

311. 党的八大怎样阐明我国在国际事务中的方针？

党的八大在坚持和平共处五项原则的基础上，阐明了我国在国际事务中的方针，即继续巩固和加强同苏联和各人民民主国家的兄弟友谊；同赞成和平共处五项原则的亚洲、非洲国家及其他国家建立与发展友好关系；同一切愿同我国建立外交关系和经济文化关系的国家建立与发展正常的外交关系和经济文化关系；继续反对在国际事务中使用武力和武力威胁政策，反对准备新战争的政策；支持世界人民的和平运动，发展同各国人民的友好往来；反对殖民主义，支持亚洲、非洲、拉丁美洲的一切反对殖民主义和保卫民族主权的斗争；支持各国工人阶级和劳动人民的社会主义运动，加强各国无产阶级的国际主义团结；在同一切外国和外国人民的交往中，采取真正平等对待的态度，坚决反对大国主义。

312. 党的八大上邓小平在《关于修改党的章程的报告》中对加强党内外监督问题做了怎样的说明？

邓小平在《关于修改党的章程的报告》中对加强党内外监督问题做了说明。他说：我们需实行党内监督，也需要来自人民群众和党外人士的监督。党内监督和党外监督的关键在于发展党和国家的民主生活，发扬我们党的传统，即理论和实践相结合的作风，和人民群众紧密地联系在一起的作风及自我批评的作风。

313.《马克思恩格斯全集》中译本何时出版?

1956 年 12 月，《马克思恩格斯全集》中译本开始分卷出版。全集共 50 卷，于 1985 年出齐。

314. 中国共产党八届二中全会基本情况是怎样的?

1956 年 11 月 10 日至 15 日在北京举行。刘少奇做《目前时局的报告》，谈到埃及问题、波兰问题、匈牙利问题及党对这些问题所采取的政策和应记取的教训。周恩来做《关于 1957 年度国民经济发展计划和财政预算的控制数字的报告》，报告充分肯定了成绩，指出了缺点，总结了经验教训；报告明确提出，1957 年的计划应当在继续前进的前提下，为基本建设做适当的压缩；合理调整各经济部门之间的比例关系，以适应国家的财力和物力的可能性。陈云做《关于粮食和主要副食品问题的报告》。毛泽东做总结发言，同意全会所采取的各项方针和措施，并着重谈了经济问题、国际形势问题、整风问题和中美关系问题，号召全体工作人员向主观主义、宗派主义、官僚主义的倾向做斗争。

315. 如何认识《再论无产阶级专政的历史经验》?

针对波匈事件，中央政治局会议讨论形成了《再论无产阶级专政的历史经验》一文，1956 年 12 月 29 日以《人民日报》编辑部的名义公开发表。该文首次提出敌我矛盾和人民内部矛盾概念。《再论无产阶级专政的历史经验》指出我们面前有两种性质不同的矛盾，一种是敌我之间的矛盾，另一种是人民内部的矛盾。在特定历史条件下，人民内部的某种矛盾，可以逐步转化为对抗性矛盾，成为敌我矛盾的一部分。波匈在反对大国沙文主义的同时，发展为反社会主义，性质已发生变化，因此须采取断然措施。文章还对斯大林做出评价，认为斯大林功大于过，全面否定斯大林助长了修正主义思潮的发展。

316.《关于正确处理人民内部矛盾的问题》的主要内容是什么?

1957 年 2 月 27 日，毛泽东在最高国务会议第十一次会议上发表《关于正确处理人民内部矛盾的问题》讲话。他指出：社会主义社会充满着矛盾，社会主义社会的基本矛盾仍然是生产力和生产关系、经济基础和上层建筑之间的矛盾，不过社会主义社会的这些矛盾同旧社会的这些矛盾具有根本不同的性质和情况，可以通过社会主义制度本身的自我调整和完善，不断地得到解决。他还指出：社会主义社会存在着敌我之间和人民内部两类性质根本不同的矛盾，前者需要用强制的、专政的方法去解决，后者只能用民主的、说服教育的方法，即“团结—批评—团结”的方法去解决，绝不能用解决敌我矛盾的方法解决人民内部的矛盾。毛泽东的这篇讲话，总结了社会主义事业发展中的历史经验，研究回答了我国社会主义改造基本完成后出现的新问题，提出的严格区分两类不同性质的矛盾、正确处理人民内部矛盾的理论，科学地阐明了社会主义社会的矛盾问题，是对科学社会主义理论的重要发展。

317. 社会主义社会存在的基本矛盾及特点是什么？

社会主义社会的基本矛盾仍然是生产力和生产关系、经济基础和上层建筑之间的矛盾，不过社会主义社会的这些矛盾同旧社会的矛盾具有根本不同的性质和情况。社会主义社会的矛盾不是对抗性的矛盾，可以经过社会主义制度本身的调节，不断得到解决。在我国，“社会主义生产关系已经建立起来，它是和生产力的发展相适应的；但是，它很不完善，这些不完善的方面和生产力的发展又是相矛盾的”。社会主义社会的基本矛盾引发政治、经济、文化等各种矛盾的产生和发展，因为社会主义社会的生产力与生产关系基本上是相适应的，所以这一矛盾能够经过社会主义制度本身得到调整和解决。

318. 如何区分和处理两类不同性质的矛盾？

毛泽东在最高国务会议上发表《关于正确处理人民内部矛盾的问题》讲话中指出：社会主义社会充满着矛盾，社会主义社会的基本矛盾仍然是生产力和生产关系、经济基础和上层建筑之间的矛盾，不过社会主义社会的这些矛盾同旧社会的这些矛盾具有根本不同的性质和情况，可以通过社会主义制度本身的自我调整和完善，不断地得到解决。他还指出：社会主义社会存在着敌我之间和人民内部两类性质根本不同的矛盾，前者需要用强制的、专政的方法去解决，后者只能用民主的、说服教育的方法，即“团结—批评—团结”的方法去解决，绝不能用解决敌我矛盾的方法解决人民内部的矛盾。

319. 正确处理人民内部矛盾的方针和具体表现是什么？

正确处理人民内部矛盾要采取民主的方法，实行“团结—批评—团结”的方针。在共产党和民主党派关系上实行“长期共存，互相监督”的方针，在科学文化工作中实行“百花齐放、百家争鸣”的方针，在经济工作中实行统筹安排、全面兼顾的方针，在教育工作中，实行德、智、体全面发展的方针，为解决我国社会主义社会存在着的不同形式的人民内部矛盾指明了方向。

320. 第一届中国出口商品交易会何时举行？

1957年4月25日，第一届中国出口商品交易会在广州举行（简称“广交会”）。以后每年在广州举办春、秋季两次出口商品交易会。从2007年起改称中国进出口商品交易会。

321. 反右派斗争扩大化与我们党对社会主要矛盾和阶级状况认识发生变化之间的关系是什么？

反右派斗争扩大化的严重后果之一，是改变了八大一次会议关于社会主要矛盾的论断和社会阶级关系状况的分析，使党的指导思想开始出现“左”的偏差。毛泽东在1957年9月至10月召开的八届三中全会上提出：“无产阶级和资产阶级的矛盾，社会主义道路和资本主义道路的矛盾，毫无疑问，这是当前我国社会的主要矛盾。”八大二次会议正式肯定这一论断，并认为我国社会有“两个剥削阶级和两个劳动阶级”：右派分子同被打倒了的地主买办阶级和其他反动派被称为一个剥削阶级，“正在逐步地接受社会主义改造的民族资产阶级和它的知识分子”被称为另一个剥削阶级；工人和农民是两个劳动阶级。这就改变了八大一次会议关于我国社会阶级关系的正确分析，成为后来党在阶级斗争问题上屡犯扩大化错误的理论根源。

322. 怎样评价1957年发生的反右派斗争？

从新中国成立到社会主义改造基本完成，在短短的七年里实现这样深刻的社会变革，不能不引起社会各阶级、各阶层的不同反应。反抗和敌视社会主义的势力在一定范围内还存在，中国要不要走社会主义道路和坚持中国共产党领导的问题，实际上没有完全解决。因此，对反对党的领导，反对社会主义道路的思潮和右派分子的进攻进行批判和反击是必要的，也是正确的。但是，敌视社会主义的人在国内毕竟只是极少数。由于当时党对阶级斗争的形势做了过于严重的估计和判断，导致反右派斗争严重扩大化，把一批知识分子、爱国人士和党内干部错划为右派分子，造成了不幸的后果。

323. 中国共产党八届三中全会基本情况是怎样的?

1957 年 9 月 20 日至 10 月 9 日在北京举行。邓小平做关于《整风运动的报告》和会议的总结发言，陈云作《关于改进国家行政管理体制问题和关于农业增产问题的报告》，周恩来作《关于劳动工资和劳保福利问题的报告》。毛泽东在会议结束前作了题为《做革命的促进派》的讲话。会议基本通过了《1956 年到 1967 年全国农业发展纲要（草案）》及关于工业、商业、财政的管理体制和关于劳动工资、劳保福利问题的几项规定草案。这次会议重点讨论了五个问题：一是关于整风和反右派斗争问题，肯定了大鸣、大放、大辩论、大字报是进行政治战线和思想战线上社会主义革命的很合适的形式；二是关于农业问题；三是关于国家行政管理体制问题；四是关于劳动工资和劳保福利问题；五是关于国内主要矛盾问题。这次会议对 1956 年党中央所采取的反冒进的若干正确做法再次提出尖锐批评，这实际上是后来发动“大跃进”的开端。

324. 邓小平对反右派斗争进入整改阶段提出了哪些具体要求?

邓小平对反右派斗争进入整改阶段提出的具体要求包括：第一，克服宗派主义和特殊化的倾向。第二，从制度上和组织上改变那些不合理的规定，正确地解决集中统一和分工负责的关系（党政关系、上下关系），该集中的必须集中，该分散的必须分散，该下放的必须下放。第三，在人民内部扩大民主生活，继续健全民主制度，处理人民内部的矛盾必须坚持和风细雨的方法、“团结—批评—团结”的方法。

325. 为什么说反右派斗争的严重扩大化，使党探索适合中国情况的建设社会主义道路的良好开端受到挫折?

反右派斗争的严重扩大化，使党探索适合中国情况的建设社会主义道路的良好开端受到挫折。在党的建设方面，同毛泽东发动整风运动以造成生动活泼的政治局面的主观愿望相反，给党内政治生活带来消极影响。在经济生活方面，农业合作社中一些适合当时农村生产力状况的有益探索，在反右派斗争中遭到严厉批判；重新放开一点私营经济的新设想，也被弃置；关于经济发展速度的反冒进被看作接近右派的言论，也受到批判。在政治思想和文化生活方面，社会主义民主与法制建设，“百花齐放、百家争鸣”和“长期共存、互相监督”这两大方针的贯彻执行，都受到极大损害。

326. 中国共产主义青年团何时确定名称？

1957 年 5 月 15 日至 25 日，中国新民主主义青年团第三次全国代表大会举行，决定将中国新民主主义青年团改名为中国共产主义青年团，选举胡耀邦为团中央第一书记。

327. 中华人民共和国全国妇女联合会何时确定名称？

1957 年 9 月 9 日至 21 日，中国妇女第三次全国代表大会举行。会议将“勤俭建国、勤俭持家，为建设社会主义而奋斗”确定为妇女工作的方针；将全国妇女领导机构“中华全国民主妇女联合会”改名为“中华人民共和国全国妇女联合会”。9 月 21 日，全国妇联第三届执行委员会第一次会议选举宋庆龄、何香凝为全国妇联名誉主席，蔡畅为全国妇联主席。

328. 新中国第一个天然石油基地何时建成？

1957 年 10 月 8 日，新中国第一个天然石油基地玉门油矿基本建成。

329. 武汉长江大桥何时建成通车？

1957 年 10 月 15 日，武汉长江大桥建成通车，铁路桥长 1315 米，公路桥长 1670 米。

330. “一五”计划完成情况如何？

1957 年 12 月底，“一五”计划超额完成。1957 年工农业总产值 1241 亿元，按可比价格计算，比 1952 年增长 67.8%。其中，工业总产值 704 亿元，增长 128.6%；农业总产值 537 亿元，增长 24.8%。主要工农业产品产量：钢 535 万吨，增长 296%；煤 1.31 亿吨，增长 98.5%；发电量 193 亿千瓦时，增长 164%；粮食 19505 万吨，增长 19%；棉花 164 万吨，增长 25.8%；油料 419.6 万吨，增长 0.07%。基本建设投资总额 143.32 亿元，增长 229%。财政总收入 310.2 亿元。

331. 广西僮族自治区何时宣告成立?

1958 年 3 月 5 日，广西僮族自治区宣告成立，首府设于南宁市。1965 年 10 月 12 日，改称广西壮族自治区。

332. 人民英雄纪念碑何时建成?

1958 年 4 月 22 日，人民英雄纪念碑在天安门广场建成。5 月 1 日，首都 50 万人参加揭幕典礼。

333. 中共八大二次会议提出的社会主义建设总路线的主要内容是什么?

1958 年 5 月 5 日至 23 日，中共八大二次会议举行，正式通过“鼓足干劲、力争上游、多快好省地建设社会主义”的总路线。会后，“大跃进”运动在全国展开。

334. 怎样评价 1958 年提出的社会主义建设总路线?

八大二次会议提出的总路线，反映了广大人民群众迫切要求尽快改变我国经济文化落后状况的普遍愿望。在社会主义建设中，保持鼓足干劲、力争上游的精神状态，把多、快、好、省特别是多、快与好、省统一起来，理顺其中的各种关系，是可以促进或加快社会主义建设事业的。但由于它是在急于求成的思想指导下制定的，因而又存在着严重缺陷。这主要是片面强调经济建设的发展速度，过分夸大人的主观意志的作用，忽视了经济建设所必须遵循的客观规律和量力而行、实事求是的原则。

335. “大跃进”在工业和农业方面有哪些表现?

“大跃进”表现在工业方面，首先是钢产量指标的不断提高。在农业上，主要是对农作物产量的估计严重浮夸。生产发展上的高指标和浮夸风，推动着在生产关系方面急于向所谓更高级的形式过渡，主观地认为农业合作社的规模越大，公有化程度越高，就越能促进生产。

336. 1958 年 8 月中央政治局在北戴河举行的扩大会议的基本情况是怎样的?

1958 年 8 月，中央政治局在北戴河举行扩大会议，正式决定当年钢产量比上年翻一番，做出《关于在农村建立人民公社问题的决议》。这次会议把“大跃进”

和人民公社化运动迅速推向高潮，以高指标、瞎指挥、浮夸风和“共产”风为主要标志的“左”的错误，严重泛滥开来。

337. 什么是全民大炼钢铁运动？

1957 年 11 月，毛泽东曾提出要在 15 年左右在钢铁等主要工业品的产量方面赶上和超过英国的口号。在“以钢为纲，全面跃进”的口号下，钢铁生产指标越提越高。北戴河会议正式决定并公开宣布 1958 年钢产量比 1957 年翻一番，号召全党全民为此奋斗，开展规模空前的大炼钢铁运动。

全民大炼钢铁运动给国民经济的发展造成的破坏相当严重。首先是极大地浪费了人力、物力和财力。其次是使基本建设规模和职工队伍急剧膨胀。最后是严重冲击和挤占了农业、轻工业生产。

338. 我国第一座电视台何时正式开播？

1958 年 9 月 2 日，我国第一座电视台——北京电视台正式开播。1973 年 10 月 1 日正式播出彩色电视节目。1978 年 5 月 1 日改称中央电视台。

339. 宁夏回族自治区何时宣告成立？

1958 年 10 月 25 日，宁夏回族自治区宣告成立，首府设于银川市。

340. 人民公社的特点是什么？

人民公社的特点可以概括为“一大二公”。所谓“大”，就是规模大。所谓“公”，就是生产资料公有化程度高。

341. “大跃进”运动和人民公社化运动的最大失误和共同教训是什么？

“大跃进”运动的最大失误是在建设速度上急于求成，人民公社化运动的最大失误是在所有制关系上盲目求纯。两者共同的教训，归根到底，是限于当时对社会主义的认识，脱离了中国社会生产力发展水平的现实，违背了经济和社会发展的客观规律。

342. 第一次郑州会议的基本情况是怎样的？

1958 年 11 月 2 日至 10 日，毛泽东在郑州召集有部分中央领导人、大区负责人和部分省市委书记参加的工作会议（第一次郑州会议）。会前，毛泽东视察了河北、河南等省的一些农村，发现在人民公社问题上存在许多混乱现象，开始对当时已经认识到的错误着手纠正。在这次会议上，毛泽东在完全肯定总路线、“大跃进”和人民公社运动的前提下，指出必须划清集体所有制和全民所有制、社会主义和共产主义两种界限，并批驳了要求在现阶段就废除商品生产，实行产品调拨的错误主张。这次会议表明，党对实际工作的指导思想开始有了某种转变，毛泽东在会上提出的问题，为在实际工作中纠正脱离实际、脱离群众的“左”倾错误开了个头。

343. 如何评价第一次郑州会议后党中央的初步纠“左”？

第一次郑州会议以后，经过八九个月的紧张努力，“共产”风、浮夸风、高指标和瞎指挥等“左”的错误得到初步遏制，形势开始向好的方面转变。这期间提出的一些正确理论观点和政策思想，也有长远的意义。但是，由于对错误的严重性还缺乏足够清醒的认识，加上党内民主受到削弱，一些正确的意见很难及时反映到中央。更重要的是，纠“左”的努力，还局限在坚持“大跃进”和人民公社的“左”的指导思想的大框架内，而且，在纠“左”的同时，又沿着反右派斗争扩大化以后把阶级斗争当作社会主要矛盾的思路，错误看待怀疑或否定“大跃进”和人民公社的人，这都影响了纠“左”措施的完全落实，初步好转的形势还很不巩固。

344. 如何评价《关于人民公社若干问题的决议》？

1958 年 12 月，在武汉召开的八届六中全会通过了《关于人民公社若干问题的决议》。该决议是党中央第一次以全会决议的形式，力图在理论上解决第一次郑州会议、武昌会议以来所觉察到的“左”倾错误，它的积极意义是明显的。但是，这个决议又是以高度赞扬“大跃进”和人民公社化运动为前提的，决议没有触及人民公社最本质的管理体制和分配问题，因而不可能从根本上纠正分配上的平均主义和“共产风”。

345. 1958 年中国政府明确阐述的中方改善中日关系的“政治三原则”是什么？

“政治三原则”，即日本政府不再发表敌视中国的言论，不参与制造“两个中国”的阴谋，不阻挠两国正常关系的发展。在此前提下，中日关系可以改善，贸易可以恢复，文化和友好往来可以发展，政府间的会谈也可以进行。

346. 第二次郑州会议是怎样开始初步整顿人民公社所有制的?

为了解决人民公社内部的平均主义和过分集中的倾向，1959 年 2 月至 3 月，中央政治局召开第二次郑州会议，从公社内部所有制分级的问题入手，进一步纠正“共产”风。在贯彻会议精神的过程中，确定生产队是人民公社的基本核算单位，生产队的所有制还是公社的主要基础，清算公社成立以来的账目，退赔平调的资金物资。

347. 在初步纠“左”的过程中，党中央、毛泽东对社会主义建设的哪些问题产生了新的认识?

在初步纠“左”的过程中，党中央、毛泽东提出若干重要的理论观点和比较符合实际的政策措施，对社会主义问题产生了一些新的认识，为建设社会主义道路的探索提供了很有价值的思想积累。主要有以下几方面。一是对生产力和生产关系的相互关系有了更深刻的认识。二是提出价值法则是一所伟大的学校。三是第一次明确提出以“农、轻、重”为序的战略思想，丰富了中国工业化道路的具体内容。四是综合平衡是整个经济工作的根本问题，国民经济应当有计划按比例发展。

348. 简述西藏民主改革的过程。

1959 年 3 月 10 日，西藏地方政府和上层反动集团撕毁关于和平解放西藏的“十七条协议”，发动武装叛乱。3 月 20 日，人民解放军驻藏部队奉命进行平叛作战。22 日，中共中央发出在平息叛乱中实行民主改革的指示。28 日，国务院发布命令，解散西藏地方政府，由西藏自治区筹备委员会行使地方政府职权。1960 年年底，西藏民主改革基本完成，彻底摧毁了政教合一的封建农奴制度，百万农奴获得翻身解放。

349. 第一个在世界锦标赛中获得世界冠军的中国运动员是谁?

1959 年 4 月 5 日，容国团荣获第二十五届世界乒乓球锦标赛男子单打冠军。这是中国运动员在体育比赛的世界锦标赛中获得的第一个世界冠军。

350. 1959 年庐山会议的主要内容是什么?

1959 年 7 月 2 日至 8 月 16 日，中共中央在江西庐山先后召开政治局扩大会议和八届八中全会。原定议题是总结 1958 年“大跃进”以来的经验教训，继续纠正

“左”倾错误。但会议后期，毛泽东错误地发动了对彭德怀等人的批判，进而在全党错误地开展了“反右倾”斗争。

351. 历时半年的“反右倾”斗争，在政治、经济和组织方面造成了怎样的严重后果？

历时半年的“反右倾”斗争，在政治方面，使阶级斗争扩大化的错误在理论和实践上进一步升级，并直接延到党内。它把党内意见分歧误认作阶级斗争，因社会主义建设方针政策上的分歧而算历史旧账，伤害许多同志，进一步发展了人为制造阶级斗争的“左”倾错误。

在经济方面，打断了第一次郑州会议以来纠“左”的进程，使“大跃进”和人民公社运动中许多已经暴露出来、有待纠正的“左”倾错误重新发展起来。这些错误包括：未能处理好综合平衡关系和国民经济比例失调、工业上高指标与管理混乱状态、农村中的供给制和公共食堂等。错误的政治批判，中断了经济工作中解决问题的努力。

组织方面，“反右倾”斗争严重破坏了党内民主生活，使个人崇拜和个人专断的不良倾向在党内进一步发展。一大批敢于实事求是地向党反映实际情况、提出批评意见的同志受到打击。给一些说假话、见风使舵的人以可乘之机。这助长了不敢坚持原则，不敢讲出真话，明哲保身的不良风气，一言堂、家长制等现象在党内政治生活中得以滋长和蔓延，在很大程度上堵塞了党内的言路。

352. 首都“十大建筑”包括哪些？

1959 年 8 月底，人民大会堂建成。它与同年建成的民族文化宫、民族饭店、华侨大厦、北京火车站、北京工人体育场、中国革命历史博物馆、中国人民革命军事博物馆、钓鱼台国宾馆和全国农业展览馆并称为首都“十大建筑”。

353. 新中国与亚洲邻国签订的第一个边界条约是什么？

1960 年 1 月 28 日，中缅两国总理签订《中华人民共和国和缅甸联邦政府关于两国边界问题的协定》和《中华人民共和国和缅甸联邦之间的友好和互不侵犯条约》。中缅边界条约是新中国与亚洲邻国签订的第一个边界条约，为今后解决类似问题树立了良好范例。

354. 什么是“鞍钢宪法”？

1960 年 3 月 22 日，中共中央批转《鞍山市委关于工业战线上的技术革新和技术革命运动开展情况的报告》。毛泽东代中央起草批示，将鞍钢实行的“两参一改三结合”的管理制度称作“鞍钢宪法”，要求在工业战线加以推广。“两参一改三结合”即干部参加劳动，工人参加管理，改革不合理的规章制度，工人群众、领导干部和技术员三结合。

355. 新中国自行设计、建造的第一座大型水电站是什么？

1960 年 4 月，新中国自行设计、建造的第一座大型水电站——新安江水电站第一台机组开始发电。

356. 人类何时第一次战胜珠峰北坡天险？

1960 年 5 月 25 日，中国登山队队员王富洲、贡布（藏族）、屈银华从北坡集体登上世界最高峰珠穆朗玛峰。人类第一次战胜珠峰北坡天险。

357. 什么是《十年总结》？

毛泽东在 1960 年 6 月写就《十年总结》一文。这篇文章从认识论的高度，概括了十年社会主义建设的思想递进历程，分析了这个历程的得失利弊，并引出如何认识社会主义建设规律的问题。《十年总结》是以毛泽东为代表的中国共产党人对社会主义建设进行探索的又一个思想结晶。同时，《十年总结》是中国共产党人在社会主义建设初始时期的一个阶段性思考，因此，它不能不带有一些对于建设规律认识的局限性。

358. 哪两件事标志着“大跃进”运动被停止，国民经济开始转入调整的新轨道？

1960 年 11 月中央发出关于农村人民公社当前政策问题的紧急指示信，要求全党用最大的努力来坚决纠正各种“左”的偏差。1961 年 1 月，八届九中全会正式决定对国民经济实行“调整、巩固、充实、提高”的八字方针。这两件事表明：三年来造成严重后果的“大跃进”运动实际上已被停止，国民经济开始转入调整的新轨道。

359. 1960 年开始的对科教文等方面工作的调整概况如何?

同经济工作的调整相配合，科学、教育、文化等各个领域也进行调整。中央先后批发试行《关于自然科学研究机构当前工作的十四条意见（草案）》（简称“科学十四条”）、《教育部直属高等学校暂行工作条例（草案）》（简称“高教六十条”）、《关于当前文学艺术工作若干问题的意见（草案）》（简称“文艺十条”，以后改为“文艺八条”）。这些条例的中心内容是调整党和知识分子的关系，以及贯彻落实科学和文艺工作中“百花齐放、百家争鸣”的方针。

360.《第一批全国重点文物保护单位名单》何时批准?

1960 年 11 月 17 日，国务院第一百零五次全体会议通过《文物保护管理暂行条例》，批准《第一批全国重点文物保护单位名单》。随后，国务院于 1961 年 3 月 4 日发布《关于进一步加强文物保护和管理工作的指示》。

361.《关于加强原子能工业建设若干问题的决定》何时通过?

1961 年 7 月 16 日，中共中央作出《关于加强原子能工业建设若干问题的决定》，决定自力更生，组织力量，突破原子能技术。

362. 什么是“七千人大会”?

1962 年 1 月 11 日至 2 月 7 日，党中央在北京召开扩大的中央工作会议。参加这次工作会议的有中央和省、地、县委四级主要负责人及部分大厂矿和军队的负责人，共 7118 人，通常称“七千人大会”。这次大会对统一全党认识，纠正经济工作中的“左”倾错误，克服经济困难起了积极的作用。大会确定了“调整、巩固、充实、提高”的指导方针，其基本内容是：以调整为中心，巩固生产建设取得的成果，充实新兴产业和短缺产品的项目，提高质量和经济效益。

363. 刘少奇在“七千人大会”上是怎样分析“大跃进”以来经济建设工作产生错误的原因的?

刘少奇比较系统地初步总结了“大跃进”以来经济建设工作的基本经验教训，认为产生缺点错误的原因，一方面是由于在建设工作中经验不够，另一方面是几年来党内不少领导同志不够谦虚谨慎，违反党的实事求是和群众路线的传统作风，削弱了民主集中制原则，妨碍了党及时地尽早地发现问题和纠正错误。这些看法，使党朝着勇敢地正视现实，实事求是地认识“大跃进”以来实际工作和指导思想上的错误，又向前迈进了一步。

364. 什么是西楼会议？

1962 年 2 月 21 日至 23 日在北京中南海西楼举行的中共中央政治局常委扩大会议，故称“西楼会议”。会议的中心议题是讨论 1962 年国家预算和经济形势问题。陈云在会上做了《目前财政经济的情况和克服困难的若干办法》的讲话，提出了克服困难的六条意见。会后，刘少奇、周恩来、邓小平到武昌向毛泽东汇报。毛泽东表示赞成多数常委的意见，并商定成立中央财经小组，由陈云任组长、李富春任副组长。这些对统一全党思想，明确国民经济的调整方向和具体办法起了重要作用。

365. 陈云在西楼会议上提出了哪六条克服困难的意见？

陈云提出了克服困难的六条意见是：（1）把今后十年经济划分为两个阶段，前一阶段是恢复阶段，后一阶段是发展阶段；（2）减少城市人口，“精兵简政”；（3）采取一切办法制止通货膨胀；（4）尽力保证城市人民的最低生活；（5）把一切可能的力量用于农业生产；（6）计划机关的主要注意力，应该从工业、交通方面转移到农业生产和制止通货膨胀方面来。

366. 经过七千人大会、西楼会议和五月会议，党中央对国民经济进行全面调整主要从哪些方面展开？

主要是从如下几方面着手进行调整：大力精简职工，减少城镇人口；压缩基本建设规模，停建缓建大批基本建设项目；缩短工业战线，实行必要的关、停、并、转；进一步从物力、财力、人力各方面支援农业；加强财政管理，稳定市场，回笼货币，抑制通货膨胀。

367. 七千人大会后，党中央对政治关系的调整主要表现为哪些方面？

政治关系方面的调整着重在恢复国家正常的政治生活，调整与民主党派和非党人士的关系，消除“大跃进”以来产生的消极影响，加快了对在“反右倾”运动中受到批判和处分的党员、干部的甄别平反工作，以更广泛地调动党内外的积极性，为调整国民经济而奋斗。

368.《论知识分子问题》的报告的主要内容是什么？

1962 年 3 月 2 日，周恩来在广州向出席全国科学工作会议及全国话剧、歌剧和儿童剧创作座谈会的代表作《论知识分子问题》的报告，重新肯定我国知识分子的绝大多数已经是劳动人民的知识分子，而不是属于资产阶级的知识分子，强调在社会主义建设中要发挥科学和科学家的作用。3 月 27 日，周恩来在二届全国人大三次会议上重申了这一观点。

369. 我国第一次全国群众性的电影评奖活动是什么？

1962 年 5 月 22 日，中国影协举行首届《大众电影》“百花奖”颁奖大会。这是第一次全国群众性的电影评奖活动。

370. 中共八届十中全会何时召开？

1962 年 9 月 24 日至 27 日，中共八届十中全会召开。会议把社会主义社会一定范围内存在的阶级斗争进一步扩大化和绝对化，强调阶级斗争必须年年讲、月月讲、天天讲。

371. 毛泽东的题词“向雷锋同志学习”是在何时发表的？

1963 年 3 月 5 日，毛泽东题写的“向雷锋同志学习”在《人民日报》上发表。在毛泽东的题词发表后，全国广泛开展了向雷锋学习的群众运动。

372. 什么是社会主义教育运动？

八届十中全会后，针对农村干部中存在的多吃多占、账目不清等现象，在部分农村和城市开展社会主义教育运动。这次运动，虽然对于解决干部作风和经济管理等方面的问题起了一定作用，但由于把各种不同性质的问题都认为是阶级斗争或者是阶级斗争在党内的反映，使不少干部受到不应有的冲击。

373. 20 世纪 60 年代，中苏两党、两国关系急剧恶化后，中共中央制定的方针是什么？

面对中苏两党、两国关系急剧恶化的形势，中共中央制定了“坚持原则，坚持团结，坚持斗争，留有余地，后发制人，反对分裂”的对苏二十四字方针，这一方针的目的仍是争取两个社会主义大国重新团结起来。

374. 中苏论战的基本情况是怎样的?

苏共二十二大以后，国际共运中的争论愈演愈烈。苏共领导人、苏联报刊连篇累牍地发表公开信，攻击中国党和其他一些党，在外交上推行霸权主义。中共中央从 1963 年 9 月至 1964 年 7 月，以《人民日报》编辑部和《红旗》杂志编辑部的名义，相继发表九篇评论苏共中央公开信的文章，批判"赫鲁晓夫修正主义"，并由此论述了社会主义国家和平演变和资本主义复辟的历史教训。党坚持独立自主的原则，反对大党大国对其他党、其他国家的不平等做法和霸权主义，顶住来自苏联的巨大压力，维护了国家主权、民族尊严和党的尊严。

375. 中苏论战对国际共产主义运动和我们党产生了哪些影响?

中苏论战及其结局对国际共产主义运动产生了重大而深远的影响。论战不仅导致社会主义阵营分裂，也使许多国家的共产党陷于分裂。与此同时，这场大论战也严重影响着我们党对国际形势的判断和对社会主义的认识，进而又影响到对国内形势的判断，成为后来逐渐走向"文化大革命"的一个重要原因。

376. 什么是"两个中间地带"?

1963年年底至1964年年初，毛泽东提出：中间地带有两部分，一部分是指亚洲、非洲和拉丁美洲的广大经济落后的国家，一部分是指以欧洲为代表的帝国主义国家和发达的资本主义国家。这两部分都反对美国的控制，在东欧各国则发生反对苏联控制的问题。

377. 20 世纪 50 年代末期到 60 年代上半期，造成中国同时与美苏两个超级大国相对抗格局的原因是什么?

造成这种格局的外部原因，一方面是美顽固坚持孤立和遏制中国的政策，蓄谋制造"两个中国"，随后又不断扩大侵略越南的战争，最终使中美两国再次走到热战的边缘；另一方面，苏联为使中国外交服从它的战略需要，向中国施加了越来越大的压力。

造成这种格局的内部原因是：中国在这种外部重压之下，对国际形势的判断出现了较明显的偏差，主要是高估了美苏合作的可能性，低估了美苏之间的矛盾；

高估了战争和革命的可能性，低估了世界转向和平发展的可能性。由于对外来入侵越来越担心，中国对外部世界做出的反应也越来越激烈。

378. 1963 年周恩来提出的中国处理同阿拉伯国家和非洲国家关系的五项原则是什么？

1963 年 12 月 14 日至 1964 年 2 月 29 日，周恩来访问亚非欧 14 国，提出中国处理同阿拉伯和非洲关系的五项原则。这五项原则的主要内容是：支持阿拉伯非洲各国人民反对帝国主义和新老殖民主义、争取和维护民族独立斗争；支持阿拉伯和非洲各国政府奉行和平中立的不结盟政策；支持阿拉伯和非洲各国人民用自己选择的方式实现团结和统一的愿望；支持阿拉伯和非洲国家通过和平协商解决彼此间的争端；主张阿拉伯和非洲国家的主权应当得到一切其他国家的尊重，反对来自任何方面的侵犯和干涉。

379. 1963 年至 1965 年，我们党调整国民经济取得的重要进展表现在哪些方面？

1963 年至 1965 年的调整，主要在以下方面取得了重要进展。首先是大力加强影响国民经济协调发展的薄弱环节和部门，维修和更新设备，恢复和提高老企业、老基地的生产能力和技术水平。其次是自力更生开发技术同适当引进国外先进技术相结合，有重点地发展对国民经济有重大作用的新兴产业，填补缺门，提高国家工业总体水平和经济实力。最后是加强管理，调整关系，调动各方面的积极性。

380. 中法两国政府何时发表建立外交关系的联合公报？

1964 年 1 月 27 日，中法两国政府发表建立外交关系的联合公报。这是中国在亚非拉以外地区进一步打开外交局面的一个重大成果。

381. “工业学大庆”运动何时在全国展开？

1964 年 2 月 5 日，中共中央发出《关于传达石油工业部〈关于大庆石油会战情况的报告〉的通知》。“工业学大庆”运动在全国展开。自 1960 年 5 月起，我国集中各方面力量，经过三年多的艰苦奋斗，开发了大庆油田。到 1963 年，我国石油产品已经达到基本自给。

382. “农业学大寨”运动何时在全国展开？

1964 年 2 月 10 日，《人民日报》发表社论和通讯，介绍山西省昔阳县大寨大队艰苦奋斗、发展生产的事迹。此后，“农业学大寨”运动在全国展开。

383. 20 世纪 60 年代我们试办托拉斯与过去政府管理工业的不同点是什么？

1964 年 8 月 17 日，中共中央、国务院批转国家经济委员会党组《关于试办工业、交通托拉斯的意见的报告》，批准在全国试办 12 个托拉斯。试办托拉斯，改变了过去由各级、各部门多头领导的办法，实行了由托拉斯一个头统一领导的办法；改变了过去以厂矿为单位的独立核算、分散经营的办法，实行了以托拉斯为单位集中经营，把全行业联合成为一个统一的经济组织；过去的部、厅、局是行政管理机关，现在的托拉斯变成了经营管理单位。

384. 中国第一颗原子弹什么时候成功爆炸？

1964 年 10 月 16 日，在中国西部的罗布泊试验基地，中国第一颗原子弹成功爆炸。中国政府发表声明：在任何时候、任何情况下，都不会首先使用核武器。中国掌握核武器，完全是为了防御。

385. 周恩来在三届全国人大一次会议上所作的政府工作报告中对“四个现代化”作了怎样的表述？

1964 年 12 月 21 日至 1965 年 1 月 4 日，三届全国人大一次会议举行。周恩来在政府工作报告中对这个历史任务作了如下表述：“在不太长的历史时期内，把我国建设成为一个具有现代农业、现代工业、现代国防和现代科学技术的社会主义强国，赶上和超过世界先进水平。”

386. 关于“四个现代化”总目标的实现，党中央提出的实现步骤是什么？

关于“四个现代化”总目标的实现，党中央提出可以分为两步走，即从第三个五年计划开始，第一步，经过三个五年计划时期，建立一个独立的比较完整的工业体系和国民经济体系；第二步，全面实现农业、工业、国防和科学技术的现代化，使中国经济走在世界前列。

387. 中共中央、国务院何时作出《关于西南三线建设体制问题的决定》？

1965年2月26日，中共中央、国务院作出《关于西南三线建设体制问题的决定》，成立西南三线建设委员会，以加强对三线建设的领导。三线建设，是指为了满足备战需要，改变我国经济发展战略布局，在中西部地区的13个省、自治区进行的一场大规模的国防、科技、工业和交通基础设施建设。

388. 西藏自治区何时宣告成立？

1965年9月9日，西藏自治区宣告成立，首府设于拉萨市。

389. 1965年，我国科研工作者在基础科学方面取得的一项重大成果是什么？

1965年9月17日，我国在世界上首次人工合成牛胰岛素。这是我国科研工作者在基础科学方面取得的一项重大成果，在世界上处于领先地位。

390. 全面建设社会主义的十年间，我们在党的建设方面积累了哪些宝贵经验？我们党关于我国社会主义发展的目标形成了哪些正确的认识成果？

在党的建设方面，着重提出执政党建设的问题，强调要坚持民主集中制和集体领导制度，反对个人崇拜，加强党内监督，发展党内民主，加强党和人民群众的联系。

关于我国社会主义发展的目标，提出要独立自主、自力更生，建立独立的比较完整的工业体系和国民经济体系；提出实现“四个现代化”总任务和两步走的发展战略步骤；经过“大跃进”的严重挫折后，对社会主义的长期性又有了比较清醒的认识，估计建设社会主义强国需要100年或者更长的时间。

391. “文化大革命”的导火线是什么？

1965年11月10日，上海《文汇报》发表的姚文元《评新编历史剧〈海瑞罢官〉》一文，是引发“文化大革命”的导火线。这篇文章的写作和发表是江青秘密策划的。文章点名批判北京市副市长、明史专家吴晗，实际上涉及中央领导层在许多重大政策问题上的不同意见。

392. 全国何时掀起学习焦裕禄的热潮？

1966 年 2 月 7 日，新华社播发长篇通讯《县委书记的榜样——焦裕禄》。随后，全国掀起学习焦裕禄的热潮。

393. 毛泽东发动“文化大革命”在思想上起主导作用的原因是什么？

毛泽东发动这场“大革命”的出发点是防止资本主义复辟、维护党的纯洁性和寻求中国自己的建设社会主义的道路。但他对党和国家政治状况的错误估计这时已经发展到非常严重的程度，认为党中央出了修正主义，党和国家面临资本主义复辟的现实危险；过去几年的农村“四清”、城市“五反”和意识形态领域的批判，都不能解决问题，只有采取断然措施，公开地、全面地、由下而上地发动广大群众，才能揭露党和国家生活中的阴暗面，把所谓被“走资派篡夺了的权力”夺回来。这是 20 世纪 60 年代中期发动“文化大革命”在思想上起主导作用的原因。

394. 什么是中央“文革”小组？

1966 年 5 月 4 日至 26 日，中央政治局召开扩大会议。会议决定撤销以彭真为首的文化革命小组，成立陈伯达任组长，康生为顾问，江青、张春桥等任副组长的中央文化革命小组（简称“中央‘文革’小组”），使之实际上成为不受中央政治局约束的、领导“文化大革命”的指挥机构。此后，“文化大革命”异常迅猛地发动起来。

395. 什么是“二月提纲”？

1966 年 2 月初，中共中央政治局委员兼北京市委第一书记彭真召集文化革命五人小组开会，起草《关于当前学术讨论的汇报提纲》（后被称为“二月提纲”），试图对学术批判中已经出现的“左”的倾向加以适当约束。这个提纲经中央政治局常委讨论通过并向在武汉的毛泽东汇报后，于 2 月 12 日转发全党。“二月提纲”的形成，反映了党内相当多数同志对思想文化领域的批判运动所持的慎重态度。

396. 什么是“五一六”通知？

为了在全国发动“文化大革命”，1966 年 5 月 4 日至 26 日，中央政治局召开扩大会议。会议于 5 月 16 日通过的《中国共产党中央委员会通知》（简称“五一六通知”）对“二月提纲”进行了全面批判，并把阶级斗争错误地扩大到党的最高领导层甚至人为地制造阶级斗争的重要根据。

397. “文化大革命”之所以能够发动的社会历史根源有哪些?

其社会历史根源是：我们党是经过长期残酷的战争后迅速进入社会主义历史阶段的，对于如何在一个经济文化落后的国家建设社会主义，缺乏充分的思想准备和科学认识。过去革命战争时期积累下来的丰富的阶级斗争经验，使人们在观察和处理社会主义建设的许多新矛盾时容易去沿用和照搬，因而把在一定范围存在的阶级斗争仍然看作占主要地位的阶级斗争，并运用大规模群众性政治运动的方法来解决。战争时期在革命队伍里行之有效的近乎军事共产主义的生活经验，也容易用来作为规划理想社会的某种依据。对马列著作中某些论点的误解或教条化，使人们日益陷入阶级斗争扩大化的迷误之中。坚持这种迷误被认为是保卫马克思主义的神圣事业，对这种迷误持怀疑态度者则难以理直气壮地起来反对。这时，毛泽东在全党全军和全国人民中的威望达到高峰，党内个人专断和个人崇拜现象逐渐滋长。

398.《中国共产党中央委员会关于建国以来党的若干历史问题的决议》将“文化大革命”分为哪几个阶段?

该决议将“文化大革命”分为三段：第一段从“文化大革命”的发动到 1969 年 4 月党的第九次全国代表大会；第二段从党的九大到 1973 年 8 月党的第十次全国代表大会；第三段从党的十大到 1976 年 10 月。

399. 八届十一中全会后的红卫兵运动的基本情况是怎样的?

1966 年 8 月 1 日至 12 日，中共八届十一中全会召开，通过《中国共产党中央委员会关于无产阶级文化大革命的决定》。八届十一中全会后，红卫兵运动迅猛发展。红卫兵运动最初是破除“四旧”，即所谓旧思想、旧文化、旧风俗、旧习惯，随后发展为抄家、打人、砸物。无数优秀的文化典籍被付之一炬，大量国家文物遭受洗劫，许多知识分子、民主人士和干部遭到批斗。红卫兵运动对社会秩序和民主法制的破坏，引起各地党组织和许多干部群众的不满和抵制。但是，这种不满和抵制当时却被认为是执行了“资产阶级反动路线”。

400. 我国第一颗氢弹何时成功爆炸？

1967 年 6 月 17 日，我国第一颗氢弹空爆试验成功。

401. 什么是所谓的“二月逆流”？

“文化大革命”发动后，在党的领导层内，在广大干部群众中，对“左”倾错误和极“左”思潮不同程度、不同形式的抵制和抗争始终存在，并不断发展。1967 年 2 月前后，谭震林、陈毅、叶剑英、李富春、李先念、徐向前、聂荣臻等政治局和军委的领导同志，在不同的会议上对“文化大革命”的错误做法提出了强烈的批评，但被诬为“二月逆流”而受到压制和打击。

402. 什么是五七干校？

1968 年 5 月 7 日，黑龙江省在纪念毛泽东“五七批示”两周年时，把原来党政机关的大批干部下放劳动，在庆安县柳河办了一所农场，定名为“五七干校”。10 月 5 日，《人民日报》发表《柳河“五七”干校为机关革命化提供了新的经验》的报道，并加了编者按语。报道中引用了毛泽东关于“广大干部下放劳动”的号召。随后，全国各地普遍开办了五七干校，把党政机关绝大多数干部和大专院校一些教师、职工送到那里去劳动、学习和改造。粉碎“四人帮”以后，各地五七干校陆续解散。

403. 南京长江大桥何时全面建成通车？

1968 年 12 月 29 日　南京长江大桥全面建成通车，铁路桥长 6772 米，公路桥长 4588 米。这是当时我国自行设计建造的最大的铁路、公路两用桥。

404. 如何评价党的第九次全国代表大会？

1969 年 4 月 1 日至 24 日，党的第九次全国代表大会举行。九大从始至终被强烈的个人崇拜气氛所笼罩。大会通过的党章没有关于党员权利的规定，却把林彪“是毛泽东同志的亲密战友和接班人”写入总纲。这种完全违反党的组织原则的做法，在党的历史上从未有过。大会选出新的中央委员会，在中央政治局委员中，林彪、江青帮派中的骨干和亲信占半数以上，第八届中央委员会成员中许多功勋卓著的革命家被排斥在外。九大使“文化大革命”的理论和实践合法化，加强了林彪、江青等人在党中央的地位，因而在思想上、政治上、组织上的指导方针都是错误的。

405. 什么是“斗、批、改”运动？

党的九大以后，“斗、批、改”运动在全国展开。按照毛泽东的设想，“斗、批、改”包括建立革命委员会、大批判、清理阶级队伍、整党、精简机构、改革不合理的规章制度、下放科室人员等阶段。在实际工作中还包含“教育革命”、知识青年上山下乡等内容。毛泽东试图通过“斗、批、改”，达到“天下大治”的设想，也含有结束“文化大革命”的意向。但是，“斗、批、改”实际上是把“文化大革命”的“左”倾错误在各个领域具体化，结果是党内矛盾和社会矛盾继续紧张，引起动乱的因素更加深化。

406. 新中国成立以来最大的战备高潮发生在什么时间？

1969 年年初到 1970 年年初，由于中苏两国关系急剧恶化，因此出现了新中国成立以来最大的一次全国性战备高潮。这对国内的政治生活产生了很大影响。一方面，紧张的空气和一系列加强战备的坚决措施，对于抑制武斗、平息动乱起到了一定作用。另一方面，紧张的气氛又助长了阶级斗争扩大化的错误，使 1970 年上半年各行各业正在进行的“一打三反”和清查“五一六”等运动造成大量冤假错案。

407. 新中国第一条地下铁道线路何时建成？

1969 年 10 月，新中国第一条地下铁道线路（北京火车站至石景山区苹果园）建成，全长 23.6 公里。

408. 我国第一颗人造地球卫星何时发射成功？

1970 年 4 月 24 日，在西昌卫星城发射成功。

409. 林彪反革命集团是如何覆灭的？

九大结束后，林彪集团的权势膨胀到顶点，同江青集团之间争夺权力的矛盾急剧上升。他们担心江青集团的势力有可能超过自己，林彪的接班人地位会发生变化，因而妄图提前“接班”。1970 年 8 月，在党的九届二中全会上，林彪、江青两个集团长期以来不断积累的矛盾集中地爆发出来。林彪集团的图谋及其宗派活动被揭露并受到批判后，毛泽东采取一系列措施削弱林彪集团的权势。林彪集团的骨干成员决心铤而走险。林彪的儿子、空军司令部办公室副主任兼作战部副部长林立果，召集他的秘密小组织策划发动反革命武装政变。毛泽东、周恩来机智地粉碎了他们的阴谋。1971 年 9 月 13 日，林彪等人乘飞机仓皇出逃，在蒙古温都尔汗坠机身亡。

410. 什么事件客观上宣告了“文化大革命”理论和实践的失败？

1971 年 9 月 13 日，林彪等人乘飞机仓皇出逃，在蒙古温都尔汗机毁人亡。林彪叛逃事件的发生，是“文化大革命”推翻党的一系列基本原则的结果，客观上宣告了“文化大革命”理论和实践的失败。

411. 九一三事件后，毛泽东、周恩来采取了哪些措施解决与这一事件有关的问题？

九一三事件发生后，毛泽东在周恩来的协助下，采取措施解决与这一事件有关的问题。党中央决定撤销由林彪集团控制的军委办事组，成立由叶剑英主持的中央军委办公会议。全国开展“批林整风”运动，揭发、批判林彪集团的罪行。毛泽东亲自过问对一些领导干部落实政策的工作，为“二月逆流”平反。1973 年 3 月，邓小平恢复国务院副总理职务。同年 12 月，毛泽东提出要给被打倒的贺龙、罗瑞卿和 1968 年因受林彪、江青诬陷而被撤销领导职务的杨成武、余立金、傅崇碧恢复名誉，承认自己听了林彪的一面之词，要做自我批评。这些行动为加快落实党的干部政策、在各方面进行政策调整创造了条件。

412. 中华人民共和国何时恢复在联合国的合法席位？

1971 年 10 月 25 日，第二十六届联合国大会以 76 票赞成、35 票反对、17 票弃权的压倒多数通过 2758 号决议，恢复中华人民共和国在联合国的一切合法权利，并立即把蒋介石集团的代表从联合国及其所属一切机构中驱逐出去。

413. 中美关系正常化开始的标志是什么？

1972 年 2 月 21 日至 28 日，美国总统尼克松访问中国。此前，美国乒乓球代表团于 1971 年 4 月应邀访华；美国总统国家安全事务助理基辛格于 1971 年 7 月秘密访华。尼克松访华期间，毛泽东会见尼克松，周恩来同尼克松举行会谈。28 日，中美双方在上海发表《联合公报》，标志着两国关系正常化进程的开始。

414. 马王堆汉墓的发现有何价值？

1972 年 7 月，湖南省长沙市郊的马王堆出土一座距今 2100 多年的西汉早期墓葬。在这座古墓葬里，尸体、官椁及大批的随葬物，都保存得比较完整，是我国考古发掘工作中一项极为罕见的重要发现。这对研究西汉初期的历史、文化、手工业生产、工农业生产及医药、防腐等方面都有极重要的价值。

415. 中日邦交是何时开始正常化的？

1972 年 9 月 25 日至 29 日，日本国内阁总理大臣田中角荣应邀访问中国，谈判并解决中日邦交正常化问题。29 日，中日两国政府发表《联合声明》，宣布即日起建立外交关系。

416. 什么是“一条线”“一大片”的战略设想？

1973 年 2 月，毛泽东在同第四次访华的美国国务卿基辛格谈话时，首先提出了关于“一条线”“一大片”的战略设想，即建立一条从日本经欧洲一直到美国的统一战线，以抗衡当时霸权主义野心日益膨胀的苏联。

417. 我国何时制定第一部环境保护的综合性法规？

1973 年 8 月 5 日至 20 日，国务院召开首次全国环境保护会议，制定了《关于保护和改善环境的若干规定（试行草案）》。这是我国第一部环境保护的综合性法规。

418. 中共十大的主要内容是什么？

林彪事件后，党的一些重大的组织问题需要解决。其中最迫切的是修改载有林彪为接班人等内容的党章和产生新的中央领导机构。党中央决定提前召开十大。党的十大于 1973 年 8 月 24 日至 28 日举行。当时全国有 2800 万党员，出席大会的代表有 1249 人。十大继续了九大的“左”倾错误，这样的“左”倾指导方针使“文化大革命”愈拖愈久，破坏性后果日益明显。在上海造反起家的王洪文在十大中竟当上党中央副主席。但这时，也解放了一批自“文化大革命”开始后备受打击迫害的老干部，有些老干部进入了中央委员会。周恩来、叶剑英、李德生被选举为中央副主席，邓小平、王稼祥等被选进中央委员会。

419. 籼型杂交水稻何时培育成功？

1973 年，我国籼型杂交水稻科研协作组的袁隆平等人，在世界上首次培育成功强优势的籼型杂交水稻。

420. 什么是“批林批孔”运动？

十大前后，毛泽东多次提出要把批判林彪同批判中国历史上的孔子和儒家联系起来。1974 年 1 月，全国开展“批林批孔”运动。毛泽东批准开展“批林批孔”运动，不仅因为林彪私下推崇过孔孟之道，而且是要借宣传历史上法家坚持变革、批判儒家反对变革来维护“文化大革命”。“四人帮”利用“批林批孔”把矛头指向周恩来等老一辈革命家。

421. 秦始皇兵马俑何时开始发掘？

1974 年 7 月，我国考古工作者开始对陕西临潼县秦始皇陵东侧的秦代兵马俑坑进行发掘工作。

422. 我国海军何时进入拥有核潜艇的新阶段？

1974 年 8 月 1 日，中央军委发布命令，将我国自行设计制造的第一艘核潜艇命名为“长征一号”，正式编入海军战斗序列。人民海军从此进入拥有核潜艇的新阶段。

423. 四届人大后邓小平是如何主持全面整顿的？

四届人大闭幕后，邓小平在毛泽东的支持下，相继主持国务院和党中央的日常工作，大刀阔斧地开始了整顿。他提出要全面整顿，部署以铁路整顿为突破口，使堵塞严重的铁路全部疏通，运输状况开始好转。接着，开始整顿钢铁工业。文艺进行了政策调整。教育战线的整顿同时在积极着手。军队整顿是各方面整顿中重要的一环，军队各大单位的领导班子进行了调整，这对抵制“四人帮”夺取军队领导权的企图起了重要作用。邓小平还提出：整顿的核心是党的整顿，主要整顿各级领导班子，要在加快落实干部政策的同时，对强行搞突击入党、突击提干的造反派区别不同情况分别做出处理。邓小平还在 60 年代初党制定的工业等方面若干条例的基础上，领导起草了《关于加快工业发展的若干问题》《关于科技工作的几个问题》等文件，提出加快工业、科技发展的一系列措施和“科学技术也是生产力”“科研要走在前面，推动生产向前发展”等重要观点。

424. 怎样评价四届人大后邓小平主持的全面整顿？

邓小平主持的全面整顿，是“文化大革命”中党的正确领导与“四人帮”的一场重大斗争，整顿虽然还不可能直接触及“文化大革命”的根本问题，但力图在一些重要问题上把“文化大革命”中被颠倒了的思想理论、政策是非加以澄清，从而开始了有限度的拨乱反正。整顿中，大部分地区的社会秩序趋于稳定，国民经济由停滞、下降转向回升，工农业产品产量均有较大幅度增长，1975 年是“文化大革命”以来国民经济发展较好的一年。

425. 什么是“反击右倾翻案风”？

毛泽东支持邓小平主持党和国家的日常工作，但他仍然认为“文化大革命”是正确的。由于整顿工作的深入展开，势必触及“文化大革命”的“左”倾错误，逐渐发展成为对“文化大革命”的比较系统的纠正。这种发展趋势，既遭到“四人帮”的猖狂反对，也为毛泽东所不能容忍。1975 年 11 月下旬，发动了“反击右倾翻案风”，翌年年初改称“批邓、反击右倾翻案风”运动。这个运动既违背事理，又大失人心，再度造成社会混乱。

426. 我国何时成功发射返回式遥感人造地球卫星？

1975 年 11 月 26 日，我国成功发射一颗返回式遥感人造地球卫星，成为继美、苏之后第三个掌握卫星回收技术的国家。

427. 什么是“四五运动”？

1976 年 1 月 8 日，周恩来逝世，在人民群众中引起巨大的悲痛。“四人帮”不仅发出种种禁令压制悼念活动，而且加紧展开了对邓小平的“大批判”。从 3 月底到 4 月 5 日，在全国各地发生的人民群众悼念周恩来，反对“四人帮”、支持邓小平的事件，被称作“四五运动”。

428. 唐山大地震何时发生？

1976 年 7 月 28 日，河北省唐山、丰南地区发生里氏 7.8 级强烈地震，并波及天津、北京等地。地震造成 24.2 万多人死亡，16.4 万多人受重伤。在中共中央、国务院和中央军委的领导下，在全国人民和解放军的大力支援下，灾区群众奋起抗震救灾。

429. 党粉碎“四人帮”的过程是怎样的？

1976 年 10 月 6 日晚，华国锋、叶剑英等代表中央政治局，执行党和人民的意志，对江青、张春桥、王洪文、姚文元及其在北京的帮派骨干实行隔离审查，毅然粉碎了江青反革命集团。延续 10 年之久的“文化大革命”至此结束。

430. “文化大革命”造成了哪些灾难性后果？

在政治上，由于极“左”思潮的影响和林彪、江青两个反革命集团祸国殃民的罪恶活动，党和国家政治生活遭到巨大的破坏，党的组织和政权机构受到空前的浩劫和损失。在思想上，“左”倾错误理论造成人们思想的极大混乱，导致严重地混淆敌我和是非。在文化上，对我国科学文化事业和民族传统文化造成极大破坏，使文化事业出现严重的倒退。在经济上，由于“文化大革命”运动的影响，经济发展受到严重损失。在党的建设上，党组织的建设遭到极为严重的破坏和损失。

431. “文化大革命”的历史教训有哪些？

“文化大革命”留下的历史教训是多方面的。一是必须科学对待马克思列宁主义，准确把握中国基本国情，从实际出发探索中国自己的建设社会主义道路。二是必须正确认识社会主义社会的主要矛盾和党的主要任务，集中力量发展生产力，而不能“以阶级斗争为纲”。三是必须改革与完善党和国家的领导制度，健全民主集中制和集体领导原则，反对任何形式的个人崇拜和个人专断。四是必须发展社会主义民主，加强社会主义法制，而不能实行“大民主”和“造反有理”。五是必须制定正确的党的建设的方针和政策，不断加强执政党的建设，而不能把阶级斗争作为加强党的建设的主要内容和主要方法。

432. 怎样理解“文化大革命”留给我们的教训之一是必须从国情出发探索中国自己的建设社会主义道路？

“文化大革命”从反面告诉我们，马克思列宁主义为我国的社会主义事业指出了方向，但是不能代替我们去思考和解决中国社会主义进程中的具体问题。在党探索中国自己的社会主义道路的过程中，只有准确把握我国基本国情，从经济文化落后的实际出发，充分认识社会主义长期性和复杂性，不断对社会主义实践做出新的、科学的理论概括，深化对科学社会主义的再认识，才能逐步认识社会主义建设规律，找到建设社会主义的正确道路。

433. 什么是“两个凡是”？

1977 年 2 月 7 日，《人民日报》《红旗》杂志、《解放军报》同时发表的社论提出“两个凡是”的指导方针，即“凡是毛主席做出的决策，我们都坚决维护；凡是毛主席的指示，我们都始终不渝地遵循”。这种对毛泽东生前的决策和指示拒绝做任何分析的观点的出现，说明长期以来“左”的指导思想还未从根本上改变。

434. “两个凡是”的危害是什么？

在“两个凡是”的影响下，党在指导思想上拨乱反正的任务难以完成；平反历史上冤假错案及恢复老干部工作的进程被拖延；现代化建设的大规模开展受到影响；在维护旧的个人崇拜的同时，还制造和接受新的个人崇拜。因此，若不打破“两个凡是”的禁锢，不冲破“左”倾错误思想的束缚，各项工作也难以进行，中国的现代化事业也就没有希望。

435. “文化大革命”中被废弃的高考制度何时恢复？

1977 年 10 月 12 日，国务院批转教育部《关于一九七七年高等学校招生工作的意见》，决定从本年起，高等学校招生采取自愿报名、统一考试、择优录取的办法，恢复“文化大革命”中被废弃的高考制度。11 月 28 日至 12 月 25 日，全国约 570 万青年参加高考，27. 3 万人被录取。1978 年 12 月 28 日，国务院决定在全国恢复和增设 169 所普通高等学校，进一步发展高等教育，以逐步适应四个现代化的需要。

436. 党的十届三中全会最重要的成果是什么？

1977 年 7 月召开的党的十届三中全会最重要的成果，是邓小平再次复出，担任中央党、政、军领导职务。会议决定恢复“反击右倾翻案风”时邓小平被撤销的全部职务，即中共中央委员、中央政治局委员、中央政治局常委、中共中央副主席、中共中央军委副主席、国务院副总理、中国人民解放军总参谋长。

437. 邓小平复出后在其分管的教育科学工作中是如何进行整顿的？

邓小平复出后，主动要求分管教育科学工作。他否定了曾得到毛泽东批准的“两个估计”（新中国成立后十七年教育战线是“黑线专政”；知识分子的大多数是资产阶级知识分子），肯定新中国成立后科教事业取得了很大成就，强调“科学技术是生产力”，为社会主义服务的脑力劳动者是劳动人民的一部分，使知识和知识分子重新受到重视，开始了科教领域的拨乱反正。1977 年秋，在“文化大革命”

中被废弃的高考制度得到恢复，全国高校重新通过统一考试招收新生。

438. 什么是党的第十一次全国代表大会？

1977 年 8 月 12 日至 18 日，党的第十一次全国代表大会召开。出席会议的代表 1510 人，代表全国 3500 多万党员。大会总结同江青反革命集团的斗争，宣告历时十年的“文化大革命”已经结束，重申在 20 世纪内把我国建设成为社会主义现代化强国的根本任务。但这次大会仍然肯定“文化大革命”的错误理论和实践，因而没有从根本上着手纠正“文化大革命”的错误。大会新产生的中央委员会选举华国锋为主席，选举叶剑英、邓小平、李先念、汪东兴为副主席。十一大虽然没有完成“文化大革命”结束后制定新的路线、方针、政策的任务，但邓小平重新当选中央副主席，并经过十一届三中全会，成为党的第二代中央领导集体的核心，对中国后来的发展产生了深远影响。

439. 1977 年，我国在数学领域取得了哪些成就？

1977 年 9 月 18 日，中央做出恢复技术职称，建立考核制度，实行技术岗位责任制的决定。之后，中国科学院决定分别晋升陈景润、杨乐、张广厚的职称。陈景润对“哥德巴赫猜想”的研究取得世界领先的成就，杨乐、张广厚在函数理论研究方面取得卓越成就。

440. “文化大革命”结束后的两年间，党和国家的工作出现徘徊局面的原因是什么？

在“文化大革命”结束后的两年间，党和国家的工作虽然有所前进，但并没有从指导思想上彻底清理“文化大革命”的错误，实现历史的转折，而是继续肯定“文化大革命”的“左”倾理论，在“以阶级斗争为纲”的框架内“抓纲治国”，结果导致在前进道路上出现徘徊局面。

441. 全国政协五届一次会议的基本情况是怎样的？

1978 年 2 月至 3 月举行的第五届全国人民代表大会第一次会议，在此同时举行的全国政协五届一次会议，选举邓小平为全国政协主席。在“文化大革命”期间几乎停止活动的政协重新恢复工作，对于坚持和发展中国共产党领导的多党合作和政治协商制度，发展统一战线，具有重要意义。

442. 中国经济体制改革的最初试验是从哪里开始的?

中国经济体制改革起源于农村经济体制改革，而农村经济体制改革的最初试验是在安徽省凤阳县梨园公社小岗村。1978 年 1 月，小岗村的 18 个农民冒着风险，将集体土地承包到户，搞起了大包干。这一承包举措，揭开了中国农村体制改革的序幕。他们的试验很快得到了安徽省委的支持，也引起了中央的高度重视。经过一年左右的试点，中共中央及时总结经验，于 1979 年 1 月制定了《关于加快农业发展若干问题的决定》，提出要尊重生产队的自主权，实行包工到组（户）、联产计酬责任制等基本内容。这些经验，有力地推动了农村已在进行的经济体制改革试验，也成为中国改革开放的起点。

443. 1978 年 3 月召开的全国科学大会有何重大意义?

1978 年 3 月 18 日至 31 日，中共中央、国务院在北京隆重召开了全国科学大会。这次大会是中国共产党在粉碎“四人帮”之后，国家百废待兴的形势下召开的一次重要会议，也是中国科技发展史上一次具有里程碑意义的盛会。邓小平在这次大会的讲话中明确指出“现代化的关键是科学技术现代化”“知识分子是工人阶级的一部分”，重申了“科学技术是生产力”这一马克思主义基本观点，从而澄清了长期束缚科学技术发展的重大理论是非问题，打开了“文化大革命”以来长期禁锢知识分子的桎梏，迎来了科学的春天。

444. 真理标准问题的讨论有何历史意义?

1978 年 5 月 11 日，《光明日报》发表经中央党校副校长胡耀邦审定的《实践是检验真理的唯一标准》一文。文章鲜明地提出：社会实践不仅是检验真理的标准，而且是唯一的标准。马克思主义的理论宝库不是一堆僵死不变的教条，对“四人帮”设置的禁锢人们思想的禁区，要敢于触及，弄清是非。尽管文章只是对马克思主义的基本常识做正面阐述，实际上却批判了“两个凡是”，因而立即引起“两个凡是”同实事求是两种观点的激烈争论。由此引发了一场关于真理标准问题的全国性大讨论。

这场讨论受到社会各界的关注，表明真理标准问题已不仅是一个理论观点问题，而是关系到党和国家前途命运的重大政治问题。在多种力量的推动下，“打破僵化”“解放思想”的呼声越来越高，开始打破“两个凡是”和多年来盛行的个人崇拜的禁锢。真理标准讨论为党重新确立实事求是的思想路线，纠正长期以来的“左”倾错误，实现历史性转折奠定了思想理论基础。这场讨论为中共十一届三中全会做了重要的思想准备，对党和国家的历史进程产生了重大而深远的影响。

445. 20 世纪 70 年代后期，中国面临的国际形势主要呈现出什么样的特点？

20 世纪 70 年代后期，中国面临的国际形势主要呈现两个特点：一是美国和苏联两个超级大国争夺世界霸权带来的战争危险，不但威胁着广大发展中国家，也威胁到一些资本主义发达国家，这些国家都希望同中国发展关系，以摆脱超级大国的控制，减少战争威胁；二是由于 20 世纪 70 代中期世界经济危机的打击和新一轮科学技术革命的兴起，主要资本主义国家的生产设备和资金大量闲置，市场萎缩，普遍面临摆脱经济萧条、调整产业结构、开辟新的市场的需要。很多发展中国家则纷纷利用资本主义国家进行产业结构调整的时机，引进资金和技术，寻求加快经济发展的途径。

446. 1978 年 9 月下旬召开的全国计划会议，提出经济工作必须实行哪三个转变？

1978 年 9 月下旬，国务院召开的全国计划会议提出，经济工作必须实行三个转变：一是把注意力转到生产斗争和技术革命上来；二是把管理制度和管理方法转到按照经济规律办事的科学管理的轨道上来；三是从闭关自守或半闭关自守状态转到积极引进国外先进技术，利用国外资金，大胆进入国际市场的开放政策上来。

447. 1978 年 9 月邓小平在东北三省视察的基本情况是怎样的？

1978 年 9 月，邓小平在东北三省视察，行程数千里，走一路讲一路，用他自己的话说是到处点火。他反复强调，现在摆在我们面前的问题，关键还是实事求是、理论与实际相结合、一切从实际出发。他呼吁：世界天天发生变化，新的事物不断出现，新的问题不断出现，我们关起门来不行，不动脑筋永远陷于落后不行。一定要根据现在的有利条件加速发展生产力，使人民的生活好一些。他还提出，揭批“四人帮”的群众运动要适时地结束，转入正常工作，把党和国家的工作重点转移到现代化建设上来。

448. 1978 年 11 月 10 日至 12 月 15 日党中央在北京召开的工作会议的基本情况是怎样的？

1978 年 11 月 10 日至 12 月 15 日，党中央在北京召开工作会议。这次会议本来是要讨论经济工作的，会议的既定议程没有提到已经展开的真理标准讨论和党内外普遍关心的端正党的思想路线、平反冤假错案等问题。对此，许多希望首先解决思想路线是非和重大历史是非的同志很不满意。陈云率先提出系统地解决历史遗留问题的意见，引起大多数与会者的强烈反响，从而改变了会议议程。在与会者的强烈要求下，11 月 25 日，中央政治局终于做出为天安门事件平反，为“薄一波等 61 人叛徒集团”案等错案平反的决定，解决了一批重大的历史遗留问题。接着，会议对真理标准问题上出现的意见分歧进行讨论。经过思想交锋，会议要求确立实事求是思想路线的呼声更为强烈。12 月 13 日，邓小平在闭幕会上做题为《解放思想，实事求是，团结一致向前看》的讲话。

449.《解放思想，实事求是，团结一致向前看》讲话的主要内容是什么？

这个讲话主要分为四个部分：一是解放思想是当前的一个重大政治问题；二是民主是解放思想的重要条件；三是处理遗留问题为的是向前看；四是研究新情况，解决新问题。

450. 邓小平在《解放思想，实事求是，团结一致向前看》讲话中认为解放思想的一个重要条件是什么？

邓小平在十一届三中全会前的中央工作会议做的《解放思想，实事求是，团结一致向前看》讲话中认为解放思想的一个重要条件是要真正实行民主集中制。

451. 怎样评价 1978 年 11 月 10 日至 12 月 15 日党中央在北京召开的工作会议？

这次会议，在老一辈革命家的推动和绝大多数与会同志的共同努力下，终于打破“两个凡是”方针的束缚，把原本准备讨论经济工作的会议，开成了一次为全面拨乱反正和开创新局面做准备的会议。

452. 我国进入改革开放新时期的标志是什么？

1978年12月召开的中共十一届三中全会。

453. 党的十一届三中全会的主要内容是什么？

1978年12月18日至22日，中共十一届三中全会在北京召开。这次全会坚决批判了“两个凡是”的错误方针，充分肯定了必须完整地、准确地掌握毛泽东思想的科学体系；高度评价了关于真理标准问题的讨论，确定了解放思想、开动脑筋、实事求是、团结一致向前看的指导方针；果断停止使用“以阶级斗争为纲”的口号，做出了把党和国家工作中心转移到经济建设上来、实行改革开放的历史性决策。此外，全会还提出了必须按照客观规律办事；制定了关于加快农业发展的决定；提出了改革权力过分集中的政治、经济管理体制，实行对外开放、对内搞活的重要思想；着重提出了健全社会主义民主和加强社会主义法制的任务。

454. 党的十一届三中全会的重要意义是什么？

党的十一届三中全会标志着我们党重新确立了马克思主义的思想路线、政治路线、组织路线，标志着中国共产党人在新的时代条件下的伟大觉醒，显示了我们党顺应时代潮流和人民愿望、勇敢开辟建设社会主义新路的坚强决心。在党的十一届三中全会春风吹拂下，神州大地万物复苏、生机勃发，拨乱反正全面展开，解决历史遗留问题有步骤进行，社会主义民主法制建设走上正轨，党和国家领导制度和领导体制得到健全，国家各项事业蓬勃发展。我们伟大的祖国迎来了思想的解放、经济的发展、政治的昌明、教育的勃兴、文艺的繁荣、科学的春天。党和国家又充满希望、充满活力地踏上了实现社会主义现代化的伟大征程。

455. 中美两国何时建交？

1979年1月1日。1972年美国总统尼克松访华，标志着中美关系开始正常化。1977年卡特任美国总统，强调要按照《上海联合公报》精神处理中美关系。经过中美双方多次商谈，1978年12月16日，两国正式发表《中华人民共和国和美利坚合众国关于建立外交关系的联合公报》，决定自1979年1月1日起两国建立外交关系。同日，美国宣布断绝同中国台湾的外交关系。

456. 什么是中美三个联合公报？

中美三个联合公报指的是 1972 年 2 月 28 日签订的《中华人民共和国和美利坚合众国联合公报》（《上海联合公报》）、1978 年 12 月 16 日签订的《中华人民共和国和美利坚合众国关于建立外交关系的联合公报》（《中美建交公报》）和 1982 年 8 月 17 日签订的《中华人民共和国和美利坚合众国联合公报》（《八一七公报》）。美国在三个联合公报中均强调坚持一个中国原则，这是中美两国关于两国关系及我国台湾问题的重要历史文件。坚持一个中国政策和中美三个联合公报的原则是中美关系健康发展的政治基础。

457. 全国人大常委会何时发表《告台湾同胞书》？

1979 年 1 月 1 日，全国人大常委会发表《告台湾同胞书》，提出尊重台湾现状、实现和平统一的大政方针，建议两岸实现通商、通邮、通航。同日，国防部部长徐向前发表声明，宣布从即日起停止对大金门、小金门、大担、二担等岛屿的炮击。至此，从 1958 年开始的对上述地区的炮击结束。

458. 邓小平发表《坚持四项基本原则》讲话的历史背景是什么？

十一届三中全会后，一方面一些同志仍然受“左”倾思想的束缚，对全会制定的路线政策表现出某种不理解甚至抵触情绪；另一方面社会上极少数人利用党纠正“左”倾错误的机会，打着“民主自由、解放思想”的旗号，散布怀疑和否定党的领导、反对社会主义制度和毛泽东思想的言论，主张走资本主义道路。党内也有个别同志对这些错误言论甚至表示了一定程度的支持，如果听之任之，将会造成思想混乱，影响安定团结。1979 年 1 月 18 日至 4 月 3 日，党的理论工作务虚会召开。3 月 30 日，邓小平在会上发表讲话，提出要“坚持四项基本原则”。

459. 邓小平提出的四项基本原则的内容是什么？

坚持社会主义道路，坚持无产阶级专政，坚持共产党的领导，坚持马列主义、毛泽东思想。

460. 五届全国人大二次会议的主要内容有哪些？

1979 年 6 月 18 日至 7 月 1 日，五届全国人大二次会议召开。会议根据中共中央工作会议的建议，通过了对国民经济实行“调整、改革、整顿、提高”的方针；

通过了《地方各级人民代表大会和地方各级人民政府组织法》和《全国人民代表大会和地方各级人民代表大会选举法》，规定县以上地方各级人民代表大会设立常务委员会，地方各级革命委员会改为人民政府，县人民代表大会代表由选民直接选举；还通过了《刑法》《刑事诉讼法》《中外合资经营企业法》等法律。

461. 我国最早是在什么时间和地区设立经济特区的?

1979 年 7 月 15 日，中共中央、国务院批转广东省委、福建省委关于对外经济活动实行特殊政策和灵活措施的报告，决定先在深圳、珠海试办出口特区，待取得经验后，再考虑在汕头和厦门设置特区。1980 年 5 月 16 日，中共中央、国务院批转《广东、福建两省会议纪要》，正式将“出口特区”改名为“经济特区”。

462. 为刘少奇平反的决议是何时通过的?

1980 年 2 月 23 日至 29 日，中共十一届五中全会召开，通过了为刘少奇平反的决议。

463.《关于党内政治生活的若干准则》是在什么会议上通过的?

党的十一届五中全会通过了《关于党内政治生活的若干准则》，这是党取得全国政权后形成的指导和规范执政党思想、政治、组织建设的重要文献，对在新时期加强党的建设具有深远影响。

464. 1980 年党的十一届五中全会围绕加强和改善党的领导着重解决了哪几方面的问题?

一是决定恢复设立中央书记处，作为中央政治局及其常务委员会下负责处理中央日常工作的机构，改变权力过分集中的现象；二是讨论了《中国共产党章程（修正草案）》，对党员条件重新做出严格规定，进一步完善了民主集中制的内容，特别是增加了废除干部领导职务实际上存在的终身制等新的规定；三是讨论了《关于党内政治生活的若干准则》。

465. 我国进行政治体制改革的纲领性文献是什么?

1980 年 8 月 18 日，邓小平在中共中央政治局扩大会议上作《党和国家领导制度的改革》的讲话，指出领导制度、组织制度问题更带有根本性、全局性、稳定性和长期性，对现行制度存在的官僚主义、权力过分集中、家长制、干部领导职务终身制等各种弊端必须进行改革。这篇讲话成为指导我国进行政治体制改革的纲领性文献。

466. 邓小平关于《党和国家领导制度的改革》重要讲话的主要内容是什么?

1980 年 8 月 18 日，邓小平在中共中央政治局扩大会议上作《党和国家领导制度的改革》的讲话，指出"我们过去发生的各种错误，固然与某些领导人的思想、作风有关，但组织制度、工作制度方面的问题更重要"，必须引起全党的高度重视。党和国家领导制度方面的主要弊端是官僚主义、权力过分集中、家长制、干部领导职务终身制和形形色色的特权等现象，其核心则是权力过分集中。只有对这些弊端进行有计划、有步骤而又坚决彻底的改革，人民才会信任我们的党和社会主义。

467. 邓小平提出的党和国家领导制度改革的基本思路是什么?

一是权力不宜过分集中；二是兼职、副职不宜过多；三是着手解决党政不分、以党代政的问题；四是从长远着想，解决好交接班的问题。

468. 中国是哪一年恢复在国际货币基金组织中的合法席位的?

1980 年 4 月 17 日，中国恢复在国际货币基金组织中的合法席位。

469. 中国何时恢复在世界银行中的合法席位?

1980 年 5 月 15 日，中国恢复在世界银行中的合法席位。

470. 中国何时成功发射第一枚运载火箭?

1980 年 5 月 18 日，我国向太平洋预定海域发射第一枚运载火箭获得圆满成功。

471. 中国何时全面推开扩大企业自主权的工作?

1980 年 9 月 2 日，国务院批转国家经委《关于扩大企业自主权试点工作情况和今后意见的报告》，要求从 1981 年起把扩大企业自主权的工作在国营工业企业中全面推开。

472. 中国何时推行独生子女政策?

1980 年 9 月 25 日，中共中央发出《关于控制我国人口增长问题致全体共产党员、共青团员的公开信》，提倡一对夫妇只生育一个孩子。

473. 为什么要公审林彪、江青集团?

1980 年 11 月 20 日，最高人民法院特别法庭开庭公审林彪、江青两个反革命集团主犯。1981 年 1 月 25 日，特别法庭开庭宣判，对江青等 10 名主犯做出了判决。这是历史正义的判决，体现了全国人民的要求和愿望，恢复了社会主义法制的尊严，标志着中国民主与法制建设已进一步走上了健康发展的道路。

474. 什么是“五讲四美”？

1981 年 2 月 25 日，全国总工会、共青团中央等九单位联合向全国人民特别是青少年发出倡议，开展以“五讲”（讲文明、讲礼貌、讲卫生、讲秩序、讲道德）和“四美”（心灵美、语言美、行为美、环境美）为主要内容的文明礼貌活动。

475. 什么标志着党在指导思想上拨乱反正任务的胜利完成?

1981 年 6 月 27 日至 29 日，中共十一届六中全会召开，通过《中国共产党中央委员会关于建国以来党的若干历史问题的决议》，标志着党在指导思想上拨乱反正任务的胜利完成。全会同意华国锋辞去中央委员会主席和中央军事委员会主席职务的请求，选举胡耀邦为中央委员会主席，赵紫阳、华国锋为副主席，邓小平为中央军事委员会主席。中央政治局常务委员会由胡耀邦、叶剑英、邓小平、赵紫阳、李先念、陈云、华国锋组成。

476.《关于建国以来党的若干历史问题的决议》的主要内容是什么?

决议对新中国成立 32 年来党的重大历史事件特别是“文化大革命”做出了正确总结，科学地分析了在这些事件中党的指导思想的正确与错误，分析了产生错误的主观原因和社会原因，实事求是地评价了毛泽东在中国革命和建设中的历史地位，充分论述了毛泽东思想作为党的指导思想的伟大意义。

477. 邓小平确定的起草《关于建国以来党的若干历史问题的决议》的指导原则是什么?

确立毛泽东的历史地位，坚持和发展毛泽东思想，这是最核心的一条；对新中国成立 30 年来历史上的大事，要进行实事求是的分析，包括一些负责同志的功过是非，做出公正的评价；这个总结宜粗不宜细，总结过去是为了引导大家团结一致向前看。

478.《关于建国以来党的若干历史问题的决议》是如何阐述毛泽东思想含义的?

毛泽东思想是马克思列宁主义在中国的运用和发展，是被实践证明了的关于中国革命的正确的理论原则和经验总结，是中国共产党集体智慧的结晶。实事求是、群众路线、独立自主是毛泽东思想的活的灵魂。毛泽东思想是我们党宝贵的精神财富，它将长期指导我们的行动。

479.《关于建国以来党的若干历史问题的决议》是如何阐述毛泽东历史地位的?

毛泽东是伟大的马克思主义者，是伟大的无产阶级革命家、战略家和理论家；就他的一生来看，他对中国革命的功绩远远大于他的过失，他的功绩是第一位的，错误是第二位的。

480.《关于建国以来党的若干历史问题的决议》是如何初步概括十一届三中全会以来党的路线方针政策的?

党和国家工作的着重点必须转移到以经济建设为中心的现代化建设上来，在大力发展社会生产力的基础上逐步改善人民的物质文化生活；经济建设必须从国情出发，量力而行，有步骤分阶段地实现现代化的目标；生产关系的变革必须适应生产力状况，有利于生产的发展；正确认识和处理社会主义社会的阶级斗争；建设高度民主的社会主义政治制度；社会主义必须有高度的精神文明等。

481.《关于建国以来党的若干历史问题的决议》的通过有什么重大意义?

《关于建国以来党的若干历史问题的决议》的通过，为全党和全国人民在重大历史是非问题上统一思想提供了正确依据，标志着党在指导思想上的拨乱反正已经胜利完成。在“文化大革命”结束后不久就能产生这样的决议，对极端重要又极其复杂的历史问题做出正确的结论，这充分体现了以邓小平为核心的中央领导集体的远见卓识和政治上的高度成熟。

482. 拨乱反正的主要内容是什么？

通过贯彻实事求是、有错必纠的方针，坚决否定“文化大革命”的理论和实践，平反了大量的冤假错案，妥善调整了社会关系；通过调整国民经济长期存在的比例失调现象，端正了经济建设的指导思想；通过起草和通过《关于建国以来党的若干历史问题的决议》，在认真清理和纠正“左”的错误的同时，科学评价毛泽东的历史地位，坚持毛泽东思想，完成了党在指导思想上的拨乱反正。

483. 为什么说拨乱反正具有重大历史意义？

经过几年全面的拨乱反正，10 年“文化大革命”和长期“左”倾错误造成的严重混乱局面得到根本改观，国家重新呈现勃勃生机。党和政府的各级领导得到加强，优良的传统作风逐步得到恢复。干部队伍的革命化、年轻化、知识化、专业化迈出重要步伐，领导职务实际上存在的终身制开始改变。经济工作走上健康发展的轨道，人民生活不断得到改善，教育科学文化工作呈现初步的繁荣景象，党同工人、农民和知识分子的关系得到很大改善，人民军队的革命化、现代化、正规化建设得到加强。这一切表明，党和国家终于从困境中摆脱出来，开辟建设有中国特色社会主义新道路的历史大转折正在平稳地实现。

484. 和平统一、一国两制的基本内容是什么？

“和平统一”是指以和平方式统一祖国。“一国两制”，是指在一个国家内，实行两种不同的政治、经济和社会制度，相互尊重，共同繁荣。具体而言，大陆实行社会主义制度，港澳台实行资本主义制度，实现统一后，港澳台现行的政治、经济和社会制度不变，生活方式也不改变。

485. “一国两制”构想是如何提出的？

早在 1955 年，党中央就提出用和平方式解放台湾的设想，接着又提出准备同国民党进行第三次合作，并为此做了大量工作。十一届三中全会以后，国内外形势发生深刻变化，为争取和平解决台湾问题提供了有利条件。1979 年元旦，全国人大常委会发表《告台湾同胞书》，表达了大陆人民对台湾同胞的思念之情，宣布了尊重台湾现状，争取用和平方式统一祖国的方针，并建议两岸实行通航、通邮、通商，以利双方同胞直接接触，进行交流。1981 年 9 月 30 日，全国人大常委会委员长叶剑英发表谈话，就实现祖国和平统一问题提出九条方针政策。此后不久，邓小平把上述方针明确概括为“一国两制”，为完成祖国统一大业指明了正确道路。

486. “一国两制”构想的提出有什么示范意义？

“一国两制”的构想，为解决国际争端找到了新途径，有利于世界和平。这种构想不仅为世界上处于分裂状态的国家，用和平方式解决统一问题开拓了一条新途径，更为当今国际上一系列矛盾和争端的解决提供了有益的启示。

487. 改革开放以来中国首次对国务院机构进行调整是何时？

1982 年 3 月 8 日，第五届全国人大常委会第二十二次会议通过《关于国务院机构改革问题的决议》。这是改革开放以来首次对国务院机构实行大范围裁减、合并。

488. 改革开放初期为什么要打击经济犯罪活动？

1982 年 4 月 13 日，中共中央、国务院做出《关于打击经济领域中严重犯罪活动的决定》。经济犯罪活动严重地妨碍了社会主义建设、改革和开放，影响社会安定，腐蚀人们的思想和生活，像白蚁似的危害社会主义大厦。因此，必须严厉打击。打击严重经济犯罪活动的斗争，是一场反对资本主义腐朽思想的斗争，是社会主义社会在新的历史条件下的一种特殊形式的阶级斗争。

489. 中国共产党第十二次全国代表大会的主要内容是什么？

1982 年 9 月 1 日至 11 日，中国共产党第十二次全国代表大会举行。邓小平在开幕词中提出，走自己的道路，建设有中国特色的社会主义。胡耀邦代表第十一届中央委员会做《全面开创社会主义现代化建设的新局面》的报告。大会通过的新党章，继承和发展了七大、八大党章的优点，系统总结了历史上党的建设的经验，比较完整地概括了党的性质、党的目标、对党员和党组织的基本要求，以及党的领导作用。大会确定：在 20 世纪末实现工农业年总产值翻两番的目标。大会决定设立中央顾问委员会。9 月 12 日至 13 日，中共十二届一中全会选举胡耀邦、叶剑英、邓小平、赵紫阳、李先念、陈云为中央政治局常委，胡耀邦为中央委员会总书记，决定邓小平为中央军事委员会主席，批准邓小平为中央顾问委员会主任、陈云为中央纪律检查委员会书记。

490. 党的十二大的指导思想是什么?

把马克思主义普遍真理同我国的具体实际结合起来，走自己的道路，建设有中国特色的社会主义。

491. 如何理解中央顾问委员会的性质?

中央顾问委员会是根据中国共产党的实际情况建立的，是解决党的中央领导机构新老交替的一种组织形式。目的是使中央委员会年轻化，同时让一些老同志在退出第一线之后继续发挥一定的作用，它是一种过渡性质的组织形式。

492. 中央顾问委员会的任务有哪些?

中央顾问委员会在中央委员会领导下工作，主要任务是：对党的方针政策的制定和执行提出建议，接受咨询；协助中央委员会调查处理某些重要问题；在党内外宣传党的重大方针政策；承担中央委员会委托的其他任务。

493. 党的十二大提出 20 世纪末把我国建成小康社会目标的特点是什么?

这一目标的提出，使原来确定的“到 20 世纪末实现四个现代化”的目标既有了明确清晰的内涵，又更加符合中国的实际；既体现了在中国实现现代化的长期性和艰巨性，又能够从战略指导上解决长期存在的急于求成问题，因而很快被全党所接受。

494. 党的十二大确定的党在新的历史时期的总任务是什么?

团结全国各族人民，自力更生，艰苦奋斗，逐步实现工业、农业、国防和科学技术的现代化，把我国建设成为高度文明、高度民主的社会主义国家。

495. 党的十二大是如何表述并部署我国经济建设总目标的?

大会提出，从 1981 年到 20 世纪末，我国经济建设总的奋斗目标是：在不断提高经济效益的前提下，力争使全国工农业的年总产值翻两番，使人民的物质文化生活达到小康水平。为实现这个目标，在部署上，前十年主要是打好基础，积蓄力量，创造条件；后十年要进入一个新的经济振兴时期。

496. 1982 年通过的《中华人民共和国宪法》的主要内容是什么?

1982 年 12 月 4 日，五届全国人大五次会议通过并公布施行全面修改后的《中华人民共和国宪法》。这是中华人民共和国的现行宪法。规定，加强人民代表大会制度，扩大全国人大常委会的职权；恢复设立国家主席；国家设立中央军事委员会，中央军事委员会实行主席负责制；国务院实行总理负责制；国家在必要时得设立特别行政区；改变农村人民公社“政社合一”的体制，设立乡政权。此后，为适应改革开放和社会主义现代化建设的需要，我国分别于 1988 年、1993 年、1999 年、2004 年、2018 年先后 5 次对宪法进行修改。

497. 如何评价 1982 年宪法？

这是中华人民共和国成立以来的第四部宪法，它继承和发展了 1954 年宪法的基本原则，彻底纠正了 1978 年宪法中存在的缺点，充分总结了中国社会主义发展的丰富经验，并吸取了有益的国际经验。既考虑到当前的现实，又考虑到发展的前景，增加了一些被实践证明是正确的、适合社会主义现代化建设的新规定，在内容上有许多新特点。

498. 党在十一届三中全会后是如何大规模平反冤假错案的？

在邓小平、陈云等人的推动下，十一届三中全会后，党中央加快平反冤假错案的步伐，先后为彭德怀、陶铸、贺龙、彭真、谭震林、罗瑞卿、陆定一等受迫害的党、政、军领导干部平反昭雪。1980 年 2 月，党的十一届五中全会决定为刘少奇平反，撤销八届扩大的十二中全会强加给刘少奇的一切罪名和做出的错误决议，恢复刘少奇作为伟大的马克思主义者、无产阶级革命家、党和国家主要领导人之一的名誉。一批在“文化大革命”中遭到诬陷的党的早期领导人，如瞿秋白、李立三、张闻天等陆续得到平反昭雪。到 1982 年年底，有 300 多万名干部得到平反。党在干部问题上的拨乱反正，为开展大规模的经济建设准备了骨干力量。一批受迫害的民主人士、一大批长期受打击的知识分子也恢复了名誉。一些在“文化大革命”中因同林彪、“四人帮”进行斗争而惨遭杀害的共产党员和群众得到平反昭雪。到 1982 年年底，全国大规模的平反冤假错案工作基本结束。

499. 1982 年 12 月中央发出《关于清理领导班子中“三种人”问题的通知》，主要内容是什么？

该通知指出：在中央提出对追随林彪、江青反革命集团造反起家的人、帮派思想严重的人、打砸抢分子这“三种人”不可重用以后，对这三种人进行了初步清理。但由于多方面的原因，在少数部门和地方，仍有一些“三种人”留在领导班子中或要害岗位上，继续受到重用，有的还被作为接班人已经提拔或准备提拔。这些人为数不多，活动能力很强，活动范围很广，是一种不安定因素和不可忽视的潜在危险。必须坚决把他们从领导班子中清理出去，调离要害部门和要害岗位。

500. 家庭联产承包责任制什么时候从理论上得到了肯定？

1983 年 1 月初，“三农”问题一号文件《当前农村经济政策的若干问题》从理论上肯定了家庭联产承包责任制，农村家庭联产承包责任制在全国全面推广。10 月，农村开始实行政社（人民公社）分开，撤社建乡的农村基层管理体制改革。

501. 为什么说实行家庭联产承包责任制是中国农村经济体制的历史性重大变革？

首先，成功地确立了家庭经营的主导地位，实现了土地所有权与经营权的分离，赋予了农民对土地的经营权利，从而使中国农民变为自负盈亏的生产者、经营者，获得了人民公社时期不可想象的生产自主权和财产支配权。农民有权安排生产，决定增产措施，从而打破了以往生产指导上的行政包办，有效地克服了强迫命令和瞎指挥。其次，土地等生产资料与农民的结合，适合了农业分散劳动的特点，使农业生产中资源的配置趋向合理，改变了过去管理上过分集中、“大呼隆”等缺点。统分结合、双层经营，既发挥了集体经济的优越性，又发挥了农民家庭经营的积极性，大大提高了劳动效率。最后，家庭联产承包责任制改变了过去人民公社体制下的平均主义分配方式，突破了以往的评工记分和由各生产单位单纯按工分统一分配的方法，而把农民的劳动报酬与生产成果紧密联系起来，真正实现了按劳分配，有效地克服了平均主义。

502. 中国人民武装警察部队总部何时何地成立？

1983 年 4 月 5 日，中国人民武装警察部队总部在北京成立。

503. 党的十二届二中全会通过的《中共中央关于整党的决定》是如何规定整党目的和要求的？

要在马克思列宁主义、毛泽东思想的指导下，依靠全党同志的自觉性，正确运用批评和自我批评的武器，揭露和解决党内存在的思想、作风和组织严重不纯的问题，实现党风的根本好转，提高全党的思想水平和工作水平，更加密切党和人民群众的联系，努力把党建设成为领导社会主义现代化事业的坚强核心。

504. 如何评价 1983 年至 1987 年的全国整党？

1983 年 10 月 11 日至 12 日，中共十二届二中全会召开，决定用三年时间分期分批对党的作风和党的组织进行一次全面整顿。这次整党从 1983 年 11 月开始，至 1987 年 5 月基本结束。这次整党，是在新的历史条件下，我党加强自身建设的一个重大步骤，是用常规方式而非以往搞运动方式对党的思想、作风、纪律和组织进行全面整顿的一次实践，积累了一些正确处理党内矛盾和问题的重要经验。问题在于，党的建设还是应从制度上抓起，建立完善、有效的党的监督制度和党的纪律约束机制，才是使执政的中国共产党永葆生命力和战斗力的重要条件。

505. 何时明确提出环境保护是我国的一项基本国策？

1983 年 12 月 31 日，国务院召开第二次全国环境保护会议，明确提出环境保护是我国的一项基本国策。1984 年 5 月 8 日，国务院做出《关于环境保护工作的决定》。

506. 中国首次成功发射试验通信卫星“东方红 2 号”标志着什么？

1984 年 4 月 8 日，我国首次成功发射试验通信卫星“东方红 2 号”。我国成为世界上第 5 个掌握卫星通信能力的国家。

507. 中国什么时候实现了在奥运会金牌榜上零的突破？

1984 年 7 月 28 日至 8 月 12 日，中国体育代表团在美国洛杉矶举行的第 23 届奥运会上获得 15 枚金牌，实现了中国在奥运会金牌榜上零的突破。其中许海峰是中国在奥运史上获得第一块金牌的运动员。

508. 中英两国政府关于香港问题的联合声明是何时签订的？

1984 年 9 月 26 日，中英两国政府在北京草签关于香港问题的联合声明，确认中国政府于 1997 年 7 月 1 日对香港恢复行使主权。当年 12 月 19 日，联合声明在北京正式签署。

509.《中共中央关于经济体制改革的决定》的主要内容有哪些？

1984 年 10 月 20 日，中共十二届三中全会召开，通过《中共中央关于经济体制改革的决定》，阐明加快以城市为重点的整个经济体制改革的必要性、紧迫性，规定了改革的性质、基本任务和各项基本方针政策，明确提出：改革是社会主义制度的自我完善，改革的基本任务是建立起具有中国特色的、充满生机和活力的社会主义经济体制。

510. 我国改革开放重点从农村转向城市的标志是什么？

1984 年 10 月《中共中央关于经济体制改革的决定》的出台。

511. 教师节是何时确定的？

1985 年 1 月 21 日，第六届全国人大常委会第九次会议通过议案，确定每年 9 月 10 日为我国教师节。

512. 我国第一个南极考察站何时建成？

1985 年 2 月 15 日，中国第一个南极考察站——长城站在南极乔治岛建成。此后，我国又陆续建成南极中山站、昆仑站、泰山站。

513. 中国何时决定开辟沿海经济开放区？

1985 年 2 月 18 日，中共中央、国务院批转《长江、珠江三角洲和闽南厦漳泉三角地区座谈会纪要》，决定在长江三角洲、珠江三角洲和厦漳泉三角地区开辟沿海经济开放区。

514. “多层次、有重点、点面结合的对外开放格局”是怎么形成的？

1979 年，中央和国务院决定对广东、福建两省的对外经济活动给予更多自主权，在深圳、珠海试办出口特区。1980 年，将“出口特区”改名为“经济特区”，决定在深圳、珠海、汕头、厦门设置经济特区。1984 年 5 月，党中央和国务院决定，再开放大连、秦皇岛、天津、烟台、青岛、连云港、南通、上海、宁波、温州、福州、广州、湛江、北海 14 个沿海港口城市，逐步兴办经济技术开发区，加快利用外资、引进先进技术的步伐。从 1985 年起，又相继在长江三角洲、珠江三角洲、闽东南地区和环渤海地区开辟经济开放区，批准海南建省并成为经济特区。这样，沿海地区形成了包括约 2 亿人口的对外开放前沿地带，并进而形成了经济特区—沿海开放城市—沿海经济开放区—内地这样一个多层次、有重点、点面结合的对外开放格局。

515. 中国何时提出和平与发展问题?

1985 年 3 月 4 日，邓小平在会见外宾时指出，现在世界上真正大的问题，带全球性的战略问题，一个是和平问题，一个是发展问题。和平问题是东西问题，发展问题是南北问题。概括起来，就是东西南北四个字。南北问题是核心问题。

516.《关于科学技术体制改革的决定》提出了哪些改革内容?

1985 年 3 月 13 日，中共中央发出《关于科学技术体制改革的决定》，主要内容有：改革拨款制度，开拓技术市场，使科学技术机构具有自我发展的能力和自动为经济建设服务的活力。加强企业的技术吸收与开发能力，促进研究机构、设计机构、高等学校、企业之间的协作和联合，改变研究机构与企业相脱离及部门、地区分割的状况，促进技术成果的商品化，加快技术成果向生产能力的转化。促进人才的合理流动，造成人才辈出、人尽其才的良好环境。

517. 中国何时推行出口退税制度?

1985 年 4 月 1 日，我国开始实行出口退税制度。

518. 中国何时做出裁军 100 万的决定?

1985 年 5 月 23 日至 6 月 6 日，中央军委召开扩大会议。邓小平在会上宣布：中国人民解放军减少员额 100 万。会议做出军队建设指导思想实行战略性转变的重大决策。

519. 什么是 863 计划?

1986 年 3 月，王大珩、王淦昌等科学家向党中央提出跟踪世界先进水平、发展高技术的建议。邓小平等领导人很快做出批示。11 月，中共中央、国务院决定实施发展高技术的计划，也称“863 计划”。

520. 党的十二届六中全会的主要内容是什么?

中国共产党第十二届中央委员会第六次全体会议，1986 年 9 月 28 日在北京举行。全会通过了《中共中央关于社会主义精神文明建设指导方针的决议》。决议根据马克思主义基本原理同中国实际相结合的原则，进一步阐明了社会主义精神文明建设的战略地位、根本任务和基本指导方针，是新的历史时期加强我国社会主义精神文明建设的纲领性文献。决议对于推动我国物质文明建设和精神文明建设，促进全面改革和对外开放，建设具有中国特色的社会主义，必将产生巨大而深远的影响。

521. 改革开放后第一家宣告倒闭的国营企业是哪个？

1986年12月2日，第六届全国人大常委会第十八次会议通过《企业破产法（试行）》。此前，8月3日，沈阳市防爆器械厂宣布破产。这是改革开放后第一家宣告倒闭的国营企业。

522. 中葡两国政府关于澳门问题的联合声明是何时签署的？

1987年3月26日，中葡两国政府在北京草签关于澳门问题的联合声明，确认中国政府于1999年12月20日对澳门恢复行使主权。4月13日，联合声明正式签署。

523. 党的十三大是何时召开的，主要内容是什么？

1987年10月25日至11月1日，中国共产党第十三次全国代表大会举行。赵紫阳代表第十二届中央委员会作《沿着有中国特色的社会主义道路前进》的报告。大会阐述了社会主义初级阶段的理论，提出了党在社会主义初级阶段的“一个中心、两个基本点”的基本路线，制定了到21世纪中叶分三步走、实现现代化的发展战略。11月2日，中共十三届一中全会选举赵紫阳、李鹏、乔石、胡启立、姚依林为中央政治局常委，赵紫阳为中央委员会总书记，决定邓小平为中央军事委员会主席，批准陈云为中央顾问委员会主任，乔石为中央纪律检查委员会书记。

524. 什么是社会主义初级阶段？

第一，我国社会已经是社会主义社会，我们必须坚持而不能离开社会主义。第二，我国的社会主义社会还处在初级阶段，我们必须从这个实际出发，而不能超越这个阶段。

525. 党的十三大报告是如何分析我国社会主义初级阶段的基本特征的？

一方面，以生产资料公有制为基础的社会主义经济制度、人民民主专政的社会主义政治制度和马克思主义在意识形态领域中的指导地位已经确立，剥削制度和剥削阶级已经消灭，国家经济实力有了巨大增长。另一方面，人口多，底子薄，人均国民生产总值仍居于世界后列。

526. 党在社会主义初级阶段的基本路线是什么？

领导和团结全国各族人民，以经济建设为中心，坚持四项基本原则，坚持改革开放，自力更生、艰苦创业，为把我国建设成富强、民主、文明的社会主义现代化国家而奋斗。

527. 党的十三大确定的“三步走”经济发展战略是什么？

第一步，从 1981 年到 1990 年国民生产总值翻一番，解决人民的温饱问题；第二步，从 1991 年到 20 世纪末，国民生产总值再翻一番，人民生活达到小康水平；第三步，到 21 世纪中叶，人均国民生产总值达到中等发达国家水平，人民生活比较富裕，基本实现现代化。

528. 党的十三大是如何描述政治体制改革目标的？

政治体制改革的长远目标，是建立高度民主、法制完备、富有效率、充满活力的社会主义政治体制；改革的近期目标，是建立有利于提高效率、增强活力和调动各方面积极性的领导体制。

529. 党的十三大是如何评价十一届三中全会以来开辟建设有中国特色社会主义道路的伟大意义的？

这是马克思主义与中国实践相结合的过程中，继找到中国新民主主义革命道路、建立新中国和社会主义基本制度，实现第一次历史性飞跃之后的第二次历史性飞跃。

530. 党的十三届三中全会做出治理整顿决定的背景是什么？

十三大后，党领导全国人民沿着有中国特色社会主义道路继续前进，努力实现社会稳定和经济发展。1984 年到 1988 年，我国经济经历了一个加速发展的飞跃时期。在加速发展过程中，也出现了一些问题。这主要是物价波动较大，通货膨胀加剧，重复建设严重，经济发展过热。特别是 1988 年决定实行价格改革“闯关”，这一决策未能充分考虑国家、企业和群众的承受能力，结果诱发全国性抢购风潮，影响了社会的安定。

531. 中国何时何地启动全国首次国有土地使用权拍卖？

1987 年 12 月 1 日，深圳经济特区启动全国首次国有土地使用权拍卖。

532. 七届全国人大一次会议的主要内容是什么？

1988 年 3 月 25 日至 4 月 13 日，七届全国人大一次会议举行。会议通过的宪法修正案将“国家允许私营经济在法律规定的范围内存在和发展。私营经济是社会主义公有制经济的补充。国家保护私营经济的合法的权利和利益，对私营经济实行引导、监督和管理”及“土地的使用权可以依照法律的规定转让”等规定载入宪法。决定设立海南省、建立海南岛经济特区。会议选举杨尚昆为中华人民共和国主席，王震为副主席，万里为全国人大常委会委员长，邓小平为中华人民共和国中央军事委员会主席，决定李鹏为国务院总理。

533. 人民解放军何时实行新的军衔制？

1988 年 7 月 1 日，第七届全国人大常委会第二次会议通过《中国人民解放军军官军衔条例》，人民解放军实行新的军衔制。12 月 17 日，《中国人民武装警察部队实行警官警衔制度的具体办法》发布，武警部队实行警官警衔制。这是军队革命化现代化正规化建设的一项重大举措。

534. 邓小平何时提出“科学技术是第一生产力”的重要论断？

1988 年 9 月 5 日，邓小平在会见外宾时提出“科学技术是第一生产力”的重要论断。

535. 中国何时推行新的士兵军衔制度？

1988 年 9 月 23 日，国务院、中央军委颁布《中国人民解放军现役士兵服役条例》，确定实行新的士兵军衔制度，志愿兵的军衔称士官。1993 年 4 月 27 日、1999 年 6 月 30 日、2010 年 7 月 26 日，国务院、中央军委先后三次修订《中国人民解放军现役士兵服役条例》。

536. 中国第一座高能加速器何时研制成功？

1988 年 10 月 16 日，我国第一座高能加速器——北京正负电子对撞机对撞成功。

24 日，邓小平在视察正负电子对撞机工程时指出，中国必须发展自己的高科技，在世界高科技领域占有一席之地。

537. 中苏关系是何时实现正常化的，其标志是什么？

1989 年 5 月，苏共中央总书记戈尔巴乔夫对中国进行正式访问。它标志着中苏两国关系、中共与苏共两党关系实现了正常化。

538. 邓小平提出对外工作指导方针的具体内容是什么？

1989 年 9 月 4 日，邓小平针对国际局势的剧变提出冷静观察、稳住阵脚、沉着应付的对外工作指导方针。此后，他多次阐述这一问题。后来，江泽民将邓小平提出的战略方针概括为：“冷静观察，稳住阵脚，沉着应付，韬光养晦，善于守拙，决不当头，有所作为。”

539. 怎么理解邓小平“两个大局”的战略思想？

1988 年 9 月 12 日，邓小平在听取工作汇报时，提出“两个大局”思想。指出，沿海地区要加快对外开放，使这个拥有两亿人口的广大地带较快地先发展起来，从而带动内地更好地发展，这是一个事关大局的问题。内地要顾全这个大局。反过来，发展到一定的时候，又要求沿海拿出更多力量来帮助内地发展，这也是个大局。

540. 党的十三届五中全会主要内容是什么？

1989 年 11 月 6 日至 9 日，中共十三届五中全会召开，通过《中共中央关于进一步治理整顿和深化改革的决定》。全会高度评价邓小平对党和国家的历史贡献，强调他是中国改革开放和现代化建设“当之无愧的总设计师”，同意邓小平辞去中央军委主席职务，决定江泽民任中央军委主席。

541. 1989 年《关于坚持和完善中国共产党领导的多党合作和政治协商制度的意见》有哪些主要内容？

1989 年 12 月 30 日，中共中央发出《关于坚持和完善中国共产党领导的多党合作和政治协商制度的意见》。这个文件进一步明确了中国共产党领导的多党合作和政治协商制度是我国一项基本政治制度，明确了民主党派在我国国家政权中的参政党地位，阐明了在社会主义政党体制中，中共与各民主党派的关系及各民主党派的性质、地位和任务。

542. 什么是社会主义农业改革和发展的“两个飞跃”？

1990年3月3日，邓小平同江泽民等谈话时提出，中国社会主义农业的改革和发展，从长远的观点看，要有两个飞跃。第一个飞跃，是废除人民公社，实行家庭联产承包为主的责任制。第二个飞跃，是适应科学种田和生产社会化的需要，发展适度规模经营，发展集体经济。

543.《中共中央关于加强党同人民群众联系的决定》是在党的哪次会议上做出的？

中国共产党第十三届中央委员会第六次全体会议，1990年3月9日至12日在北京召开。全会审议通过了《中共中央关于加强党同人民群众联系的决定》。该决定提出，鉴于历史和现实的经验，今后必须从以下七方面坚持不懈地努力加强党同人民群众的联系。（1）坚持从群众中来、到群众中去，建立健全民主的、科学的决策和决策执行程序，保证决策和决策的执行符合人民的利益。（2）坚持各级领导干部经常深入基层、深入群众的制度，扎扎实实做好工作，把党的路线、方针、政策落到实处。（3）坚持在深化政治体制改革中，加强社会主义民主和法制建设，积极疏通和拓宽党同人民群众联系的渠道。（4）继续坚定不移地加强廉政建设和党风建设，大力发扬艰苦奋斗精神，克服党内存在的消极腐败现象。（5）建立和完善党内监督与党外监督制度，切实加强对各级领导机关和领导干部的监督。（6）充分发挥党的基层组织的战斗堡垒作用和共产党员的先锋模范作用，宣传和组织群众，带领群众一道前进。（7）在党内普遍深入地进行马克思主义群众观点的教育，增强执行党的群众路线的自觉性。

544.《中华人民共和国香港特别行政区基本法》是何时获得通过并开始实施的？

1990年4月4日在第七届全国人民代表大会第三次会议上通过。1997年7月1日起在香港实施。

545. 开放浦东的决策是何时做出的？

1990年4月18日，中共中央、国务院同意上海市加快浦东地区的开发，在浦东实行经济技术开发区和某些经济特区的政策。

546. 中国人民解放军第一次成建制参加联合国维和行动是什么时候？

1990 年 4 月，中国政府首次向联合国停战监督组织派遣 5 名军事观察员，开启中国参加联合国维和行动的序幕。1992 年 4 月，中国政府首次向联合国柬埔寨临时权力机构派出 400 人的维和工程兵大队，开创我军成建制参加联合国维和行动的先河。

547. 中国大陆兴建最早的高速公路何时通车？

1990 年 9 月 1 日，中国大陆兴建最早的高速公路——沈大高速公路（沈阳至大连）正式通车，全长 375 公里。

548. 中国第一次承办的综合性的国际体育大赛是什么？

1990 年 9 月 22 日至 10 月 7 日，第十一届亚洲运动会在北京举行。这是中国第一次承办的综合性的国际体育大赛。来自 37 个国家和地区的体育代表团的 6578 人参加了这届亚运会。中国体育代表团获 183 枚金牌、107 枚银牌、51 枚铜牌，金牌数列榜首。

549. 改革开放以来中国大陆第一家证券交易所何时开业？

1990 年 11 月 26 日，上海证券交易所正式成立。这是改革开放以来中国大陆开业的第一家证券交易所。1991 年 7 月 3 日，深圳证券交易所正式开业。

550. 邓小平何时提出“社会主义也有市场经济，资本主义也有计划控制”？

1990 年 12 月 24 日，邓小平同中央负责同志谈话时指出，我们必须从理论上搞懂资本主义与社会主义的区分不在于是计划还是市场这样的问题。社会主义也有市场经济，资本主义也有计划控制。不要以为搞点市场经济就是资本主义道路。计划和市场都得要。

551. 中俄两国边界线走向何时全部确定？

1991 年 5 月 16 日，中苏两国签署《中苏国界东段协定》。1994 年 9 月 3 日，中俄两国签署《中俄国界西段协定》。2004年10月14日，中俄两国签署《中俄国界东段补充协定》。至此，两国边界线走向全部确定。

552.《关于企业职工养老保险制度改革的决定》何时出台？

1991年6月26日，国务院做出《关于企业职工养老保险制度改革的决定》。1997年7月16日，国务院做出《关于建立统一的企业职工基本养老保险制度的决定》。2005年12月3日，国务院做出《关于完善企业职工基本养老保险制度的决定》。

553.海峡两岸关系协会何时成立？

1991年12月16日，海峡两岸关系协会成立。汪道涵任会长，荣毅仁任名誉会长。1992年，海峡两岸关系协会与台湾方面的海峡交流基金会在两岸事务性商谈中就表述坚持一个中国原则达成共识，后被称为“九二共识”。

554.中国何时何地自行设计和建造了第一座核电站？

1991年12月15日，我国第一座自行设计、自行建造的核电站——秦山核电站并网发电。

555.邓小平发表南方谈话的背景是什么？

1992年1月18日至2月21日，邓小平视察武昌、深圳、珠海、上海等地并发表谈话。一方面，世界出现多极化趋势，西方国家加紧了对原社会主义国家的争夺和渗透，一些发展中国家抓住经济全球化进程加快的时机呈现强劲发展势头，中国尽管挫败了西方国家的“制裁”，但面临的严峻挑战仍然存在。另一方面，这种复杂的形势使相当一部分干部和群众的思想发生困惑。一些人对社会主义前途缺乏信心，一些人对改革开放提出了姓“社”还是姓“资”的疑问，对党的基本路线产生了动摇。

556.邓小平南方谈话的主要内容是什么？

主要内容有：革命是解放生产力，改革也是解放生产力。过去，只讲在社会主义条件下发展生产力，没有讲还要通过改革解放生产力，不完全。应该把解放生产力和发展生产力两个讲全了。要坚持党的十一届三中全会以来的路线、方针、政策，关键是坚持“一个中心，两个基本点”。基本路线要管100年，动摇不得。

改革开放的胆子要大一些，敢于试验，看准了的，就大胆地试，大胆地闯。判断的标准，应该主要看是否有利于发展社会主义社会的生产力，是否有利于增强社会主义国家的综合国力，是否有利于提高人民的生活水平。计划多一点还是市场多一点，不是社会主义与资本主义的本质区别。计划和市场都是经济手段。社会主义的本质，是解放生产力，发展生产力，消灭剥削，消除两极分化，最终达到共同富裕。社会主义要赢得与资本主义相比较的优势，就必须大胆吸收和借鉴人类社会创造的一切文明成果，吸收和借鉴当今世界各国包括资本主义发达国家的一切反映现代社会化生产规律的先进经营方式、管理方法。中国要警惕右，但主要是防止“左”。

要抓住时机，发展自己，关键是发展经济，“发展才是硬道理”。经济发展得快一点，必须依靠科技和教育。科学技术是第一生产力。

要坚持两手抓，一手抓改革开放，一手抓打击各种犯罪活动。这两只手都要硬。

正确的政治路线要靠正确的组织路线来保证。中国的事情能不能办好，从一定意义上说，关键在人。中国要出问题，还是出在共产党内部。对这个问题要清醒，要注意培养人，要按照“革命化、年轻化、知识化、专业化”的标准，选拔德才兼备的人进班子。实事求是是马克思主义的精髓。我们改革开放的成功，不是靠本本，而是靠实践，靠实事求是。

557. 邓小平阐述的社会主义的本质是什么？

解放生产力，发展生产力，消灭剥削，消除两极分化，最终达到共同富裕。

558. 什么是“三个有利于”？

判断改革成败的标准，应该主要看是否有利于发展社会主义社会的生产力，是否有利于增强社会主义国家的综合国力，是否有利于提高人民的生活水平。

559. 邓小平南方谈话起到了怎样的重要作用？

谈话科学地总结党的十一届三中全会以来的基本实践和基本经验，从理论上深刻回答了长期困扰和束缚人们思想的许多重大认识问题，是把改革开放和现代化建设推向新阶段的又一个解放思想、实事求是的宣言书。

560. 什么是“五个一工程”？

1992年5月20日，中共中央宣传部颁发“五个一工程”组织工作奖和入选作品奖。“五个一工程”即一本好书、一台好戏、一部优秀影片、一部优秀电视剧(片)、一篇或几篇有创见有说服力的文章。

561. “社会主义市场经济体制”是何时提出的？

1992年6月9日，江泽民在中央党校省部级干部进修班上作《深刻领会和全面落实邓小平同志的重要谈话精神，把经济建设和改革开放搞得更快更好》的讲话，主张我国经济体制改革的目标使用“社会主义市场经济体制”这一提法。

562. 党的十四大的主要内容是什么？

1992年10月12日至18日，中国共产党第十四次全国代表大会举行。江泽民代表第十三届中央委员会作《加快改革开放和现代化建设步伐，夺取有中国特色社会主义事业的更大胜利》的报告。大会总结了十一届三中全会以来14年的实践经验，决定抓住机遇，加快发展，集中精力把经济建设搞上去；明确我国经济体制改革的目标是建立社会主义市场经济体制；确立邓小平建设有中国特色社会主义理论在全党的指导地位。大会通过《中国共产党章程（修正案）》，将建设有中国特色社会主义理论和党的基本路线写进党章。大会决定不再设立中央顾问委员会。19日，中共十四届一中全会选举江泽民、李鹏、乔石、李瑞环、朱镕基、刘华清、胡锦涛为中央政治局常委，江泽民为中央委员会总书记，决定江泽民为中央军事委员会主席，批准尉健行为中央纪律检查委员会书记。

563. 党的十四大做出了哪些重大决策？

一是确立邓小平建设有中国特色社会主义理论在全党的指导地位。二是明确我国经济体制改革的目标是建立社会主义市场经济体制。三是要求全党抓住机遇，加快发展，集中精力把经济建设搞上去。

564. 新时期邓小平有哪两大历史性贡献？

一是坚持科学地评价毛泽东的历史地位和毛泽东思想的科学体系；二是创立和发展了建设有中国特色社会主义理论，成功地开辟了在改革开放中实现社会主义现代化的新道路。

565. 我国“社会主义市场经济体制”的目标模式是如何逐步提出的?

传统观念认为，市场经济是资本主义特有的东西，计划经济才是社会主义经济的基本特征。十一届三中全会以来，随着改革的深入，我们逐步摆脱这种观念，形成新的认识，对推动改革和发展起了重要作用。十二大提出计划经济为主，市场调节为辅；十二届三中全会指出商品经济是社会经济发展不可逾越的阶段，我国社会主义经济是公有制基础上的有计划的商品经济；十三大提出社会主义有计划商品经济的体制应该是计划与市场内在统一的体制；十三届四中全会后，提出建立适应有计划商品经济发展的计划经济与市场调节相结合的经济体制和运行机制。邓小平南方谈话从根本上解除了把计划经济和市场经济看作属于社会基本制度范畴的思想束缚，使我们在计划与市场关系问题上的认识有了新的重大突破。十四大明确提出，我国经济体制改革的目标是建立社会主义市场经济体制。

566.《中华人民共和国澳门特别行政区基本法》是何时获得通过并开始实施的?

1993 年 3 月 31 日在第八届全国人民代表大会第一次全体会议上通过，1999 年 12 月 20 日起在澳门开始实施。

567. 第一次“汪辜会谈”何时举行?

1993 年 4 月 27 日至 29 日，海峡两岸关系协会会长汪道涵和台湾海峡交流基金会董事长辜振甫在新加坡举行会谈，双方签订《汪辜会谈共同协议》等四项协议。这是两岸授权民间机构领导人的第一次会谈。

568. 中国的“211”“985”工程指的是什么?

1993 年 7 月 1 日，国家教委印发《关于重点建设一批高等学校和重点学科点的若干意见》，提出面向 21 世纪重点建设 100 所大学和一批重点学科点的计划，简称“211 工程”。1998 年 5 月，教育部决定努力建设若干所世界一流大学和一批国际知名的高水平研究型大学，简称“985 工程”。

569. 1993 年中央加强对国民经济宏观调控的特点是什么?

这次宏观调控，除采取必要的行政手段和组织措施外，主要着眼于从加快新旧体制转换中找出路，运用经济办法把改进和加强宏观调控、解决经济中的突出问题，变成加快改革、建立社会主义市场经济体制的动力。

570. 中央在第十八次全国统战工作会议上就我国的民族和宗教问题分别提出了哪些工作方针？

在民族问题上，继续巩固和发展社会主义的民族关系，坚持和完善民族区域自治制度，加快民族地区的经济发展和社会进步。在宗教问题上，全面、正确地贯彻执行党的宗教政策，依法加强对宗教事务的管理，积极引导宗教与社会主义社会相适应。

571. 党的十四届三中全会是如何深化经济体制改革目标和基本原则的？

决定指出：社会主义市场经济是同社会主义基本制度结合在一起的，建立社会主义市场经济体制，就是要使市场在国家宏观调控下对资源配置起基础性作用。为实现这个目标，必须坚持以公有制为主体、多种经济成分共同发展的方针，进一步转换国有企业经营机制，建立适应市场经济要求，产权清晰、权责明确、政企分开、管理科学的现代企业制度。

572. 香港特别行政区第一届立法会何时成立？

1994 年 8 月 31 日，第八届全国人大常委会第九次会议决定，港英最后一届立法局、市政局和区域市政局、区议会于 1997 年 6 月 30 日终止。由香港特别行政区筹备委员会根据《全国人民代表大会关于香港特别行政区第一届政府和立法会产生办法的决定》，负责筹备成立香港特别行政区的有关事宜，规定香港特别行政区第一届立法会的具体产生办法，组建香港特别行政区第一届立法会。

573. 中国何时把党的建设提到新的伟大工程的高度？

1994 年 9 月 28 日，中共十四届四中全会通过《关于加强党的建设几个重大问题的决定》，把党的建设提到新的伟大工程的高度。

574. 中国现代企业制度试点有何特点？

1994 年 11 月 2 日至 4 日，国务院召开全国建立现代企业制度试点工作会议，确定在企业开展以“产权清晰、权责明确、政企分开、管理科学”为特征的现代企业制度试点工作。

575. 实施科教兴国发展战略的根本要求是什么？

1995 年 5 月 6 日，中共中央、国务院作出《关于加速科学技术进步的决定》，提出实施科教兴国战略。实施科教兴国战略，要全面落实科学技术是第一生产力的思想，坚持教育为本，把科技和教育摆在经济、社会发展的重要位置，增强国家的科技实力及向现实生产力转化的能力，提高全民族的科学文化素质，把经济建设转移到依靠科技进步和提高劳动者素质的轨道上来，加速实现国家的繁荣强盛。

576. 中国北极科学考察队何时到达北极点？

1995 年 5 月 6 日，中国北极科学考察队到达北极点，把五星红旗插到北极点上。

577. 1995 年中央印发了《党政领导干部选拔任用工作暂行条例》，其中提出选拔任用党政干部必须坚持什么原则？

党管干部的原则；德才兼备、任人唯贤的原则；群众公认、注重实绩的原则；公开、平等、竞争、择优的原则；民主集中制的原则；依法办事的原则。

578. 党的十四届六中全会的主要内容是什么？

1996 年 10 月 7 日至 10 日中共十四届六中全会举行。全会通过了《中共中央关于加强社会主义精神文明建设若干重要问题的建议》。全会指出，社会主义社会是全面发展进步的社会，社会主义现代化事业是物质文明和精神文明协调发展的事业。社会主义精神文明建设必须以马克思列宁主义、毛泽东思想和邓小平建设有中国特色社会主义理论为指导。

579. 党的十四届六中全会对新形势下的精神文明建设提出了哪些具体要求？

要以科学的理论武装人，以正确的舆论引导人，以高尚的精神塑造人，以优秀的作品鼓舞人，培育有理想、有道德、有文化、有纪律的社会主义公民。

580. 重庆直辖市何时成立？

1997 年 6 月 18 日，重庆直辖市正式成立。

581. 中国政府何时对香港恢复行使主权？

1997 年 6 月 30 日午夜至 7 月 1 日凌晨，中英两国政府香港政权交接仪式在香港举行，宣告中国政府对香港恢复行使主权，中华人民共和国香港特别行政区成立。中国国家主席江泽民、国务院总理李鹏和英国王子查尔斯、首相布莱尔等出席仪式。

582. 香港回归的历史意义是什么？

1997 年 6 月 30 日午夜至 7 月 1 日凌晨举行了香港政权交接仪式。香港回归不仅使祖国统一大业迈出重要一步，而且为国际社会以和平方式解决国家间的历史遗留问题，提供了新的范例。

583. 党的十五大的主要内容是什么？

1997 年 9 月 12 日至 18 日，中国共产党第十五次全国代表大会举行。江泽民代表第十四届中央委员会做《高举邓小平理论伟大旗帜，把建设有中国特色社会主义事业全面推向二十一世纪》的报告。大会着重阐述了邓小平理论的历史地位和指导意义；提出党在社会主义初级阶段的基本纲领；强调依法治国，建设社会主义法治国家。大会通过关于《中国共产党章程（修正案）》的决议，把邓小平理论确立为党的指导思想。19 日，中共十五届一中全会选举江泽民、李鹏、朱镕基、李瑞环、胡锦涛、尉健行、李岚清为中央政治局常委，江泽民为中央委员会总书记，决定江泽民为中央军事委员会主席，批准尉健行为中央纪律检查委员会书记。

584. 党的十五大是如何部署跨世纪发展战略的？

从 1997 年起到 21 世纪的前十年，是我国实现现代化建设第二步战略目标、向第三步战略目标迈进的关键时期。在这个时期，建立比较完善的社会主义市场经济体制，保持国民经济持续快速健康发展，是必须解决好的两大课题。为此，一定要牢牢抓住历史机遇，开拓前进，坚持社会主义市场经济的改革方向，使改革在一些重大方面取得新的突破，并在优化经济结构、发展科学技术和提高对外开放水平等方面取得重大进展。实现这些任务和目标，关键在于坚持、加强和改善党的领导，充分发挥党的思想政治优势和组织优势，从严治党，保持党的先进性和纯洁性，增强党的凝聚力和战斗力，进一步把党建设好。

585. 党的十五大完成了哪三大历史使命?

一是确立以邓小平理论为中国共产党的指导思想，二是提出党在社会主义初级阶段的基本纲领，三是明确了中国跨世纪发展的奋斗目标和任务。

586. 党的十五大是如何概括我国社会主义初级阶段所有制结构的?

公有制为主体、多种所有制经济共同发展，是我国社会主义初级阶段的一项基本经济制度。公有制经济不仅包括国有经济和集体经济，还包括混合所有制经济中的国有成分和集体成分。国有经济起主导作用，主要体现在控制力上。

587. 党的十五大为什么要提出确立以公有制为主体、多种所有制经济共同发展的基本经济制度?

第一，中国是社会主义国家，必须坚持公有制作为社会主义经济制度的基础；第二，中国处在社会主义初级阶段，需要在公有制为主体的条件下发展多种所有制经济；第三，一切符合“三个有利于”的所有制形式都可以而且应该用来为社会主义服务。

588. 党的十五大召开标志着什么?

以这次大会为标志，党进入了高举邓小平理论旗帜、推动建设有中国特色社会主义事业跨世纪发展的关键时期。

589. 社会主义的根本任务是什么?

社会主义的根本任务是解放和发展生产力。

590. 如何科学评价邓小平?

邓小平是我党我军我国各族人民公认的享有崇高威望的卓越领导人，伟大的马克思主义者，伟大的无产阶级革命家、政治家、军事家、外交家，久经考验的共产主义战士，我国社会主义改革开放和现代化建设的总设计师，建设有中国特色社会主义理论的创立者。

591. 邓小平理论是如何被确立为党的指导思想的?

1989 年 9 月，党中央明确提出，邓小平关于建设有中国特色社会主义的理论是指引我们继续前进的旗帜。《邓小平文选》第三卷出版后，全党兴起学习高潮。党的十四大确立了邓小平建设有中国特色社会主义理论在全党的指导地位，十五大把邓小平理论同马克思列宁主义、毛泽东思想一起作为党的指导思想写入党章，要求全党坚持并在实践中继续丰富和创造性地发展邓小平理论。

592. 邓小平理论的精髓是什么？

解放思想，实事求是。

593. 如何理解“两次历史性飞跃”？

马克思列宁主义同中国实际相结合有两次历史性飞跃，产生了两大理论成果。第一次飞跃的理论成果是毛泽东思想。第二次飞跃的理论成果是邓小平理论。这两大理论成果都是党和人民实践经验和集体智慧的结晶。

594. 我们是如何应对 1997 年亚洲金融危机的？

面对这一冲击，党中央当即提出“坚定信心，心中有数，未雨绸缪，沉着应付，埋头苦干，趋利避害”的指导方针，果断采取扩大国内需求的措施，实施积极的财政政策和稳健的货币政策，决定由中央财政向商业银行增发长期建设国债，增加投资，加强基础设施建设；同时，增加中低收入者的收入，改善人民生活；并采取出口退税、打击走私等措施，千方百计增加出口，从多方面拉动经济增长。

595. 1997 年我国承诺人民币不贬值的重要影响是什么？

在周边许多国家因这场危机而出现经济衰退、货币大幅度贬值的情况下，中国实现了人民币不贬值的承诺，为缓解这场影响全球的风暴承担了风险，付出了代价，做出了积极贡献。全世界都看到，中国的确是一个负责任的大国，是一个不可缺少的重要稳定因素。中国的国际地位和威望进一步提高。

596. 三峡工程建成的标志是什么？

1997 年 11 月 8 日，长江三峡水利枢纽工程成功实现大江截流。2012 年 7 月 4 日，三峡工程最后一台 70 万千瓦巨型机组正式交付投产。

597.《中国共产党纪律处分条例（试行）》是在哪一年颁布的？

1997 年。

598. 中央精神文明建设指导委员会是哪一年成立的？

1997 年。

599. 黄河小浪底水利枢纽工程何时成功实现大河截流？

1997 年 10 月 28 日。

600. 中国何时禁止军队、武警部队、政法机关从事经商活动？

1998 年 7 月中共中央做出决定，军队、武警部队、政法机关一律不再从事经商活动。

601. 1998 年我国经历了哪两大严峻考验？

首先是亚洲金融危机蔓延，国际金融市场持续动荡，对中国经济产生了强烈的冲击，对外贸易进出口总额比上年下降了 0. 4%。其次是长江、松花江、嫩江等流域发生特大洪水，全国受灾面积 3. 18 亿亩，受灾人口 2. 23 亿人，直接经济损失 2000 多亿元。

602. 如何理解 1998 年抗洪精神？

万众一心，众志成城，不怕困难，顽强拼搏，坚忍不拔，敢于胜利。

603. 1998 年我国决定实行“两个确保”“三条社会保障线”的具体内容有哪些？

“两个确保”，即确保国有企业下岗职工基本生活，确保企业离休、退休人员养老金按时足额发放；“三条社会保障线”，即国有企业下岗职工基本生活保障制度、失业保险制度、城市居民最低生活保障制度。

604. 我国何时提出全面推进素质教育？

1999 年 6 月 13 日，中共中央、国务院做出《关于深化教育改革全面推进素质教育的决定》，提出全面推进素质教育，培养适应 21 世纪现代化建设需要的社会主义新人。

605. 什么是西部大开发？

西部大开发是中共中央贯彻邓小平关于我国现代化建设“两个大局”战略思想、

面向新世纪做出的重大战略决策，全面推进社会主义现代化建设的一个重大战略部署。

1999 年 9 月，中共十五届四中全会通过的《中共中央关于国有企业改革和发展若干重大问题的决定》明确提出：国家要实施西部大开发战略。1999 年 11 月，中共中央、国务院召开经济工作会议，部署 2000 年工作时把实施西部大开发战略作为一个重要的方面。2000 年 1 月，国务院西部地区开发领导小组召开西部地区开发会议，研究加快西部地区发展的基本思路和战略任务，部署实施西部大开发的重点工作。2000 年 10 月，中共十五届五中全会通过的《中共中央关于制定国民经济和社会发展第十个五年计划的建议》，把实施西部大开发、促进地区协调发展作为一项战略任务，强调："实施西部大开发战略、加快中西部地区发展，关系经济发展、民族团结、社会稳定，关系地区协调发展和最终实现共同富裕，是实现第三步战略目标的重大举措。"2001 年 3 月，九届全国人大四次会议通过的《中华人民共和国国民经济和社会发展第十个五年计划纲要》对实施西部大开发战略再次进行了具体部署。西部地区特指陕西、甘肃、宁夏、青海、新疆、四川、重庆、云南、贵州、西藏、广西、内蒙古 12 个省、自治区和直辖市。实施西部大开发，就是要依托亚欧大陆桥、长江水道、西南出海通道等交通干线，发挥中心城市作用，以线穿点，以点带面，逐步形成我国西部有特色的西陇海兰新线、长江上游、南（宁）贵、成昆（明）等跨行政区域的经济带，带动其他地区发展，有步骤、有重点地推进西部大开发。

606.《中共中央关于国有企业改革和发展若干重大问题的决定》的主要内容是什么？

1999 年 9 月 19 日至 22 日，中共十五届四中全会召开，通过《中共中央关于国有企业改革和发展若干重大问题的决定》，指出要从战略上调整国有经济布局，推进国有企业战略性改组，建立和完善现代企业制度，加强和改善企业管理，提高国有经济的控制力，使国有经济在关系国民经济命脉的重要行业和关键领域占支配地位。

607. 我国第一艘载人航天试验飞船何时发射成功？

1999 年 11 月 20 日，我国第一艘载人航天试验飞船"神舟号"发射成功。

608. 我国何时基本普及九年义务教育?

1999 年年底，全国基本普及九年义务教育、基本扫除青壮年文盲的县(市、区)累计达 2430 个（含其他县级行政区划单位 145 个），人口覆盖率达 80%。

609. 澳门回归的标志是什么?

1999 年 12 月 19 日午夜至 20 日凌晨，中葡两国政府澳门政权交接仪式在澳门举行，宣告中国政府对澳门恢复行使主权，中华人民共和国澳门特别行政区成立。交接仪式后，举行中华人民共和国澳门特别行政区成立暨特区政府宣誓就职仪式。中国人民解放军驻澳部队于 20 日零时开始履行澳门防务职责。

610. 1999 年我党领导人民进行了哪三项重大政治斗争?

一是针对以李登辉为首的台湾分裂势力公开将两岸关系界定为“特殊的国与国关系”，组织全国各界开展对“两国论”的批判；二是针对少数人利用“法轮功”蛊惑人心，破坏社会稳定的事件，及时发动社会各界揭批“法轮功”歪理邪说，取缔“法轮功”邪教组织，维护了社会稳定；三是针对以美国为首的北约集团轰炸我驻南斯拉夫使馆的野蛮行径，开展坚决斗争，维护了国家主权和民族尊严。

611. “三讲”教育的重要意义是什么?

进行“三讲”教育，是促进提高党的领导水平和执政水平，增强拒腐防变和抵御风险能力，有效推进党的建设新的伟大工程的正确决策，是新形势下加强党的建设特别是领导班子、领导干部思想政治建设的一次创造性探索和成功实践，是延安整风精神和党的“三大作风”在历史新时期的丰富和发扬。

612. “三讲”教育的主要对象是谁?

主要对象是县级以上领导干部，重点是抓好县以上党委、政府和政协的领导班子。

613. 1999 年中央民族工作会议提出我国民族工作的主要任务是什么?

高举邓小平理论伟大旗帜，坚持党在社会主义初级阶段的基本路线，以经济建设为中心，加快少数民族和民族地区的经济发展和社会进步，提高少数民族人民群众的生活水平，加强民族团结，维护祖国统一和社会稳定，巩固和发展平等、团结、互助的社会主义民族关系，逐步实现各民族的共同发展和共同繁荣。

614. 新时期军队建设的总要求是什么？

政治合格，军事过硬，作风优良，纪律严明，保障有力。

615. “三个代表”要求是何时提出的？具体内容是什么？

2000 年 2 月 25 日，江泽民在广东考察工作听取省委工作汇报时明确提出“三个代表”要求。指出，我们党所以赢得人民的拥护，是因为我们党在革命、建设、改革的各个历史时期，总是代表着中国先进生产力的发展要求，代表着中国先进文化的前进方向，代表着中国最广大人民的根本利益，并通过制定正确的路线方针政策，为实现国家和人民的根本利益而不懈奋斗。5 月 14 日，江泽民在上海主持召开江苏、浙江、上海党建工作座谈会时进一步指出，始终做到“三个代表”，是我们党的立党之本、执政之基、力量之源。

616. 中国何时启动西电东送工程？

2000 年 11 月 8 日，贵州省洪家渡水电站、引子渡水电站、乌江渡水电站扩机工程同时开工建设，我国西电东送工程全面启动。

617.《夏商周年表》何时公布？

2000 年 11 月 9 日，夏商周断代工程提出的新《夏商周年表》正式公布，把我国历史纪年由西周晚期的共和元年即公元前 841 年向前延伸了 1200 多年。

618. 中国何时设立国家最高科学技术奖？

2001 年 2 月 9 日，国务院做出《关于 2000 年度国家科学技术奖励的决定》。自 2000 年起设立国家最高科学技术奖。

619. 博鳌亚洲论坛何时走进中国？

2001 年 2 月 27 日，博鳌亚洲论坛成立大会在海南博鳌举行。2002 年 4 月 12 日至 13 日，博鳌亚洲论坛首届年会举行。

620. 什么是上合组织？

2001 年 6 月 15 日，中国、俄罗斯、哈萨克斯坦、吉尔吉斯斯坦、塔吉克斯坦、乌兹别克斯坦六国元首共同签署《上海合作组织成立宣言》，在中国、俄罗斯、哈萨克斯坦、吉尔吉斯斯坦、塔吉克斯坦五国元首会晤机制基础上正式建立上海合作组织，并将我国提出的以互信、互利、平等、协商、尊重多样文明、谋求共同发展为基本内容的“上海精神”写入成立宣言。2004 年 1 月，上海合作组织秘书处在北京成立。

621. 青藏铁路何时开工？何时全线通车？

2001 年 6 月 29 日，青藏铁路开工典礼在青海格尔木和西藏拉萨同时举行。2006 年 7 月 1 日，青藏铁路全线建成通车。

622. 中国何时加入世贸组织？

2001 年 11 月 10 日，在卡塔尔首都多哈举行的世界贸易组织第四届部长级会议以全体协商一致的方式，审议并通过中国加入世界贸易组织的决定。12 月 11 日，中国正式成为世界贸易组织成员，中国对外开放进入新的阶段。

623. 2002 年江泽民为什么批转《总后勤部关于实行军队后勤保障社会化若干问题的意见》？

军队后勤保障社会化，是江主席和中央军委从国家和军队建设战略全局做出的重大决策，是解决军队办社会问题、加强质量建设的有效途径，也是减轻国家负担、促进地方经济发展的重要举措。

624. 《中国人民解放军现役军官职务任免条例》何时颁布？

2002 年 1 月。

625. 中国何时启动西气东输工程？

2002 年 7 月 4 日，西气东输一线工程（新疆轮南至上海）开工典礼举行。此后又建设了西气东输二线工程、三线工程。

626. 党的十六大的主题是什么？

2002 年 11 月 8 日至 14 日，中国共产党第十六次全国代表大会在北京召开。主题是：高举邓小平理论伟大旗帜，全面贯彻“三个代表”重要思想，继往开来，与时俱进，全面建设小康社会，加快推进社会主义现代化，为开创中国特色社会主义事业新局面而奋斗。

627. 党的十六大的历史意义是什么？

党的十六大，在我们党和国家的发展进程上具有重大的历史意义。大会通过的十五届中央委员会的报告，坚持以党的基本理论和基本路线为指导，总结了党领导人民建设中国特色社会主义的基本经验，提出了全面贯彻“三个代表”重要思想的根本要求，明确了新世纪新阶段全党的奋斗目标，对改革开放和现代化建设、推进党的建设新的伟大工程做出了全面部署。大会的报告是集体智慧的结晶，是我们党在新世纪新阶段的政治宣言和行动纲领。大会通过的党章修正案，把“三个代表”重要思想和马克思列宁主义、毛泽东思想、邓小平理论一道确立为党的指导思想，进一步明确了新形势下加强和改进党的建设的根本要求，充分反映了新形势新任务对党的工作和党的建设提出的新要求，集中体现了这些年来我们党自身建设积累的新经验，必将有力地推进党的建设新的伟大工程。大会选举产生了新一届中央委员会，党的中央领导集体顺利实现了新老交替。大会还选举产生了新一届中央纪律检查委员会。这一切，都是具有重大历史意义的，必将极大地鼓舞全党和全国各族人民，与时俱进、开拓创新，信心百倍地把中国特色社会主义伟大事业继续推向前进。

628. 党的十六大报告提出各级党委和领导干部要提高哪五种能力？

必须以宽广的眼界观察世界，正确把握时代发展的要求，善于进行理论思维和战略思维，不断提高科学判断形势的能力；必须坚持按照客观规律和科学规律办事，及时研究解决改革和建设中的新情况新问题，善于抓住机遇加快发展，不断提高驾驭市场经济的能力；必须正确认识和处理各种社会矛盾，善于协调不同利益关系和克服各种困难，不断提高应对复杂局面的能力；必须增强法制观念，善于把坚持党的领导、人民当家作主和依法治国统一起来，不断提高依法执政的能力；必须立足全党全国工作大局，坚定不移地贯彻党的路线方针政策，善于结合实际创造性地开展工作，不断提高总揽全局的能力。

629. 党的十六大报告如何概括“13 年的基本经验”？

（1）坚持以邓小平理论为指导，不断推进理论创新。（2）坚持以经济建设为中心，用发展的办法解决前进中的问题。（3）坚持改革开放，不断完善社会主义市场经济体制。（4）坚持四项基本原则，发展社会主义民主政治。（5）坚持物质文明和精神文明两手抓，实行依法治国和以德治国相结合。（6）坚持稳定压倒一切的方针，正确处理改革发展稳定的关系。（7）坚持党对军队的绝对领导，走中国特色的精兵之路。（8）坚持团结一切可以团结的力量，不断增强中华民族的凝聚力。（9）坚持独立自主的和平外交政策，维护世界和平与促进共同发展。（10）坚持加强和改善党的领导，全面推进党的建设新的伟大工程。

630. 十六大报告指出，我党 80 年来历史经验中最根本的一条是什么？

总结党 80 多年来的历史经验，最根本的一条，就是党的建设必须按照党的政治路线来进行，围绕党的中心任务来展开，朝着党的建设总目标来加强，不断提高党的创造力、凝聚力和战斗力。

631. 如何概括“三个代表”重要思想的内容？

中国共产党始终代表中国先进社会生产力的发展要求，代表中国先进文化的前进方向，代表中国最广大人民的根本利益。

632. 如何理解“三个代表”重要思想的历史地位？

“三个代表”重要思想是对马克思列宁主义、毛泽东思想和邓小平理论的继承和发展，反映了当代世界和中国的发展变化对党和国家工作的新要求，是加强和改进党的建设、推进我国社会主义自我完善和发展的强大理论武器，是全党集体智慧的结晶，是党必须长期坚持的指导思想。始终做到“三个代表”，是我们党的立党之本、执政之基、力量之源。

633. “三个代表”重要思想提出的客观依据是什么？

“三个代表”重要思想，是在科学判断党的历史方位的基础上提出来的。我们党历经革命、建设和改革，已经从领导人民为夺取全国政权而奋斗的党，成为领导人民掌握全国政权并长期执政的党；已经从受到外部封锁和实行计划经济条件下领导国家建设的党，成为对外开放和发展社会主义市场经济条件下领导国家建设的党。我们必须从中国和世界的历史、现状和未来着眼，准确把握时代特点和党的任务，科学制定并正确执行党的路线方针政策，认真研究和解决推动中国社会进步和加强党的建设的问题，做到既不割断历史又不迷失方向，既不落后于时代又不超越阶段，使我们的事业不断从胜利走向胜利。

634. 贯彻“三个代表”重要思想的根本要求是什么？

贯彻“三个代表”重要思想，关键在坚持与时俱进，核心在坚持党的先进性，本质在坚持执政为民。

635. 党的十六大提出的判断人们政治上先进和落后的标准是什么？

不能简单地把有没有财产、有多少财产当作判断人们政治上先进和落后的标准，而主要应该看他们的思想政治状况和现实表现，看他们的财产是怎么得来的及对财产怎么支配和使用，看他们以自己的劳动对中国特色社会主义事业所做的贡献。

636. 党的十六大如何概括“新的社会阶层”？

在社会变革中出现的民营科技企业的创业人员和技术人员、受聘于外资企业的管理技术人员、个体户、私营企业主、中介组织的从业人员、自由职业人员等社会阶层，都是中国特色社会主义事业的建设者。

637. 党的十六大如何判断战略机遇期？

21 世纪头 20 年，对我国来说，是一个必须紧紧抓住并且可以大有作为的重要战略机遇期。根据十五大提出的到 2010 年、建党 100 年和新中国成立 100 年的发展目标，我们要在 21 世纪头 20 年，集中力量，全面建设惠及十几亿人口的更高水平的小康社会，使经济更加发展、民主更加健全、科教更加进步、文化更加繁荣、社会更加和谐、人民生活更加殷实。这是实现现代化建设第三步战略目标必经的承上启下的发展阶段，也是完善社会主义市场经济体制和扩大对外开放的关键阶段。

638. 党的十六大如何设计我国工业化道路？

坚持以信息化带动工业化，以工业化促进信息化，走出一条科技含量高、经济效益好、资源消耗低、环境污染少、人力资源优势得到充分发挥的新型工业化路子。

639. 中国上海赢得 2010 年世博会的主办权是在哪一年？

2002 年。

640. 中国何时启动南水北调工程？

2002 年 12 月 27 日，南水北调工程开工典礼在北京人民大会堂和江苏省、山东省施工现场同时举行。2013 年 11 月 15 日，南水北调东线一期工程正式通水运行。

641. 2002 年 12 月，胡锦涛在西柏坡向全党特别是领导干部提出了哪四点希望？

第一，牢记我国的基本国情和我们党的庄严使命，树立为党和人民长期艰苦奋斗的思想；第二，牢记全心全意为人民服务的宗旨，始终不渝地为最广大人民谋利益；第三，牢记党的基本理论、基本路线、基本纲领和基本经验，以艰苦奋斗的精神做好各项工作；第四，牢记党和人民的重托和肩负的历史责任，自觉在艰苦奋斗的实践中加强党性锻炼。

642. 中国如何应对“非典”？

2003 年春，我国遭遇一场过去从未出现过的非典型肺炎重大疫情。全党全国人民在党中央、国务院的坚强领导下，坚持一手抓防治“非典”，一手抓经济建设，夺取了防治“非典”工作的重大胜利。7 月 28 日，胡锦涛在全国防治“非典”工作会议上讲话，提出从长远看要进一步研究并切实抓好经济社会协调发展。

643. 2003 年在全国防治“非典”工作会议上，胡锦涛对其中的经验教训做了怎样的反思和总结？

从今后的工作来说，我们不仅要继续保持经济较快增长的良好势头，而且要重视提高经济增长的质量和效益；不仅要确保今年经济社会发展目标的实现，而且要高度重视研究和解决经济社会发展中存在的深层次问题；不仅要努力做好当前的工作，而且要为长远发展打下良好的基础。

644. “科学发展观”何时提出？

2003 年 8 月 28 日至 9 月 1 日，胡锦涛在江西考察工作期间明确使用“科学发展观”这一概念，提出要牢固树立协调发展、全面发展、可持续发展的科学发展观。

10 月 11 日至 14 日中共十六届三中全会召开，胡锦涛在会上发表讲话，明确提出和阐述科学发展观。

645. 党的十六届三中全会于何时何地召开，通过了什么重要文件？

中国共产党第十六届中央委员会第三次全体会议，于 2003 年 10 月 11 日至 14 日在北京举行。全会审议通过了《中共中央关于完善社会主义市场经济体制若干问题的决定》。

646. 如何理解十六届三中全会关于深化经济体制改革的指导思想和原则？

以邓小平理论和"三个代表"重要思想为指导，贯彻党的基本路线、基本纲领、基本经验，全面落实十六大精神，解放思想、实事求是、与时俱进。坚持社会主义市场经济的改革方向，注重制度建设和体制创新。坚持尊重群众的首创精神，充分发挥中央和地方两个积极性。坚持正确处理改革发展稳定的关系，有重点、有步骤地推进改革。坚持统筹兼顾，协调好改革进程中的各种利益关系。坚持以人为本，树立全面、协调、可持续的发展观，促进经济社会和人的全面发展。

647. 十六届三中全会为什么提出建立健全现代产权制度？

建立归属清晰、权责明确、保护严格、流转顺畅的现代产权制度，有利于维护公有财产权，巩固公有制经济的主体地位；有利于保护私有财产权，促进非公有制经济发展；有利于各类资本的流动和重组，推动混合所有制经济发展；有利于增强企业和公众创业创新的动力，形成良好的信用基础和市场秩序。这是完善基本经济制度的内在要求，是构建现代企业制度的重要基础。

648. 十六届三中全会促进非公有制经济发展的主要意见有哪些？

清理和修订限制非公有制经济发展的法律法规和政策，消除体制性障碍。放宽市场准入，允许非公有资本进入法律法规未禁入的基础设施、公用事业及其他行业和领域。非公有制企业在投融资、税收、土地使用和对外贸易等方面，与其他企业享受同等待遇。支持非公有制中小企业的发展，鼓励有条件的企业做强做大。非公有制企业要依法经营，照章纳税，保障职工合法权益。改进对非公有制企业的服务和监管。

649. 十六届三中全会提出了哪些加快推进和完善垄断行业改革的主要措施?

对垄断行业要放宽市场准入，引入竞争机制。有条件的企业要积极推行投资主体多元化。继续推进和完善电信、电力、民航等行业的改革重组。加快推进铁道、邮政和城市公用事业等改革，实行政企分开、政资分开、政事分开。对自然垄断业务要进行有效监管。

650. 十六届三中全会提出应如何完善农村土地制度?

土地家庭承包经营是农村基本经营制度的核心，要长期稳定并不断完善以家庭承包经营为基础、统分结合的双层经营体制，依法保障农民对土地承包经营的各项权利。农户在承包期内可依法、自愿、有偿流转土地承包经营权，完善流转办法，逐步发展适度规模经营。实行最严格的耕地保护制度，保证国家粮食安全。按照保障农民权益、控制征地规模的原则，改革征地制度，完善征地程序。严格界定公益性和经营性建设用地，征地时必须符合土地利用总体规划和用途管制，及时给予农民合理补偿。

651. 十六届三中全会提出应如何加快建设全国统一市场?

大力推进市场对内对外开放，加快要素价格市场化，发展电子商务、连锁经营、物流配送等现代流通方式，促进商品和各种要素在全国范围自由流动和充分竞争。废止妨碍公平竞争、设置行政壁垒、排斥外地产品和服务的各种分割市场的规定，打破行业垄断和地区封锁。积极发展独立公正、规范运作的专业化市场中介服务机构，按市场化原则规范和发展各类行业协会、商会等自律性组织。完善行政执法、行业自律、舆论监督、群众参与相结合的市场监管体系，健全产品质量监管机制，严厉打击制假售假、商业欺诈等违法行为，维护和健全市场秩序。

652. 十六届三中全会提出应如何发展资本和要素市场?

积极推进资本市场的改革开放和稳定发展，扩大直接融资。建立多层次资本市场体系，完善资本市场结构，丰富资本市场产品。规范和发展主板市场，推进风险投资和创业板市场建设。积极拓展债券市场，完善和规范发行程序，扩大公司债券发行规模。大力发展机构投资者，拓宽合规资金入市渠道。建立统一互联的证券市场，完善交易、登记和结算体系。加快发展土地、技术、劳动力等要素市场。规范发展产权交易。积极发展财产、人身保险和再保险市场。稳步发展期货市场。

653. 十六届三中全会提出要如何建立健全社会信用体系？

增强全社会的信用意识，政府、企事业单位和个人都要把诚实守信作为基本行为准则。按照完善法规、特许经营、商业运作、专业服务的方向，加快建设企业和个人信用服务体系。建立信用监督和失信惩戒制度。逐步开放信用服务市场。

654. 我国第一条跨海铁路的名称是什么？何时正式开通？

我国第一条跨海铁路是粤海铁路，于 2003 年正式开通。

655. 我国第一条沙漠高速公路的名称是什么？何时开通？

陕西省榆靖高速公路，于 2003 年 8 月 22 日正式开通。

656. 中国载人航天飞行何时获得圆满成功？

2003 年 10 月 15 日至 16 日，“神舟五号”载人飞船成功升空并安全返回，首次载人航天飞行获得圆满成功。中国成为世界上第三个独立掌握载人航天技术的国家。

657. 我国首次飞入太空的宇航员是哪位？

杨利伟。

658. 中国第一个北极科学考察站何时何地建立？

2004 年 7 月 28 日，我国第一个北极科学考察站——黄河站在挪威斯匹次卑尔根群岛的新奥尔松建成并投入使用。2013 年，中国成为北极理事会观察员。

659.《中共中央关于加强党的执政能力建设的决定》是哪次会议审议通过的？

2004 年 9 月 16 日至 19 日，中共十六届四中全会召开，通过了《中共中央关于加强党的执政能力建设的决定》。

660. 什么是党的执政能力？

党的执政能力，就是党提出和运用正确的理论、路线、方针、政策和策略，领导制定和实施宪法和法律，采取科学的领导制度和领导方式，动员和组织人民依法管理国家和社会事务、经济和文化事业，有效治党治国治军，建设社会主义现代化国家的本领。

661. 党的十六届四中全会总结的我党执政经验有哪些？

第一，必须坚持党在指导思想上的与时俱进，用发展着的马克思主义指导新的实践。第二，必须坚持推进社会主义的自我完善，增强社会主义的生机和活力。第三，必须坚持抓好发展这个党执政兴国的第一要务，把发展作为解决中国一切问题的关键。第四，必须坚持立党为公、执政为民，始终保持党同人民群众的血肉联系。第五，必须坚持科学执政、民主执政、依法执政，不断完善党的领导方式和执政方式。第六，必须坚持以改革的精神加强党的建设，不断增强党的创造力、凝聚力、战斗力。这六条主要经验，也是加强党的执政能力建设的重要指导原则，必须在实践中长期坚持并继续丰富和完善。

662. 如何理解加强党的执政能力建设的指导思想？

加强党的执政能力建设，必须坚持以马克思列宁主义、毛泽东思想、邓小平理论和"三个代表"重要思想为指导，全面贯彻党的基本路线、基本纲领、基本经验，以保持党同人民群众的血肉联系为核心，以建设高素质干部队伍为关键，以改革和完善党的领导体制和工作机制为重点，以加强党的基层组织和党员队伍建设为基础，努力体现时代性、把握规律性、富于创造性。

663. 加强党的执政能力建设的总体目标是什么？

通过全党共同努力，使党始终成为立党为公、执政为民的执政党，成为科学执政、民主执政、依法执政的执政党，成为求真务实、开拓创新、勤政高效、清正廉洁的执政党，归根到底成为始终做到"三个代表"、永远保持先进性、经得住各种风浪考验的马克思主义执政党，带领全国各族人民实现国家富强、民族振兴、社会和谐、人民幸福。

664. 加强党的执政能力建设的主要任务是什么？

按照推动社会主义物质文明、政治文明、精神文明协调发展的要求，不断提高驾驭社会主义市场经济的能力、发展社会主义民主政治的能力、建设社会主义先进文化的能力、构建社会主义和谐社会的能力、应对国际局势和处理国际事务的能力。全党要紧紧围绕上述任务，立足现实、着眼长远，抓住重点、整体推进，不断研究新情况、解决新问题、创建新机制、增长新本领，全面加强和改进党的建设，使党的执政方略更加完善、执政体制更加健全、执政方式更加科学、执政基础更加巩固。

665. 2004 年我党颁布了哪两个重要的党内法规？

《中国共产党党内监督条例》《中国共产党纪律处分条例》。

666. 共产先进性教育活动是何时开展的？

2004 年 11 月 7 日，中共中央印发《关于在全党开展以实践“三个代表”重要思想为主要内容的保持共产先进性教育活动的意见》。2005 年 1 月至 2006 年 6 月，全党开展了这一教育活动。

667. 新世纪新阶段人民解放军的历史使命何时提出？主要内容是什么？

2004 年 12 月 24 日，胡锦涛在中央军委扩大会议上讲话，提出新世纪新阶段人民解放军的历史使命：为党巩固执政地位提供重要力量保证，为维护国家发展的重要战略机遇期提供坚强安全保障，为维护国家利益提供有力战略支撑，为维护世界和平与促进共同发展发挥重要作用。

668. 人类何时登上南极内陆冰盖最高点？

2005 年 1 月 18 日，中国南极内陆冰盖昆仑科考队确认找到南极内陆冰盖的最高点，这是人类首次登上南极内陆冰盖最高点。

669. 《反分裂国家法》是何时提出的？

2005 年 3 月 14 日，十届全国人大三次会议通过《反分裂国家法》，明确国家决不允许“台独”分裂势力以任何名义、任何方式把台湾从中国分裂出去。

670. 国共两党领导人时隔 60 年后的首次会谈何时何地举行？

2005 年 4 月 29 日，胡锦涛在北京同中国国民党主席连战举行正式会谈。会后双方共同发布《两岸和平发展共同愿景》。这是 60 年来国共两党主要领导人首次会谈。

671. 人民币汇率形成更富弹性的汇率机制的标志是什么？

2005 年 7 月 21 日，经国务院批准，中国人民银行宣布：自当日起，我国开始实行以市场供求为基础、参考一篮子货币进行调节、有管理的浮动汇率制度。人民币汇率形成更富弹性的汇率机制。

672. 中美首次战略对话何时举行？

2005 年 8 月 1 日，中美首次战略对话在北京举行。2009 年 7 月 27 日至 28 日，首轮中美战略与经济对话在美国首都华盛顿举行。

673. 《中共中央关于制定国民经济和社会发展第十一个五年规划的建议》是在哪一次会议上审议通过的？

中国共产党第十六届中央委员会第五次全体会议，于 2005 年 10 月 8 日至 11 日在北京举行。全会听取和讨论了胡锦涛受中央政治局委托做的工作报告，审议通过了《中共中央关于制定国民经济和社会发展第十一个五年规划的建议》。

674. “十一五”规划建议的基本内容是什么？

“十一五”规划建议，包括十方面的内容：（1）全面建设小康社会的关键时期；（2）全面贯彻落实科学发展观；（3）建设社会主义新农村；（4）推进产业结构优化升级；（5）促进区域协调发展；（6）建设资源节约型、环境友好型社会；（7）深化体制改革和提高对外开放水平；（8）深入实施科教兴国战略和人才强国战略；（9）推进社会主义和谐社会建设；（10）全党全国各族人民团结起来为实现“十一五”规划而奋斗。

675. 农业税何时废止？

2005 年 12 月 29 日，第十届全国人大常委会第十九次会议决定自 2006 年 1 月

1 日起，废止第一届全国人大常委会于 1958 年 6 月 3 日通过的《中华人民共和国农业税条例》。

676. 社会主义新农村建设何时提出？

2005 年 12 月 31 日，中共中央、国务院印发《关于推进社会主义新农村建设的若干意见》，指出，“十一五”时期，必须抓住机遇，加快改变农村经济社会发展滞后的局面，扎实稳步推进社会主义新农村建设。

677. 社会主义新农村的内涵是什么？

社会主义新农村，是指生产发展、生活宽裕、乡风文明、村容整洁、管理民主的农村。

678. 从哪几方面着手，推进社会主义新农村建设？

（1）积极推进城乡统筹发展；（2）推进现代农业建设；（3）全面深化农村改革；（4）大力发展农村公共事业；（5）千方百计增加农民收入。

679. 我们党提出的建设“两型社会”，其含义是什么？

我们党提出的建设“两型社会”，含义是建设资源节约型、环境友好型社会。

680. 如何建设“两型社会”？

建设资源节约型、环境友好型社会，首先要大力发展循环经济。坚持开发节约并重、节约优先，按照减量化、再利用、资源化的原则，大力推进节能节水节地节材，加强资源综合利用，完善再生资源回收利用体系，全面推行清洁生产，形成低投入、低消耗、低排放和高效率的节约型增长方式。其次要加大环境保护力度。坚持预防为主、综合治理，强化从源头防治污染和保护生态，坚决改变先污染后治理、边治理边污染的状况。最后要切实保护好自然生态。坚持保护优先、开发有序，以控制不合理的资源开发活动为重点，强化对水源、土地、森林、草原、海洋等自然资源的生态保护。

681. 社会主义荣辱观是何时提出的，基本内容包括哪些？

2006 年 3 月 4 日，胡锦涛总书记在参加全国政协十届四次会议民盟、民进界委员联组讨论时提出，要引导广大干部群众特别是青少年树立以“八荣八耻”为主要内容的社会主义荣辱观。其基本内容可概括为“八荣八耻”。具体内容为：以热爱祖国为荣、以危害祖国为耻，以服务人民为荣、以背离人民为耻，以崇尚科学为荣、以愚昧无知为耻，以辛勤劳动为荣、以好逸恶劳为耻，以团结互助为荣、以损人利己为耻，以诚实守信为荣、以见利忘义为耻，以遵纪守法为荣、以违法乱纪为耻，以艰苦奋斗为荣、以骄奢淫逸为耻。

682. 首届两岸经贸论坛何时举行?

2006 年 4 月 14 日至 15 日，两岸经贸论坛在北京举行。大陆宣布采取促进两岸交流合作、惠及台湾同胞的 15 项政策措施。

683.《关于促进中部地区崛起的若干意见》何时发布?

2006年4月15日,中共中央、国务院发布《关于促进中部地区崛起的若干意见》,要求把中部地区建设成为重要的粮食生产基地、能源原材料基地、现代装备制造及高技术产业基地和综合交通运输枢纽，使中部地区在发挥承东启西和产业发展优势中崛起。

684. 青藏铁路何时全线建成通车?

2006 年 7 月 1 日，青藏铁路全线建成通车。青藏铁路是世界上海拔最高、线路最长的高原铁路，全长 1956 公里。

685. 党的十六届六中全会做出了什么重要决定?

2006 年 10 月，中国共产党第十六届中央委员会第六次全体会议，全面分析了形势和任务，研究了构建社会主义和谐社会的若干重大问题，做出了《中共中央关于构建社会主义和谐社会若干重大问题的决定》。

686. 社会主义和谐社会的总要求是什么?

社会主义和谐社会的总要求是：民主法治、公平正义、诚信友爱、充满活力、安定有序、人与自然和谐相处。

687. 构建社会主义和谐社会的目标和主要任务是什么?

到 2020 年，构建社会主义和谐社会的目标和主要任务是：社会主义民主法制更加完善，依法治国基本方略得到全面落实，人民的权益得到切实尊重和保障；

城乡、区域发展差距扩大的趋势逐步扭转，合理有序的收入分配格局基本形成，家庭财产普遍增加，人民过上更加富足的生活；社会就业比较充分，覆盖城乡居民的社会保障体系基本建立；基本公共服务体系更加完备，政府管理和服务水平有较大提高；全民族的思想道德素质、科学文化素质和健康素质明显提高，良好道德风尚、和谐人际关系进一步形成；全社会创造活力显著增强，创新型国家基本建成；社会管理体系更加完善，社会秩序良好；资源利用效率显著提高，生态环境明显好转；实现全面建设惠及十几亿人口的更高水平的小康社会的目标，努力形成全体人民各尽其能、各得其所而又和谐相处的局面。

688. 构建社会主义和谐社会必须遵循的原则是什么？

必须坚持以人为本；必须坚持科学发展；必须坚持改革开放；必须坚持民主法治；必须坚持正确处理改革发展稳定的关系；必须坚持在党的领导下全社会共同建设。

689. 社会主义核心价值体系的基本内容包括哪些？

社会主义核心价值体系的基本内容包括：马克思主义指导思想，中国特色社会主义共同理想，以爱国主义为核心的民族精神和以改革创新为核心的时代精神，社会主义荣辱观。

690. 如何加强党对构建社会主义和谐社会的领导？

（1）提高各级领导班子和领导干部领导社会主义和谐社会建设的本领；（2）加强基层基础工作；（3）建设宏大的社会工作人才队伍；（4）深入开展党风廉政建设和反腐败斗争。

691.《物权法》何时通过？

2007年3月5日至16日，十届全国人大五次会议召开，通过《物权法》，强调国家保障一切市场主体的平等法律地位和发展权利；国家、集体、私人的物权和其他权利人的物权受法律保护，任何单位和个人不得侵犯。

692. 北斗卫星导航系统全球组网的标志事件是什么？

2007年4月14日，我国成功发射第一颗“北斗二号”导航卫星，正式开始独立自主建设我国第二代卫星导航系统。2017年11月5日，“北斗三号”第一、二颗组网卫星以“一箭双星”方式成功发射，标志着北斗卫星导航系统全球组网的开始。这是和美国全球定位系统（GPS）、俄罗斯格洛纳斯系统、欧洲伽利略系统并列的全球卫星导航系统。

693.《企业所得税法》何时通过？

2007 年 3 月 5 日至 16 日，十届全国人大五次会议召开，通过《企业所得税法》，实现了内外资企业所得税税制的统一。

694.《关于在全国建立农村最低生活保障制度的通知》何时出台？

2007 年 7 月 11 日，国务院发出《关于在全国建立农村最低生活保障制度的通知》，指出，将符合条件的农村贫困人口全部纳入保障范围，稳定、持久、有效地解决全国农村贫困人口的温饱问题。

695. 中国颁布《中国应对气候变化国家方案》有何重大意义？

2007 年 6 月 3 日，国务院印发《中国应对气候变化国家方案》。这是中国第一部应对气候变化的全面的政策性文件，也是发展中国家颁布的第一部应对气候变化的国家方案。

696. 当代革命军人核心价值观的主要内容是什么？

2007 年 8 月 1 日，胡锦涛在庆祝中国人民解放军建军 80 周年暨全军英雄模范代表大会上讲话指出，在 80 年的顽强奋斗中，人民解放军培育和形成了优良革命传统，集中起来就是听党指挥、服务人民、英勇善战。2008 年 12 月 24 日，胡锦涛在中央军委扩大会议上讲话，提出忠诚于党、热爱人民、报效国家、献身使命、崇尚荣誉的当代革命军人核心价值观。

697. 首届夏季达沃斯论坛何时何地举办？

2007 年 9 月 6 日至 8 日，首届夏季达沃斯论坛在辽宁大连举行。此后，论坛每年在天津、大连轮流举行。

698. 党的十七大何时召开，其主题是什么？

中国共产党第十七次全国代表大会，于 2007 年 10 月 15 日至 21 日在北京召开。胡锦涛总书记在党的十七大报告中指出，大会的主题是高举中国特色社会主义伟大旗帜，以邓小平理论和“三个代表”重要思想为指导，深入贯彻落实科学发展观，继续解放思想，坚持改革开放，推动科学发展，促进社会和谐，为夺取全面建设小康社会新胜利而奋斗。

699. 党的十七大提出了哪三个“永远铭记”？

我们要永远铭记，改革开放伟大事业，是在以毛泽东同志为核心的党的第一代中央领导集体创立毛泽东思想，带领全党全国各族人民建立新中国、取得社会主义革命和建设伟大成就以及艰辛探索社会主义建设规律取得宝贵经验的基础上进行的。我们要永远铭记，改革开放伟大事业，是以邓小平同志为核心的党的第二代中央领导集体带领全党全国各族人民开创的。我们要永远铭记，改革开放伟大事业，是以江泽民同志为核心的党的第三代中央领导集体带领全党全国各族人民继承、发展并成功推向二十一世纪的。

700. 如何理解新时期最鲜明的特点是改革开放？

从农村到城市、从经济领域到其他各个领域，全面改革的进程势不可当地展开了；从沿海到沿江沿边，从东部到中西部，对外开放的大门毅然决然地打开了。这场历史上从未有过的大改革大开放，极大地调动了亿万人民的积极性，使我国成功实现了从高度集中的计划经济体制到充满活力的社会主义市场经济体制、从封闭半封闭到全方位开放的伟大历史转折。今天，一个面向现代化、面向世界、面向未来的社会主义中国巍然屹立在世界东方。

701. 如何理解新时期最显著的成就是快速发展？

我们党实施现代化建设“三步走”战略，带领人民艰苦奋斗，推动我国以世界上少有的速度持续快速发展起来。我国经济从一度濒于崩溃的边缘发展到总量跃至世界第四、进出口总额位居世界第三，人民生活从温饱不足发展到总体小康，农村贫困人口从 2.5 亿多减少到 2000 多万，政治建设、文化建设、社会建设取得举世瞩目的成就。中国的发展，不仅使中国人民稳定地走上了富裕安康的广阔道路，而且为世界经济发展和人类文明进步做出了重大贡献。

702. 如何理解新时期最突出的标志是与时俱进？

我们党坚持马克思主义的思想路线，不断探索和回答什么是社会主义、怎样建设社会主义，建设什么样的党、怎样建设党，实现什么样的发展、怎样发展等重大理论和实际问题，不断推进马克思主义中国化，坚持并丰富党的基本理论、基本路线、基本纲领、基本经验。社会主义和马克思主义在中国大地上焕发出勃勃生机，给人民带来更多福祉，使中华民族大踏步赶上时代前进潮流、迎来伟大复兴的光明前景。

703. 我国改革开放为巩固和发展社会主义提供了哪些宝贵经验？

在改革开放的历史进程中，我们党为巩固和发展社会主义提供的宝贵经验可以概括为“十个结合”，即把坚持马克思主义基本原理同推进马克思主义中国化结合起来；把坚持四项基本原则同坚持改革开放结合起来；把尊重人民首创精神同加强和改善党的领导结合起来；把坚持社会主义基本制度同发展市场经济结合起来；把推动经济基础变革同推动上层建筑改革结合起来；把发展社会生产力同提高全民族文明素质结合起来；把提高效率同促进社会公平结合起来；把坚持独立自主同参与经济全球化结合起来；把促进改革发展同保持社会稳定结合起来；把推进中国特色社会主义伟大事业同推进党的建设新的伟大工程结合起来。

704. 科学发展观提出的背景是什么？

科学发展观，是立足社会主义初级阶段基本国情，总结我国发展实践，借鉴国外发展经验，适应新的发展要求提出来的。进入新世纪新阶段，我国发展呈现一系列新的阶段性特征，主要是：经济实力显著增强，同时生产力水平总体上还不高，自主创新能力还不强，长期形成的结构性矛盾和粗放型增长方式尚未根本改变；社会主义市场经济体制初步建立，同时影响发展的体制机制障碍依然存在，改革攻坚面临深层次矛盾和问题；人民生活总体上达到小康水平，同时收入分配差距拉大趋势还未根本扭转，城乡贫困人口和低收入人口还有相当数量，统筹兼顾各方面利益难度加大；协调发展取得显著成绩，同时农业基础薄弱、农村发展滞后的局面尚未改变，缩小城乡、区域发展差距和促进经济社会协调发展任务艰巨；社会主义民主政治不断发展、依法治国基本方略扎实贯彻，同时民主法制建设与扩大人民民主和经济社会发展的要求还不完全适应，政治体制改革需要继续深化；社会主义文化更加繁荣，同时人民精神文化需求日趋旺盛，人们思想活动的独立性、选择性、多变性、差异性明显增强，对发展社会主义先进文化提出了更高要求；社会活力显著增强，同时社会结构、社会组织形式、社会利益格局发生深刻变化，社会建设和管理面临诸多新课题；对外开放日益扩大，同时面临的国际竞争日趋激烈，发达国家在经济科技上占优势的压力长期存在，可以预见和难以预见的风险增多，统筹国内发展和对外开放要求更高。

这些情况表明，经过新中国成立以来特别是改革开放以来的不懈努力，我国取得了举世瞩目的发展成就，从生产力到生产关系、从经济基础到上层建筑都发生了意义深远的重大变化，但我国仍处于并将长期处于社会主义初级阶段的基本国情没有变，人民日益增长的物质文化需要同落后的社会生产之间的矛盾这一社会主要矛盾没有变。当前我国发展的阶段性特征，是社会主义初级阶段基本国情在新世纪新阶段的具体表现。强调认清社会主义初级阶段基本国情，不是要妄自菲薄、自甘落后，也不是要脱离实际、急于求成，而是要坚持把它作为推进改革、谋划发展的根本依据。我们必须始终保持清醒头脑，立足社会主义初级阶段这个最大的实际，科学分析我国全面参与经济全球化的新机遇新挑战，全面认识工业化、信息化、城镇化、市场化、国际化深入发展的新形势新任务，深刻把握我国发展面临的新课题新矛盾，更加自觉地走科学发展道路，奋力开拓中国特色社会主义更为广阔的发展前景。

705. 科学发展观的历史地位是怎样的?

科学发展观，是对党的三代中央领导集体关于发展的重要思想的继承和发展，是马克思主义关于发展的世界观和方法论的集中体现，是同马克思列宁主义、毛泽东思想、邓小平理论和“三个代表”重要思想既一脉相承又与时俱进的科学理论，是我国经济社会发展的重要指导方针，是发展中国特色社会主义必须坚持和贯彻的重大战略思想。

706. 科学发展观的内涵是什么?

科学发展观，第一要义是发展，核心是以人为本，基本要求是全面协调可持续，根本方法是统筹兼顾。

707. 深入贯彻落实科学发展观的基本要求是什么?

深入贯彻落实科学发展观有四方面的基本要求：（1）始终坚持“一个中心、两个基本点”的基本路线；（2）积极构建社会主义和谐社会；（3）继续深化改革开放；（4）切实加强和改进党的建设。

708. 党的十七大对深化政治体制改革提出了怎样的总体部署?

深化政治体制改革，必须坚持正确政治方向，以保证人民当家作主为根本，以增强党和国家活力、调动人民积极性为目标，扩大社会主义民主，建设社会主义法治国家，发展社会主义政治文明。要坚持党总揽全局、协调各方的领导核心作用，提高党科学执政、民主执政、依法执政水平，保证党领导人民有效治理国家；坚持国家一切权力属于人民，从各个层次、各个领域扩大公民有序政治参与，最广泛地动员和组织人民依法管理国家事务和社会事务、管理经济和文化事业；坚持依法治国基本方略，树立社会主义法治理念，实现国家各项工作法治化，保障公民合法权益；坚持社会主义政治制度的特点和优势，推进社会主义民主政治制度化、规范化、程序化，为党和国家长治久安提供政治和法律制度保障。

709. 党的十七大对全面落实依法治国方略提出了怎样的要求?

依法治国是社会主义民主政治的基本要求。要坚持科学立法、民主立法，完善中国特色社会主义法律体系。加强宪法和法律实施，坚持公民在法律面前一律平等，维护社会公平正义，维护社会主义法制的统一、尊严、权威。推进依法行政。深化司法体制改革，优化司法职权配置，规范司法行为，建设公正、高效、权威的社会主义司法制度，保证审判机关、检察机关依法独立公正地行使审判权、检察权。加强政法队伍建设，做到严格、公正、文明执法。深入开展法制宣传教育，弘扬法治精神，形成自觉学法、守法、用法的社会氛围。尊重和保障人权，依法保证全体社会成员平等参与、平等发展的权利。各级党组织和全体党员要自觉在宪法和法律范围内活动，带头维护宪法和法律的权威。

710. 我国自主研制并发射的首个月球探测器是什么，何时发射升空?

“嫦娥一号”是中国自主研制并发射的首个月球探测器。中国月球探测工程“嫦娥一号”月球探测卫星由中国空间技术研究院研制，以中国古代神话人物“嫦娥”命名。“嫦娥一号”于 2007 年 10 月 24 日，在西昌卫星发射中心由“长征三号甲”运载火箭发射升空。“嫦娥一号”发射成功，使中国成为世界上第五个发射月球探测器的国家。

711. “五纵七横”国道主干线何时基本贯通？

2007 年年底，“五纵七横”国道主干线基本贯通。“五纵七横”是我国规划建设的以高速公路为主的公路网主骨架，总里程约 3.5 万公里。

712. 中国历史上最大规模的一次抗震救灾行动是指哪次？

2008 年 5 月 12 日，四川汶川发生里氏 8.0 级特大地震。在党中央、国务院和中央军委坚强领导下，我国组织开展了历史上救援速度最快、动员范围最广、投入力量最大的抗震救灾斗争，夺取了抗震救灾斗争的重大胜利。10 月 8 日，胡锦涛在全国抗震救灾总结表彰大会上的讲话中阐述了抗震救灾精神。

713. 2008 年《国务院办公厅关于限制生产销售使用塑料购物袋的通知》的核心内容是什么？

从 2008 年 6 月 1 日起，实行塑料购物袋有偿使用制度。

714.《关于全面推进集体林权制度改革的意见》主要内容是什么？

2008 年 6 月 8 日，中共中央、国务院发出《关于全面推进集体林权制度改革的意见》，提出用五年左右时间，基本完成明晰产权、承包到户的集体林权制度改革，实行集体林地家庭承包经营制；规定林地的承包期为 70 年，承包期届满可以按照国家有关规定继续承包。

715. 京津城际铁路何时通车？

2008 年 8 月 1 日，我国第一条拥有完全自主知识产权、具有世界一流水平的高速铁路——京津城际铁路通车运营。至 2017 年年底，我国高速铁路营业里程达到 2.5 万公里。

716. 中国首次举办奥运会是哪一年？

2008 年 8 月 8 日至 24 日、9 月 6 日至 17 日，第 29 届奥运会、第 13 届残奥会先后在北京成功举办。这是我国首次举办奥运会、残奥会。

717. 学习实践科学发展观活动从什么时候开始？

根据党的十七大部署，中央决定，从 2008 年 9 月开始，用一年半左右时间，在全党分批开展深入学习实践科学发展观活动。

718. 开展学习实践活动的指导思想是什么？

开展学习实践活动，要全面贯彻党的十七大精神，高举中国特色社会主义伟大旗帜，以邓小平理论和“三个代表”重要思想为指导，组织广大党员特别是各级领导班子和党员领导干部深入学习实践科学发展观，紧紧围绕党员干部受教育、科学发展上水平、人民群众得实惠，进一步解放思想、实事求是、改革创新，切实增强贯彻落实科学发展观的自觉性和坚定性，着力转变不适应、不符合科学发展观要求的思想观念，着力解决影响和制约科学发展的突出问题及党员干部党性党风党纪方面群众反映强烈的突出问题，着力构建有利于科学发展的体制机制，提高领导科学发展、促进社会和谐的能力，使党的工作和党的建设更加符合科学发展观的要求，把全社会的发展积极性进一步引导到科学发展上来，把科学发展观贯彻落实到经济社会发展各方面。

719. 学习实践活动的目标要求是什么？

学习实践活动以县级以上领导班子和党员领导干部为重点，全体党员参加。具体达到以下目标要求：（1）提高思想认识；（2）解决突出问题；（3）创新体制机制；（4）促进科学发展。

720. 哪次事件意味着中国成为世界上第三个独立掌握空间出舱技术的国家？

2008 年 9 月 27 日，“神舟七号”载人飞船实施宇航员空间出舱活动。我国成为世界上第三个独立掌握空间出舱技术的国家。

721.《中共中央关于推进农村改革发展若干重大问题的决定》何时通过？

2008 年 10 月 9 日至 12 日，中共十七届三中全会召开，通过《中共中央关于推进农村改革发展若干重大问题的决定》，对进一步推进农村改革发展做出全面部署。

722. 改革开放 30 年我国经济社会发展取得哪些成就？

2008 年 10 月 27 日至 30 日，国家统计局发布改革开放 30 年经济社会发展成就系列报告。我国国内生产总值已由 1978 年的 3645 亿元迅速跃升至 2007 年的 249530 亿元，在世界主要国家中的排名由 1978 年的第 10 位上升到第 4 位，仅次于美国、日本和德国。人均国民总收入由 1978 年的 190 美元上升至 2007 年的 2360 美元。按照世界银行的划分标准，我国已经由低收入国家跃升至世界中等偏下收入国家行列。外汇储备由 1978 年的 1.67 亿美元扩大到 2007 年的 15282 亿美元，稳居世界第 1 位。进出口贸易总额从 1978 年的 206 亿美元猛增到 2007 年的 21737 亿美元，增长了 104 倍，在世界贸易中的位次由改革开放初期的第 32 位上升到 2004 年以来的第 3 位。

723. 中国如何应对国际金融危机？

2008 年 9 月，由 2007 年美国次贷危机引发的国际金融危机全面爆发。这次危机是美国 20 世纪 30 年代“大萧条”以来最为严重的一次金融危机，对国际金融秩序造成极大的冲击和破坏。10 月 7 日，中共中央政治局常委会会议专题听取有关国际金融危机情况和应采取应对措施的汇报。11 月 5 日，国务院召开常务会议，研究部署进一步扩大内需促进经济平稳较快增长的措施。12 月 8 日至 10 日，中央经济工作会议提出，必须把扩大内需作为保增长的根本途径，把加快发展方式转变和结构调整作为保增长的主攻方向，把深化重点领域和关键环节改革、提高对外开放水平作为保增长的强大动力，把改善民生作为保增长的出发点和落脚点。

724. 两岸“三通”迈开历史性步伐的标志是什么？

2008 年 12 月 15 日，海峡两岸分别在北京、天津、上海、福州、深圳以及台北、高雄、基隆等城市同时举行海上直航、空中直航及直接通邮的启动和庆祝仪式。两岸“三通”迈开历史性步伐。

725. 中国人民解放军首次执行亚丁湾护航任务是哪一年？有什么历史性意义？

2008 年 12 月 26 日，中国人民解放军海军舰艇编队赴亚丁湾、索马里海域执行护航任务。这是中国海军首次组织海上作战力量赴海外履行国际人道主义义务、首次在远海保护重要运输线安全。

726. 粤港澳合作的里程碑性事件是什么？

2008 年 12 月 31 日，国务院批复《珠江三角洲地区改革发展规划纲要（2008—

2020 年）》，指出，要在促进环珠三角和泛珠三角区域的经济发展、推进粤港澳三地更加紧密合作、保持港澳地区长期繁荣稳定、参与亚太地区区域合作和全球经济竞争等方面进一步发挥辐射带动作用和先行示范作用。

727. 中国开展跨境贸易人民币结算试点是哪一年？

2009 年 4 月 8 日，国务院常务会议决定在上海市和广东省广州、深圳、珠海、东莞四城市开展跨境贸易人民币结算试点。至 2011 年 8 月，跨境贸易人民币结算境内地域范围扩大至全国。

728. 什么是金砖国家合作机制？

2009 年 6 月 16 日，胡锦涛出席在俄罗斯叶卡捷琳堡举行的金砖国家领导人首次正式会晤并发表讲话，中国、俄罗斯、巴西、印度四国共同建立金砖国家合作机制；2010 年 12 月，南非作为正式成员加入金砖国家合作机制，金砖国家正式扩为五国。

729. 党的十七届四中全会的主要内容是什么？

2009 年 9 月 15 日至 18 日在北京召开的中国共产党第十七届中央委员会第四次全体会议，审议通过了《中共中央关于加强和改进新形势下党的建设若干重大问题的决定》。

730. 我们党作为马克思主义执政党加强自身建设的基本经验有哪些？

我们党在长期执政实践中，围绕建设什么样的党、怎样建设党这个重大课题，不断总结和运用自身建设正反两方面经验，借鉴世界上一些执政党兴衰成败的经验教训，探索形成了我们党作为马克思主义执政党加强自身建设的基本经验。

第一，坚持把思想理论建设放在首位，提高全党马克思主义水平。

第二，坚持把推进党的建设伟大工程同推进党领导的伟大事业紧密结合起来，保证党始终成为社会主义事业的坚强领导核心。

第三，坚持以执政能力建设和先进性建设为主线，保证党始终走在时代前列。

第四，坚持立党为公、执政为民，保持党同人民群众的血肉联系。

第五，坚持改革创新，增强党的生机活力。

第六，坚持党要管党、从严治党，提高管党治党水平。

这些基本经验，体现和深化了对共产党执政规律、社会主义建设规律、人类社会发展规律的认识，必须倍加重视、倍加珍惜，必须作为加强和改进新形势下党的建设的重要指导原则长期坚持，并在实践中不断丰富发展。

731. 建设马克思主义学习型政党的基本要求是什么？

建设马克思主义学习型政党的基本要求是：（1）推进马克思主义中国化、时代化、大众化；（2）用中国特色社会主义理论体系武装全党；（3）开展社会主义核心价值体系学习教育；（4）建设学习型党组织。

732. 党员干部应自觉划清哪“四个重大界限”？

党员干部要增强政治敏锐性和政治鉴别力，筑牢思想防线，自觉划清马克思主义同反马克思主义的界限，社会主义公有制为主体、多种所有制经济共同发展的基本经济制度同私有化和单一公有制的界限，中国特色社会主义民主同西方资本主义民主的界限，社会主义思想文化同封建主义、资本主义腐朽思想文化的界限，坚决抵制各种错误思想影响，始终保持立场坚定、头脑清醒。

733. 为什么要推进学习型党组织建设？

2010年2月，中共中央办公厅印发了《关于推进学习型党组织建设的意见》。该意见指出，建设马克思主义学习型政党，是党的十七届四中全会从全面推进中国特色社会主义伟大事业和党的建设新的伟大工程的全局出发，提出的一项重大战略任务。把各级党组织建设成为学习型党组织，是建设马克思主义学习型政党的基础工程。建设学习型党组织，是党始终走在时代前列、引领中国发展进步的重要基础，是党领导人民夺取全面建设小康社会新胜利、开创中国特色社会主义事业新局面的必然要求，是提高党的执政能力、保持和发展党的先进性的紧迫任务。

734. 建设学习型党组织的总体要求是什么？

建设学习型党组织的总体要求是：高举中国特色社会主义伟大旗帜，坚持以邓小平理论和“三个代表”重要思想为指导，深入贯彻落实科学发展观，全面贯彻党的十七大和十七届三中、四中全会精神，紧紧围绕党和国家工作大局，按照科学理论武装、具有世界眼光、善于把握规律、富有创新精神的要求，以提高全党思想政治水平为基本目标，深入学习马克思主义理论，学习党的路线方针政策和国家法律法规，学习党的历史，学习现代化建设所需要的各方面知识，不断在武装头脑、指导实践、推动工作上取得新成效。要大力营造和形成重视学习、崇尚学习、坚持学习的浓厚氛围，牢固确立党组织全员学习、党员终身学习的理念，建立健全管用有效的学习制度，使党员的学习能力不断提升、知识素养不断提高、先锋模范作用充分发挥，使党组织的创造力、凝聚力、战斗力不断增强。

735. 建设学习型党组织应当遵循的主要原则是什么?

建设学习型党组织，应当遵循以下主要原则：坚持解放思想、实事求是、与时俱进，用发展着的马克思主义指导新的实践；坚持理论联系实际的马克思主义学风，切实推动实际问题的解决；坚持领导干部做表率，调动广大党员的积极性主动性；坚持改革创新，鼓励大胆探索。

736. 推进学习型党组织建设主要学什么?

坚持用中国特色社会主义理论体系武装头脑，深入学习实践科学发展观，学习践行社会主义核心价值体系，学习掌握现代化建设所必需的各方面知识，学习总结实践中的成功经验。

737. 建设学习型党组织如何做到立足实际、务求实效?

在推动本地区本部门本单位的工作上下功夫，在推动本地区本部门本单位党的建设上下功夫，在提高党员干部思想政治素养上下功夫。

738. 中国—东盟自由贸易区何时建立?

2010 年 1 月 1 日，中国—东盟自由贸易区正式全面启动。在此前后，中国还相继与智利、冰岛、瑞士、韩国、澳大利亚、格鲁吉亚等签署自贸协定。2015 年 12 月 6 日，国务院印发《关于加快实施自由贸易区战略的若干意见》。

739. 中国何时何地首次举办综合性世界博览会?

2010 年 4 月 30 日，上海世界博览会举行开幕式。这是中国首次举办的综合性世界博览会。10 月 31 日，上海世界博览会闭幕。

740. 上海世博会的主题和主要成就是什么?

上海世博会的主题是："城市，让生活更美好。"2010 年 5 月 1 日，上海世博会隆重开幕，10 月 31 日，上海世博会正式落下帷幕，历时 184 天。

这是有史以来第一次在发展中国家举办的世博会。众多发展中国家亮相世博，人类文明交流达到一个崭新的高度。这是有史以来第一次以城市为主题的世博会。在全球人口已有一半走进城市的今天，"城市，让生活更美好"的理想，激发着人们联手应对城市化挑战的勇气与信心。这是有史以来人类低碳文明的第一次大规模集中展示。当全球共同面临发展转型的挑战与机遇，上海世博会高扬的低碳理念具有发人深思的引领作用。这是有史以来参与程度最广、文化呈现最为多元的一次世博会。246 个国家和国际组织参展，1. 5 亿多人次进园参观或网上观博，来自世界各地的人们，前所未有地聚集在世博会的旗帜下。

741. 为什么要在党的基层组织和党员中深入开展创先争优活动?

2010 年 5 月，中共中央办公厅转发了《中央组织部、中央宣传部关于在党的基层组织和党员中深入开展创先争优活动的意见》，指出，在党的基层组织和党员中深入开展创建先进基层党组织、争当优秀共产党员活动，是巩固和拓展全党深入学习实践科学发展观活动成果的重要举措，是党的建设一项重要的经常性工作。组织实施这项活动，对于进一步抓好学习实践活动整改落实工作、完善长效机制、推动学习实践科学发展观向深度和广度发展，对于激发各级党组织和广大党员生机活力、提高党的执政能力、保持和发展党的先进性，对于促进各级党组织和广大党员更好地联系和服务群众、始终保持党同人民群众血肉联系，对于推动党的建设更好地服务党和国家工作大局、服务本地区本部门本单位中心工作、加快转变经济发展方式、促进经济社会又好又快发展，都具有十分重要的意义。

742. 创先争优活动的总体要求是什么?

深入开展创先争优活动，要认真贯彻落实党的十七大和十七届三中、四中全会精神，以邓小平理论和"三个代表"重要思想为指导，以深入学习实践科学发展观为主题，坚持从本地区本部门本单位实际出发，改革创新，务求实效，统筹推进党的建设其他经常性工作，充分发挥基层党组织的战斗堡垒作用和共产党员的先锋模范作用，在推动科学发展、促进社会和谐、服务人民群众、加强基层组织的实践中建功立业。

743. 创先争优活动的主要内容是什么？

创先争优活动，以创建先进基层党组织、争当优秀共产党员为主要内容。

744. 先进基层党组织的基本要求是什么？

先进基层党组织的基本要求是，学习型党组织建设成效明显，出色完成党章规定的基本任务，努力做到“五个好”。一是领导班子好。领导班子能深入学习实践科学发展观，认真贯彻党的路线方针政策，团结协作，求真务实，勤政廉洁，有较强的凝聚力和战斗力。二是党员队伍好。党员素质优良，有较强的党员意识，能够充分发挥先锋模范作用。三是工作机制好。规章制度完善，管理措施到位，工作运行顺畅有序。四是工作业绩好。本单位各项工作成绩显著，围绕中心、服务大局事迹突出。五是群众反映好。基层党组织在群众中有较高威信，党员在群众中有良好形象，党群干群关系密切。

745. 优秀共产党员的基本要求是什么？

优秀共产党员的基本要求是，模范履行党章规定的义务，努力做到“五带头”。一是带头学习提高。认真学习实践科学发展观，自觉坚定理想信念；认真学习科学文化知识，成为本职工作的行家里手。二是带头争创佳绩。具有强烈的事业心和责任感，埋头苦干、开拓创新、无私奉献，在本职岗位上做出显著成绩。三是带头服务群众。积极帮助群众解决实际困难，自觉维护群众正当权益。四是带头遵纪守法。自觉遵守党的纪律，模范遵守国家法律法规。五是带头弘扬正气。发扬社会主义新风尚，敢于同不良风气、违纪违法行为做斗争。

746. 党的十七届五中全会何时召开，主要内容是什么？

中国共产党第十七届中央委员会第五次全体会议，于 2010 年 10 月 15 日至 18 日在北京举行，全会审议通过了《中共中央关于制定国民经济和社会发展第十二个五年规划的建议》。

747. 如何科学把握“十二五”时期的历史定位？

“十二五”时期（2011—2015），是全面建设小康社会的关键时期，是深化改革开放、加快转变经济发展方式的攻坚时期。这是《中共中央关于制定国民经济和社会发展第十二个五年规划的建议》对“十二五”时期所做的历史定位。对此，可以这样理解。

一是要正确理解“十二五”时期是全面建设小康社会的关键时期。党的十六大报告指出“当人类社会跨入二十一世纪的时候，我国进入全面建设小康社会、加快推进社会主义现代化的新的发展阶段”，强调“我国正处于并将长期处于社会主义初级阶段，现在达到的小康还是低水平的、不全面的、发展很不平衡的小康”，提出“要在本世纪头二十年，集中力量，全面建设惠及十几亿人口的更高水平的小康社会，使经济更加发展、民主更加健全、科教更加进步、文化更加繁荣、社会更加和谐、人民生活更加殷实”，“国内生产总值到2020年力争比2000年翻两番”。党的十七大报告进一步提出“夺取全面建设小康社会新胜利”的宏伟目标，强调要“在优化结构、提高效益、降低消耗、保护环境的基础上，实现人均国内生产总值到2020年比2000年翻两番”。从中可以看出，全面建设小康社会的历史时期，就是指从2000年到2020年的历史阶段，也就是人们通常所说的“新世纪新阶段”。很明显，“十二五”时期即2011年到2015年这一段，在全面建设小康社会的历史阶段中处于中后期，具有承前启后的历史地位，既面临难得机遇，也存在严峻挑战，是全面建设小康社会的关键时期。

二是要正确理解“十二五”时期是深化改革开放、加快转变经济发展方式的攻坚时期。我国的改革开放是从20世纪70年代末开始的，经过30余年的改革开放，我们取得了一系列举世瞩目的伟大成就，但也要看到，一些深层次的复杂矛盾和问题也日益凸显出来，其中较为突出的是转变经济发展方式问题。经济发展方式是指一国或地区实现经济总量增长、经济结构优化和经济质量提高的方法和模式。经济发展方式转变，就是要素投入结构由粗放型向集约型转变，需求结构由偏重投资、出口向消费、投资、出口协调发展转变，产业结构由偏重第二产业向第一、第二、第三产业协同发展转变等经济结构从低级转变为高级，从单纯的经济增长到全面协调可持续的经济发展的转变。改革开放以后，针对当时经济基础薄弱，与发达国家差距巨大的实际情况，刚刚复苏的中国经济，强调快发展、大发展，强调经济发展的增量和总量，而对经济增长的质量、科技创新相对重视不够，形成了以“高投入、高消耗、高排放、低效益”为突出特征的粗放的经济发展方式。因此，经济的快速发展很大程度上是建立在拼资源、拼资本、拼环境的基础之上的，在极大提高人们物质文化生活水平的同时，也带来了重国际市场、轻国内需求，重低成本优势、轻自主创新能力，重物质投入、轻资源环境，重财富增长、轻社会福利水平提高等一系列问题。当前，我国经济发展方式总体上层次较低，与我国经济社会发展的新阶段不相适应，与人民群众的新期待不相适应，我国已进入只有转变经济发展方式才能推进科学发展的攻坚时期。在“十二五”时期，我们必须把加快转变经济发展方式突出来，把这块“硬骨头”啃下来，力争在推动经济社会又好又快发展上取得重大进展。

748. 我国“十一五”期间取得了哪些成就？

“十一五”时期是我国发展史上极不平凡的五年。面对国内外环境的复杂变化和重大风险挑战，我们党团结带领全国各族人民，紧紧抓住发展这个党执政兴国的第一要务，贯彻落实党的理论和路线方针政策，实施正确而有力的宏观调控，充分发挥我国社会主义制度的政治优势，充分发挥市场在资源配置中的基础性作用，使国家面貌发生新的历史性变化。我们有效应对国际金融危机巨大冲击，保持了经济平稳较快发展良好态势，并为长远可持续发展奠定了重要基础。我们战胜了汶川特大地震等重大自然灾害，成功举办了北京奥运会和上海世博会，胜利完成了“十一五”规划确定的主要目标和任务。经过五年努力奋斗，我国社会生产力快速发展，综合国力大幅提升，人民生活明显改善，国际地位和影响力显著提高，社会主义经济建设、政治建设、文化建设、社会建设及生态文明建设和党的建设取得重大进展，谱写了中国特色社会主义事业新篇章。

749. 制定“十二五”规划的指导思想是什么？

制定“十二五”规划，必须高举中国特色社会主义伟大旗帜，以邓小平理论和“三个代表”重要思想为指导，深入贯彻落实科学发展观，适应国内外形势新变化，顺应各族人民过上更好生活的新期待，以科学发展为主题，以加快转变经济发展方式为主线，深化改革开放，保障和改善民生，巩固和扩大应对国际金融危机冲击成果，促进经济长期平稳较快发展和社会和谐稳定，为全面建成小康社会打下具有决定性意义的基础。

750. 如何理解“十二五”时期经济社会发展的主题？

以科学发展为主题，是时代的要求，关系改革开放和现代化建设全局。我国是拥有 13 亿人口的发展中大国，仍处于并将长期处于社会主义初级阶段，发展仍是解决我国所有问题的关键。在当代中国，坚持发展是硬道理的本质要求，就是坚持科学发展，更加注重以人为本，更加注重全面协调可持续发展，更加注重统筹兼顾，更加注重保障和改善民生，促进社会公平正义。

751. 如何理解“十二五”时期经济社会发展的主线？

以加快转变经济发展方式为主线，是推动科学发展的必由之路，符合我国基本国情和发展阶段性新特征。加快转变经济发展方式是我国经济社会领域的一场深刻变革，必须贯穿经济社会发展全过程和各领域，提高发展的全面性、协调性、可持续性，坚持在发展中促转变、在转变中谋发展，实现经济社会又好又快发展。

752. 加快转变经济发展方式的基本要求是什么？

加快转变经济发展方式的基本要求是：

（1）坚持把经济结构战略性调整作为加快转变经济发展方式的主攻方向。构建扩大内需长效机制，促进经济增长向依靠消费、投资、出口协调拉动转变。加强农业基础地位，提升制造业核心竞争力，发展战略性新兴产业，加快发展服务业，促进经济增长向依靠第一、第二、第三产业协同带动转变。统筹城乡发展，积极稳妥推进城镇化，加快推进社会主义新农村建设，促进区域良性互动、协调发展。

（2）坚持把科技进步和创新作为加快转变经济发展方式的重要支撑。深入实施科教兴国战略和人才强国战略，充分发挥科技第一生产力和人才第一资源作用，提高教育现代化水平，增强自主创新能力，壮大创新人才队伍，推动发展向主要依靠科技进步、劳动者素质提高、管理创新转变，加快建设创新型国家。

（3）坚持把保障和改善民生作为加快转变经济发展方式的根本出发点和落脚点。完善保障和改善民生的制度安排，把促进就业放在经济社会发展优先位置，加快发展各项社会事业，推进基本公共服务均等化，加大收入分配调节力度，坚定不移走共同富裕道路，使发展成果惠及全体人民。

（4）坚持把建设资源节约型、环境友好型社会作为加快转变经济发展方式的重要着力点。深入贯彻节约资源和保护环境基本国策，节约能源，降低温室气体排放强度，发展循环经济，推广低碳技术，积极应对气候变化，促进经济社会发展与人口资源环境相协调，走可持续发展之路。

（5）坚持把改革开放作为加快转变经济发展方式的强大动力。坚定推进经济、政治、文化、社会等领域改革，加快构建有利于科学发展的体制机制。实施互利共赢的开放战略，与国际社会共同应对全球性挑战、共同分享发展机遇。

753. “十二五”时期经济社会发展主要目标是什么？

综合考虑未来发展趋势和条件，今后五年经济社会发展的主要目标是：

（1）经济平稳较快发展。价格总水平基本稳定，就业持续增加，国际收支趋向基本平衡，经济增长质量和效益明显提高。

（2）经济结构战略性调整取得重大进展。居民消费率上升，服务业比重和城镇化水平提高，城乡区域发展的协调性增强。经济增长的科技含量提高，单位国内生产总值能源消耗和二氧化碳排放大幅下降，主要污染物排放总量显著减少，生态环境质量明显改善。

（3）城乡居民收入普遍较快增加。努力实现居民收入增长和经济发展同步、劳动报酬增长和劳动生产率提高同步，低收入者收入明显增加，中等收入群体持续扩大，贫困人口显著减少，人民生活质量和水平不断提高。

（4）社会建设明显加强。覆盖城乡居民的基本公共服务体系逐步完善，全民受教育程度稳步提升，全民族思想道德素质、科学文化素质和健康素质不断提高。社会主义民主法制更加健全，人民权益得到切实保障。文化事业和文化产业加快发展。社会管理制度趋于完善，社会更加和谐稳定。

（5）改革开放不断深化。财税金融、要素价格、垄断行业等重要领域和关键环节改革取得明显进展，政府职能加快转变，政府公信力和行政效率进一步提高。对外开放广度和深度不断拓展，互利共赢开放格局进一步形成。

经过全国人民共同努力奋斗，要使我国转变经济发展方式取得实质性进展，综合国力、国际竞争力、抵御风险能力显著提高，人民物质文化生活明显改善，全面建成小康社会的基础更加牢固。

754. 如何加快建设创新型国家？

推动我国经济发展更多依靠科技创新驱动，必须全面落实国家中长期科技、教育、人才规划纲要，大力提高科技创新能力，加快教育改革发展，发挥人才资源优势，为加快转变经济发展方式、实现全面建设小康社会奋斗目标奠定坚实的科技和人力资源基础。基本要求有：增强科技创新能力，完善科技创新体制机制，加快教育改革发展，建设人才强国。

755. 新中国成立以来第一个全国性国土空间开发规划是什么？

2010 年 12 月 21 日，国务院印发《全国主体功能区规划》。这是新中国成立以来第一个全国性国土空间开发规划。2015 年 8 月 1 日，国务院印发《全国海洋主体功能区规划》。

756. 2010 年中央经济工作会议提出世界经济面临怎样的发展趋势，应如何把握？

2010 年 12 月 10 日至 12 日，中央经济工作会议在北京召开。胡锦涛在会上发表重要讲话指出，国际金融危机影响深远，世界经济格局正在发生深刻复杂变化。我们要认真分析和准确把握世界经济发展中长期趋势，努力提高应对复杂局面能力。要准确把握世界经济结构进入调整期的特点，努力培育我国发展新优势；准确把握世界经济治理机制进入变革期的特点，努力增强我国参与能力；准确把握创新和产业转型处于孕育期的特点，努力抢占未来发展战略制高点；准确把握新兴市场国家力量步入上升期的特点，努力发展壮大自己。

757.《国家中长期教育改革和发展规划纲要（2010—2020 年）》提出了什么样的战略目标？

基本实现教育现代化，基本形成学习型社会，进入人力资源强国行列。

758. 中国何时成为世界第二大经济体？

2010 年我国国内生产总值达到 40 万亿元，成为世界第二大经济体。

759. 形成中国特色社会主义法律体系的重大意义和基本经验是什么？

2011 年 1 月 24 日，形成中国特色社会主义法律体系座谈会召开。吴邦国讲话指出，以宪法为统帅，以宪法相关法、民法商法等多个法律部门的法律为主干，由法律、行政法规、地方性法规等多个层次的法律规范构成的中国特色社会主义法律体系已经形成。

中国特色社会主义法律体系是中国特色社会主义永葆本色的法制根基，是中国特色社会主义创新实践的法制体现，是中国特色社会主义兴旺发达的法制保障。改革开放 30 多年来，我们成功走出了一条中国特色的立法路子。这当中最重要的经验有 5 条：坚持党的领导，坚持以中国特色社会主义理论体系为指导，坚持从中国国情和实际出发，坚持以人为本、立法为民，坚持社会主义法制统一。

760. 2011 年 2 月 19 日胡锦涛在省部级主要领导干部社会管理及其创新专题研讨班开班式上讲话的主要内容是什么？

胡锦涛在讲话中指出，中央举办这次省部级主要领导干部专题研讨班，目的是正确把握国内外形势新变化新特点，针对当前社会管理中的突出问题，着重研究加强和创新社会管理、做好新形势下群众工作的思路和举措，为促进社会和谐、实现“十二五”时期经济社会发展目标任务凝聚强大力量。他强调，加强和创新社会管理，要高举中国特色社会主义伟大旗帜，全面贯彻党的十七大和十七届三中、四中、五中全会精神，以邓小平理论和“三个代表”重要思想为指导，深入贯彻落实科学发展观，紧紧围绕全面建设小康社会的总目标，牢牢把握最大限度激发社会活力、最大限度增加和谐因素、最大限度减少不和谐因素的总要求，以解决影响社会和谐稳定突出问题为突破口，提高社会管理科学化水平，完善党委领导、政府负责、社会协同、公众参与的社会管理格局，加强社会管理法律、体制、能力建设，维护人民群众权益，促进社会公平正义，保持社会良好秩序，建设中国特色社会主义社会管理体系，确保社会既充满活力又和谐稳定。

761. 为什么要加强和创新社会管理？

加强和创新社会管理，是继续抓住和用好我国发展重要战略机遇期、推进党和国家事业的必然要求，是构建社会主义和谐社会的必然要求，是维护最广大人民根本利益的必然要求，是提高党的执政能力和巩固党的执政地位的必然要求，对实现全面建设小康社会宏伟目标、实现党和国家长治久安具有重大战略意义。

当前我国既处于发展的重要战略机遇期，又处于社会矛盾凸显期，社会管理领域存在的问题还不少。从总体上看，我国社会管理领域存在的问题，是我国经济社会发展水平和阶段性特征的集中反映。经过新中国成立 60 多年特别是改革开放 30 多年来的建设和发展，我国经济实力和综合国力显著增强，这为我们不断满足人民日益增长的物质文化需要、解决社会管理领域存在的问题打下了重要物质基础。同时，我国仍处于并将长期处于社会主义初级阶段的基本国情没有变，人民日益增长的物质文化需要同落后的社会生产之间的矛盾这一社会主要矛盾没有变，发展中不平衡、不协调、不可持续问题依然突出，我们解决各种社会问题的物质基础还比较薄弱。解决社会管理领域存在的问题既要增强紧迫感，又要长期努力，加强实践探索和工作落实，深化认识，总结经验，把握规律，开拓创新，全面提高社会管理科学化水平。

762. 加强和创新社会管理，当前要重点抓好的工作有哪些？

加强和创新社会管理，当前要重点抓好的工作有：第一，进一步加强和完善社会管理格局，切实加强党的领导，强化政府社会管理职能，强化各类企事业单位社会管理和服务职责，引导各类社会组织加强自身建设、增强服务社会能力，支持人民团体参与社会管理和公共服务，发挥群众参与社会管理的基础作用。第二，进一步加强和完善党和政府主导的维护群众权益机制，形成科学有效的利益协调机制、诉求表达机制、矛盾调处机制、权益保障机制，统筹协调各方面利益关系，加强社会矛盾源头治理，妥善处理人民内部矛盾，坚决纠正损害群众利益的不正之风，切实维护群众合法权益。第三，进一步加强和完善流动人口和特殊人群管理和服务，建立覆盖全国人口的国家人口基础信息库，建立健全实有人口动态管理机制，完善特殊人群管理和服务政策。第四，进一步加强和完善基层社会管理和服务体系，把人力、财力、物力更多地投到基层，努力夯实基层组织、壮大基层力量、整合基层资源、强化基础工作，强化城乡社区自治和服务功能，健全新型社区管理和服务体制。第五，进一步加强和完善公共安全体系，健全食品药品安全监管机制，建立健全安全生产监管体制，完善社会治安防控体系，完善应急管理体制。第六，进一步加强和完善非公有制经济组织、社会组织管理，明确非公有制经济组织管理和服务员工的社会责任，推动社会组织健康有序发展。第七，进一步加强和完善信息网络管理，提高对虚拟社会的管理水平，健全网上舆论引导机制。第八，进一步加强和完善思想道德建设，持之以恒加强社会主义精神文明建设，加强社会主义核心价值体系建设，增强全社会的法制意识，深入开展精神文明创建活动，增强社会诚信。

763. 利比亚撤侨的情况如何？

2011 年 2 月 22 日至 3 月 5 日，因利比亚国内形势发生重大变化，中国政府分批组织中国在利比亚人员（包括港澳台同胞）35860 人安全有序撤离。这是新中国成立以来最大规模的有组织撤离海外中国公民行动。

764.《关于积极稳妥推进户籍管理制度改革的通知》的主要内容是什么?

2011 年 2 月 26 日，国务院办公厅发出《关于积极稳妥推进户籍管理制度改革的通知》，指出，要落实放宽中小城市和小城镇落户条件的政策，引导非农产业和农村人口有序向中小城市和建制镇转移，逐步实现城乡基本公共服务均等化。

765. 分类推进事业单位改革如何进行全面部署?

2011 年 3 月 23 日，中共中央、国务院印发《关于分类推进事业单位改革的指导意见》，对事业单位改革做出全面部署，提出到 2020 年建立起功能明确、治理完善、运行高效、监督有力的管理体制和运行机制，形成基本服务优先、供给水平适度、布局结构合理、服务公平公正的中国特色公益服务体系。

8 月 2 日，中共中央办公厅、国务院办公厅印发《关于进一步深化事业单位人事制度改革的意见》。

766. 北斗区域卫星导航系统的基本系统建设何时完成?

2011 年 4 月 10 日，随着第八颗北斗导航卫星成功进入太空预定转移轨道，北斗区域卫星导航系统的基本系统建设完成。

767. 第六次全国人口普查的结果如何?

2011 年 4 月 28 日，国家统计局公布第六次全国人口普查主要数据，全国总人口为 1370536875 人，其中普查登记的大陆 31 个省、自治区、直辖市和现役军人的人口共 1339724852 人。

768.《国务院关于开展城镇居民社会养老保险试点的指导意见》何时发布?

2011 年 6 月 7 日《国务院关于开展城镇居民社会养老保险试点的指导意见》印发，意味着城镇非从业居民“老有所养”有了制度保障。该意见提出从 2011 年起开展城镇居民社会养老保险试点，并明确了城镇居民养老保险的基本原则和任务目标，对参保范围、基金筹集、养老金待遇等相关政策做出具体规定。此次城镇居民养老保险试点后，标志着我国基本养老保险制度全覆盖，对于实现人人享有基本养老保险意义重大。

769. 庆祝中国共产党成立 90 周年大会的主要内容是什么？

2011 年 7 月 1 日，庆祝中国共产党成立 90 周年大会在北京人民大会堂隆重举行。中共中央总书记胡锦涛在会上发表重要讲话，回顾和总结中国共产党成立 90 年来的奋斗历程和辉煌成就，科学阐述我们党开辟的中国特色社会主义道路、形成的中国特色社会主义理论体系、确立的中国特色社会主义制度的深刻内涵，精辟概括 90 年来我们党保持和发展马克思主义政党先进性的历史经验，对新的历史条件下提高党的建设科学化水平和在新的历史起点上全面推进中国特色社会主义伟大事业做出战略部署。

770. 纪念辛亥革命 100 周年大会上是如何评价辛亥革命伟大意义的？

2011 年 10 月 9 日，纪念辛亥革命 100 周年大会举行。胡锦涛发表重要讲话，高度评价辛亥革命的伟大功绩和孙中山先生等辛亥革命先驱的历史功勋，指出，孙中山先生振兴中华的深切夙愿，辛亥革命先驱的美好憧憬，今天已经或正在成为现实。实现中华民族伟大复兴，必须坚定不移高举中国特色社会主义伟大旗帜，必须坚定不移高举爱国主义伟大旗帜，必须坚定不移高举和平、发展、合作旗帜。

771. 十七届六中全会何时召开？

2011 年 10 月 15 日至 18 日，中国共产党第十七届中央委员会第六次全体会议在北京召开，审议通过《中共中央关于深化文化体制改革、推动社会主义文化大发展大繁荣若干重大问题的决定》。

772. 中国何时提出建设社会主义文化强国？

2011 年 10 月 18 日，中共十七届六中全会通过《关于深化文化体制改革推动社会主义文化大发展大繁荣若干重大问题的决定》，指出，坚持中国特色社会主义文化发展道路，建设社会主义文化强国。

773. 《中共中央关于深化文化体制改革、推动社会主义文化大发展大繁荣若干重大问题的决定》的主要内容是什么？

该决定全面贯彻党的十七大精神，认真总结文化改革发展取得的丰硕成果和宝贵经验，明确了文化改革发展的指导思想、重要方针、目标任务、政策举措，是新形势下推进文化改革发展的纲领性文件。

该决定提出到2020年文化改革发展的奋斗目标和必须遵循的重要方针，指出，要坚持中国特色社会主义文化发展道路，努力建设社会主义文化强国；推进社会主义核心价值体系建设，巩固全党全国各族人民团结奋斗的共同思想道德基础；全面贯彻“二为”方向和“双百”方针，为人民提供更好更多的精神食粮；大力发展公益性文化事业，保障人民基本文化权益；加快发展文化产业，推动文化产业成为国民经济支柱性产业；进一步深化改革开放，加快构建有利于文化繁荣发展的体制机制；建设宏大的文化人才队伍，为社会主义文化大发展大繁荣提供有力的人才支撑；加强和改进党对文化工作的领导，提高推进文化改革发展科学化水平。

774. “神舟八号”飞船成功发射的重要意义是什么？

2011 年 11 月 1 日，我国自行研制的“神舟八号”飞船，在酒泉卫星发射中心发射升空，583 秒后成功进入预定轨道。11 月 3 日 1 时 36 分，神舟八号与此前发射的“天宫一号”成功交会对接。中国成为继美、俄之后世界上第三个完全独立掌握太空交会对接技术的国家。作为中国载人航天“三步走”战略目标第二步中的关键环节，突破和掌握空间交会对接技术，为开展更大规模的载人航天活动奠定了基础。

775. 为什么要深入推进行政审批制度改革？

2011 年 11 月 14 日，深入推进行政审批制度改革工作电视电话会议召开。温家宝讲话强调，包括行政审批制度在内的行政管理体制改革还滞后于经济社会发展，不适应发展社会主义市场经济的要求。政府职能转变不到位，行政审批设定管理不严，监督机制还不健全。要推动我国走上科学发展的轨道，全面建设小康社会，必须继续深化改革，进一步破除制约经济社会发展的体制机制障碍，激发全社会的活力和创造力。要坚定不移地继续推进行政审批制度改革，推动政府职能转变取得实质性进展，推动行政管理体制改革取得实质性进展。

776. 为什么要实行最严格的水资源管理制度？

2012 年 1 月 12 日，国务院印发《关于实行最严格水资源管理制度的意见》。

2030 年是我国用水高峰，针对当前水资源过度开发、粗放利用、水污染严重三方面的突出问题，该意见确立水资源开发利用控制、用水效率控制和水功能区限制纳污“三条红线”：到 2030 年全国用水总量控制在 7000 亿立方米以内；万元工业增加值用水量降低到 40 立方米以下，农田灌溉水有效利用系数提高到 0.6 以上；水功能区水质达标率提高到 95% 以上。

严守“三条红线”，今后将实施“四项制度”：用水总量控制制度、用水效率控制制度、水功能区限制纳污制度、水资源管理责任和考核制度。通过各项制度，使每一项水资源的开发利用、节约保护的行为都有章可循。

777. 中国何时公布钓鱼岛及其部分附属岛屿标准名称等信息？

2012 年 3 月 3 日、9 月 15 日、9 月 21 日，中国先后公布钓鱼岛及其部分附属岛屿标准名称、地理坐标、位置示意图和钓鱼岛海域部分地理实体标准名称。

778. 什么是“16 + 1 合作”？

2012年4月26日，第一次中国—中东欧国家领导人会晤在波兰华沙举行。此后，每年举行会晤，形成“16 + 1 合作”平台。

779. 中国首位女航天员乘坐哪艘飞船进入太空？

2012 年 6 月 16 日，载有景海鹏、刘旺、刘洋三位航天员的“神舟九号”载人飞船成功发射。刘洋作为中国首位女航天员进入太空。18 日和 24 日“神舟九号”先后与“天宫一号”实现自动和手控交会对接，29 日顺利返回着陆。

780. 三沙市何时设立？

2012 年 6 月 21 日，民政部发布公告，国务院批准设立地级三沙市，管辖西沙群岛、中沙群岛、南沙群岛的岛礁及其海域。三沙市人民政府驻西沙永兴岛。当年 7 月 24 日，三沙市成立大会暨揭牌仪式举行。

781. 为什么说“蛟龙号”刷新了“中国深度”？

2012 年 6 月 27 日，“蛟龙号”载人潜水器最大下潜深度达到 7062 米，实现了我国深海装备和深海技术的重大突破。下潜至 7000 米，标志着我国具备了载人到达全球 99% 以上海洋深处进行作业的能力，标志着“蛟龙号”载人潜水器集成技术的成熟，标志着我国深海潜水器成为海洋科学考察的前沿与制高点之一，标志着中国海底载人科学研究和资源勘探能力达到国际领先水平。

782. 三峡电站何时全部投产？

2012 年 7 月 4 日，三峡工程最后一台 70 万千瓦巨型机组正式交付投产。至此，经过 10 多年的安装、调试，世界装机容量最大的水电站三峡电站 32 台机组全部投产，三峡工程发电效益全面发挥。

783. 大力实施促进中部地区崛起战略有何重大意义？

2012 年 7 月 25 日召开国务院常务会议，研究部署进一步实施促进中部地区崛起战略。会议讨论通过《关于大力实施促进中部地区崛起战略的若干意见》。会议指出，包括山西、安徽、江西、河南、湖北和湖南六省在内的中部地区，在国家区域发展格局中占有举足轻重的战略地位。要继续大力实施促进中部地区崛起战略，更加注重转型发展和协调、可持续发展，着力激发中部地区内需潜能，进一步拓展发展空间，努力实现中部地区全面崛起。

8 月 27 日，国务院印发《关于大力实施促进中部地区崛起战略的若干意见》。

784. 中国体育代表团在英国伦敦举行的第三十届奥运会上、第十四届残奥会上战绩如何？

2012 年 7 月 27 日至 8 月 12 日、8 月 29 日至 9 月 9 日，中国体育代表团在英国伦敦举行的第三十届奥运会上获得 38 枚金牌、27 枚银牌、23 枚铜牌，金牌和奖牌总数均列第二位；在第十四届残奥会上获得 95 枚金牌、71 枚银牌、65 枚铜牌，居金牌榜和奖牌榜第一位。

785. 什么是“万人计划”？

2012 年 8 月 17 日，中共中央组织部等 11 个部门联合发出通知，启动国家高层次人才特殊支持计划（简称“国家特支计划”或“万人计划”）。

“万人计划”是与引进海外高层次人才的“千人计划”并行的国家级重大人才工程，定位于国内高层次人才的培养支持。

“万人计划”由中央人才工作协调小组统一领导，中组部、中宣部、人社部、教育部、科技部等多个部门共同组织实施。总体目标是利用 10 年时间，在自然科学、工程技术、哲学社会科学和高等教育等领域，遴选支持 1 万名左右能够代表国家一流水平、具有领军才能和团队组织能力的高层次人才，特别是有重大创新前景和发展潜力的中青年人才。

786.《关于钓鱼岛及其附属岛屿领海基线的声明》何时发表？

2012年9月10日，中国政府发表《关于钓鱼岛及其附属岛屿领海基线的声明》。同日，外交部发表声明，对日本政府宣布“购买”钓鱼岛及其附属的南小岛和北小岛、实施所谓“国有化”表示坚决反对和强烈抗议。13 日，中国常驻联合国代表向联合国秘书长交存钓鱼岛及其附属岛屿领海基点基线坐标表和海图。15 日，中国公布钓鱼岛及其部分附属岛屿地理坐标。21 日，中国公布钓鱼岛海域部分地理实体标准名称。25 日，国务院新闻办公室发表《钓鱼岛是中国的固有领土》白皮书。

787. 中国第一艘航空母舰何时正式交付海军？

2012 年 9 月 25 日，中国第一艘航空母舰辽宁舰正式交付海军。胡锦涛出席交接入列仪式并登舰视察。第一艘航空母舰顺利交接入列，对于提高我军现代化水平，促进国防科技工业技术进步和能力建设，增强国防实力和综合国力，对于振奋民族精神，激发爱国热情，鼓舞全党全军全国各族人民奋力夺取全面建成小康社会新胜利、开创中国特色社会主义事业新局面，具有重大而深远的意义。

788. 哪位中国作家获得 2012 年诺贝尔文学奖？

中国当代著名作家、中国作家协会副主席莫言获得 2012 年诺贝尔文学奖。

莫言从 1981 年开始小说创作，著有长篇小说《红高粱家族》《红树林》《蛙》等一大批作品，多次获得国内和国际文学奖。

789. 党的十八大的主题是什么？

2012 年 11 月 8 日至 14 日，中国共产党第十八次全国代表大会在北京人民大会堂召开。

中国共产党第十八次全国代表大会的主题是：高举中国特色社会主义伟大旗帜，以邓小平理论、“三个代表”重要思想、科学发展观为指导，解放思想，改革开放，凝聚力量，攻坚克难，坚定不移沿着中国特色社会主义道路前进，为全面建成小康社会而奋斗。胡锦涛代表第十七届中央委员会向大会做了题为《坚定不移沿着中国特色社会主义道路前进，为全面建成小康社会而奋斗》的报告。

790. 习近平总书记如何阐述“中国梦”？

2012 年 11 月 29 日，习近平在国家博物馆参观《复兴之路》展览时强调：“每个人都有理想和追求，都有自己的梦想。现在，大家都在讨论中国梦，我以为，实现中华民族伟大复兴，就是中华民族近代以来最伟大的梦想。这个梦想，凝聚了几代中国人的夙愿，体现了中华民族和中国人民的整体利益，是每一个中华儿女的共同期盼。历史告诉我们，每个人的前途命运都与国家和民族的前途命运紧密相连。国家好，民族好，大家才会好。实现中华民族伟大复兴是一项光荣而艰巨的事业，需要一代又一代中国人共同为之努力。我坚信，到中国共产党成立 100 年时全面建成小康社会的目标一定能实现，到新中国成立 100 年时建成富强民主文明和谐的社会主义现代化国家的目标一定能实现，中华民族伟大复兴的梦想一定能实现。”

791. 十八大后习近平就任总书记第一次出京考察所到之地是哪里，主要目的是什么？

2012 年 12 月 7 日，习近平同志当选总书记后首次离京考察广东深圳。之所以选择到广东、到深圳，就是要到在我国改革开放中得风气之先的地方，现场回顾我国改革开放的历史进程，将改革开放继续推向前进。“改革不停顿，开放不止步”——这是党中央坚持改革开放的重要宣示，也是全面深化改革的动员令。

792. “人民对美好生活的向往，就是我们的奋斗目标”是何时提出的？

2012 年 11 月 15 日，习近平在中共十八届中央政治局常委同中外记者见面时指出：“人民对美好生活的向往，就是我们的奋斗目标。”

793. 中央八项规定的主要内容是什么？

2012 年 12 月 4 日，中共中央政治局召开会议，审议中央政治局关于改进工作作风、密切联系群众的八项规定。

规定要求，要改进调查研究，到基层调研要深入了解真实情况，总结经验、研究问题、解决困难、指导工作，向群众学习、向实践学习，多同群众座谈，多同干部谈心，多商量讨论，多解剖典型，多到困难和矛盾集中、群众意见多的地方去，切忌走过场、搞形式主义；要轻车简从、减少陪同、简化接待，不张贴悬挂标语横幅，不安排群众迎送，不铺设迎宾地毯，不摆放花草，不安排宴请。要精简会议活动，切实改进会风，严格控制以中央名义召开的各类全国性会议和举行的重大活动，不开泛泛部署工作和提要求的会，未经中央批准一律不出席各类剪彩、奠基活动和庆祝会、纪念会、表彰会、博览会、研讨会及各类论坛；提高会议实效，开短会、讲短话，力戒空话、套话。要精简文件简报，切实改进文风，没有实质内容、可发可不发的文件、简报一律不发。要规范出访活动，从外交工作大局需要出发合理安排出访活动，严格控制出访随行人员，严格按照规定乘坐交通工具，一般不安排中资机构、华侨华人、留学生代表等到机场迎送。要改进警卫工作，坚持有利于联系群众的原则，减少交通管制，一般情况下不得封路、不清场闭馆。要改进新闻报道，中央政治局同志出席会议和活动应根据工作需要、新闻价值、社会效果决定是否报道，进一步压缩报道的数量、字数、时长。要严格文稿发表，除中央统一安排外，个人不公开出版著作、讲话单行本，不发贺信、贺电，不题词、题字。要厉行勤俭节约，严格遵守廉洁从政有关规定，严格执行住房、车辆配备等有关工作和生活待遇的规定。

794. 如何看待自主研制的运 -20 大型运输机首次试飞成功？

2013 年 1 月 26 日，我国自主发展的运 -20 大型运输机首次试飞取得圆满成功。

该型飞机是我国依靠自己的力量研制的一种大型、多用途运输机，可在复杂气象条件下执行各种物资和人员的长距离航空运输任务。运 -20 大型运输机的首飞成功，对于推进我国经济和国防现代化建设，应对抢险救灾、人道主义援助等紧急情况，具有重要意义。

795. 新形势下党员发展和管理工作的总要求是什么？

2013 年 1 月 28 日，中共中央政治局召开会议，习近平主持。会议研究部署加强新形势下党员发展和管理工作。

会议强调，加强新形势下党员发展和管理工作，对于贯彻落实党的十八大精神、保持党的先进性和纯洁性具有十分重要的意义。要坚持以邓小平理论、“三个代表”重要思想、科学发展观为指导，牢牢把握加强党的执政能力建设、先进性和纯洁性建设这条主线，坚持解放思想、改革创新，坚持党要管党、从严治党，按照控制总量、优化结构、提高质量、发挥作用的总要求，明确目标、突出重点，健全机制、务求实效，不断提高党员发展和管理工作科学化水平，着力把各方面先进分子和优秀人才更多地吸收到我们党内，努力建设一支规模适度、结构合理、素质优良、纪律严明、作用突出的党员队伍，夯实党执政的组织基础，为全面建成小康社会、夺取中国特色社会主义新胜利提供坚强组织保证。

796. “两个一百年”是何时提出的?

2013 年 1 月 5 日，习近平在新进中央委员会的委员、候补委员学习贯彻党的十八大精神研讨班上讲话指出，只要我们坚持独立自主走自己的路，毫不动摇坚持和发展中国特色社会主义，我们就一定能在中国共产党成立 100 年时全面建成小康社会，就一定能在新中国成立 100 年时建成富强民主文明和谐的社会主义现代化国家。

797. “‘老虎’‘苍蝇’一起打”指什么?

2013 年 1 月 22 日，习近平在中共十八届中央纪委二次全会上讲话指出，要坚持“老虎”“苍蝇”一起打，既坚决查处领导干部违纪违法案件，又切实解决发生在群众身边的不正之风和腐败问题；要加强对权力运行的制约和监督，把权力关进制度的笼子里。

798. 如何认识颁发《关于深化收入分配制度改革的若干意见》的必要性?

2013 年 2 月 3 日，国务院批转国家发展改革委、财政部、人力资源社会保障部制定的《关于深化收入分配制度改革的若干意见》。

收入分配制度是经济社会发展中一项带有根本性、基础性的制度安排，是社会主义市场经济体制的重要基石。改革开放以来，我国收入分配制度改革不断推进，与基本国情、发展阶段相适应的收入分配制度基本建立。同时，收入分配领域仍存在一些亟待解决的突出问题，城乡区域发展差距和居民收入分配差距依然较大，收入分配秩序不规范，隐性收入、非法收入问题比较突出，部分群众生活比较困难。当前，我国已经进入全面建成小康社会的决定性阶段，按照党的十八大提出的千方百计增加居民收入的战略部署，要继续深化收入分配制度改革，优化收入分配结构，调动各方面积极性，促进经济发展方式转变，维护社会公平正义与和谐稳定，实现发展成果由人民共享，为全面建成小康社会奠定扎实基础。

799. 党在新形势下的强军目标何时何地提出?

2013 年 3 月 11 日，习近平在出席十二届全国人大一次会议解放军代表团全体会议时讲话指出，建设一支听党指挥、能打胜仗、作风优良的人民军队，是党在新形势下的强军目标。

800. 如何实现中华民族伟大复兴的中国梦？

2013 年 3 月 17 日，习近平在十二届全国人大一次会议闭幕会上讲话指出，实现中华民族伟大复兴的中国梦，就是要实现国家富强、民族振兴、人民幸福。实现中国梦，必须走中国道路、弘扬中国精神、凝聚中国力量。

801. 人类命运共同体的具体含义是什么？

2013 年 3 月 23 日，习近平在俄罗斯莫斯科国际关系学院发表演讲，强调人类越来越成为你中有我、我中有你的命运共同体，呼吁各国共同推动建立以合作共赢为核心的新型国际关系。2015 年 9 月 28 日，习近平在纽约联合国总部出席第 70 届联合国大会一般性辩论并发表讲话，提出携手构建合作共赢新伙伴，同心打造人类命运共同体。2017 年 1 月 18 日，习近平在日内瓦万国宫出席“共商共筑人类命运共同体”高级别会议并发表主旨演讲，主张共同推进构建人类命运共同体伟大进程，坚持对话协商、共建共享、合作共赢、交流互鉴、绿色低碳，建设一个持久和平、普遍安全、共同繁荣、开放包容、清洁美丽的世界。

802. 为什么要在全党自上而下分批开展党的群众路线教育实践活动？

2013 年 4 月 19 日，中共中央政治局召开会议，会议决定从 2013 年下半年开始，用一年左右时间，在全党自上而下分批开展党的群众路线教育实践活动。5 月 9 日，中共中央印发《关于在全党深入开展党的群众路线教育实践活动的意见》。

党的十八大明确提出，围绕保持党的先进性和纯洁性，在全党深入开展以为民务实清廉为主要内容的党的群众路线教育实践活动。这是新形势下坚持党要管党、从严治党的重大决策，是顺应群众期盼、加强学习型服务型创新型马克思主义执政党建设的重大部署，是推进中国特色社会主义伟大事业的重大举措。以习近平同志为总书记的新一届中央领导集体制定并带头落实关于改进工作作风、密切联系群众的八项规定，有力地推动党风政风改进，同时为开展党的群众路线教育实践活动做了思想动员、工作准备和行动示范。

803. 全党同志要增强哪“四个意识”？

全党同志要增强政治意识、大局意识、核心意识、看齐意识，切实做到对党忠诚、为党分忧、为党担责、为党尽责。

804. 中国共产党第一部正式、公开的党内“立法法”是什么？

2013 年 5 月 27 日，《中国共产党党内法规制定条例》和《中国共产党党内法规和规范性文件备案规定》对外公开发布。这两部重要党内法规的公开发布，使中国共产党有了第一部正式、公开的党内“立法法”和备案程序规定，对于加强党内法规制度建设，推进党的建设制度化、规范化、程序化，提升党的建设的科学化水平具有重要意义。

805.《通用规范汉字表》的公布有何意义？

2013 年 6 月 5 日，国务院公布《通用规范汉字表》。《通用规范汉字表》是贯彻《中华人民共和国国家通用语言文字法》，适应新形势下社会各领域汉字应用需要的重要汉字规范。制定和实施《通用规范汉字表》，对提升国家通用语言文字的规范化、标准化、信息化水平，促进国家经济社会和文化教育事业发展具有重要意义。《通用规范汉字表》公布后，社会一般应用领域的汉字使用应以《通用规范汉字表》为准，原有相关字表停止使用。

806. 中国首次太空授课活动何时成功举行？

中国首次太空授课活动于 2013 年 6 月 20 日上午成功举行，“神舟十号”航天员在“天宫一号”内展示了失重环境下的物理现象。太空授课的主讲人为女航天员王亚平。聂海胜辅助授课，张晓光担任摄像师。在大约 40 分钟的授课中，航天员通过质量测量、单摆运动、陀螺运动、水膜和水球 5 个基础物理实验，展示了失重环境下物体运动特性、液体表面张力特性等物理现象。他们讲解了实验背后的物理原理，并通过视频通话与地面课堂师生进行互动交流。

807. 反对“四风”具体指什么？

2013 年 6 月，习近平总书记在党的群众路线教育实践活动工作会议上发表重要讲话，他强调，我们必须看到，面对世情、国情、党情的深刻变化，精神懈怠危险、能力不足危险、脱离群众危险、消极腐败危险更加尖锐地摆在全党面前，党内脱离群众的现象大量存在，一些问题还相当严重，集中表现在形式主义、官僚主义、享乐主义和奢靡之风这“四风”上。这“四风”是违背我们党的性质和宗旨的，是当前群众深恶痛绝、反映最强烈的问题，也是损害党群干群关系的重要根源。

808. 在党的群众路线教育实践活动中开好专题民主生活会的内容和要求是什么？

2013 年 8 月，中央纪委、中央组织部、中央党的群众路线教育实践活动领导小组印发《关于在党的群众路线教育实践活动中开好专题民主生活会的通知》。要求第一批开展党的群众路线教育实践活动的单位紧紧围绕保持党的先进性和纯洁性，按照“照镜子、正衣冠、洗洗澡、治治病”的总要求，以为民务实清廉为主题，以“反对‘四风’、服务群众”为重点，组织召开一次高质量的专题民主生活会。

（1）要认真做好会前准备，为开好专题民主生活会奠定基础。

（2）要以整风精神开展批评和自我批评，既解决实际问题，又解决思想问题。专题民主生活会上，领导班子成员要认真进行对照检查。

（3）要扎实抓好整改落实，从自己做起，从现在改起。针对群众反映的问题和专题民主生活会上查摆出来的问题，无论是班子的还是个人的，都要制定整改任务书、时间表，实行一把手负责制，扎实整改落实，并在一定范围内进行公示。

（4）要充分发挥党委（党组）书记的作用。党委（党组）书记要切实履行第一责任人的职责，组织开好专题民主生活会。

（5）要切实加强督促指导。中央政治局常委同志将全程参加联系点省区党委领导班子专题民主生活会。上级党组织派出的督导组要全程参与下级领导班子的专题民主生活会，强化责任、靠前指导、从严要求，敢于“唱黑脸”“当包公”。

809. 如何理解习近平总书记 8·19 重要讲话的重大意义？

2013 年 8 月 19 日至 20 日，全国宣传思想工作会议在北京召开。中共中央总书记、国家主席、中央军委主席习近平出席会议并发表重要讲话。他强调，宣传思想工作一定要把围绕中心、服务大局作为基本职责，胸怀大局、把握大势、着眼大事，找准工作切入点和着力点，做到因势而谋、应势而动、顺势而为。这个讲话统揽全局、思想深刻，蕴含着一系列新思想、新观点、新要求，体现了新一届中央领导集体的执政理念和执政方略。各地各部门特别是宣传思想战线，都把深入贯彻学习讲话精神作为一项重要政治任务，以各种形式开展学习，专题研讨、以讲话统一思想、武装头脑。

习近平总书记的重要讲话，对新形势下宣传思想工作地位作用、根本任务、重大方针、基本要求做了全面深刻的阐述，是指导新时期宣传思想工作的纲领性文献。

810. 中央何时提出京津冀协同发展是一个重大国家战略？

2013 年 8 月，习近平在北戴河主持会议研究河北发展问题时提出推动京津冀协同发展。2014 年 2 月 26 日，习近平主持召开座谈会听取京津冀协同发展专题汇报，明确提出实现京津冀协同发展是一个重大国家战略。2015 年 6 月 9 日，中共中央、国务院印发《京津冀协同发展规划纲要》。

811.《关于党政机关停止新建楼堂馆所和清理办公用房的通知》的意义是什么？

2013 年，中共中央办公厅、国务院办公厅印发《关于党政机关停止新建楼堂馆所和清理办公用房的通知》。

近年来，各地区各部门认真贯彻中央要求，在严格控制党政机关楼堂馆所建设方面采取了一些措施，取得了一定成效。但是，近期一些地区和部门又出现了违规修建楼堂馆所的现象，损害党风政风，影响党和政府形象，人民群众反映强烈。党中央、国务院对此高度重视，强调各级党政机关要大力弘扬艰苦奋斗、勤俭节约的优良作风，认真贯彻落实中央八项规定精神，树立过紧日子的思想，全面停止新建楼堂馆所，规范办公用房管理，切实把有限的资金和资源更多用在发展经济、改善民生上。

812. 党的历史上第一次党内法规和规范性文件集中清理工作取得的重要阶段性成果是什么？

2013 年 8 月，《中共中央关于废止和宣布失效一批党内法规和规范性文件的决定》发布。根据该决定，1978 年以来制定的党内法规和规范性文件，有 300 件被废止和宣布失效，467 件继续有效，其中 42 件将做出修改。

这次集中清理工作是中共中央于 2012 年部署开展的。根据 2012 年 6 月中共中央批准印发的《中共中央办公厅关于开展党内法规和规范性文件清理工作的意见》，这次清理工作分两个阶段进行：第一阶段（2012 年 7 月至 2013 年 9 月），清理 1978 年至 2012 年 6 月制定的党内法规和规范性文件；第二阶段（2013 年 10 月至 2014 年 12 月），清理新中国成立至 1978 年前制定的党内法规和规范性文件。这次中央发布决定，就是第一阶段清理工作的重要成果。

813. “一带一路”倡议是什么？

2013 年 9 月 7 日、10 月 3 日，习近平分别在哈萨克斯坦纳扎尔巴耶夫大学、印度尼西亚国会发表演讲，先后提出共同建设“丝绸之路经济带”与“21 世纪海上丝绸之路”，即“一带一路”倡议。

814.《中国（上海）自由贸易试验区总体方案》的意义和内容是什么？

2013 年 9 月 18 日，国务院印发《中国（上海）自由贸易试验区总体方案》。建立中国（上海）自由贸易试验区，是党中央、国务院在新形势下推进改革开放的重大举措，对于加快政府职能转变、积极探索管理模式创新、促进贸易和投资便利化，为全面深化改革和扩大开放探索新思路、新途径，积累新经验，都具有重要意义。

该方案提出，要坚持先行先试，以开放促改革、促发展，率先建立符合国际化和法制化要求的跨境投资和贸易规则体系，成为我国进一步融入经济全球化的重要载体，力争经过两至三年的改革试验，建设具有国际水准的投资贸易便利、货币兑换自由、监管高效便捷、法制环境规范的自由贸易试验区。该方案明确了试验区建设的主要任务措施。为适应建立高水平投资和贸易服务体系的需要，该方案要求营造相应的监管和税收制度环境。该方案要求扎实做好组织实施。

815. 新时期留学人员工作方针是什么？

2013 年 10 月 21 日，习近平在欧美同学会成立 100 周年庆祝大会上提出支持留学、鼓励回国、来去自由、发挥作用的新时期留学人员工作方针。

816. 做好周边外交工作要坚持哪些理念和原则？

2013 年 10 月 24 日，习近平在周边外交工作座谈会上讲话指出，要坚持与邻为善、以邻为伴，坚持睦邻、安邻、富邻，突出体现亲、诚、惠、容的理念，为我国发展争取良好的周边环境，使我国发展更多惠及周边国家，实现共同发展。外交工作要坚持正确义利观，有原则、讲情谊、讲道义，多向发展中国家提供力所能及的帮助。

817. 中国真正实现县县通公路的标志是什么？

2013 年 10 月 31 日，西藏墨脱公路建成通车。至此，我国真正实现县县通公路。

818. “精准扶贫”理念的提出过程是什么？

2013 年 11 月 3 日至 5 日，习近平在湖南考察工作期间提出“精准扶贫”理念，强调抓扶贫开发，既要整体联动、有共性的要求和措施，又要突出重点、加强对特困村和特困户的帮扶。12 月 10 日，习近平在中央经济工作会议上讲话指出，扶贫工作要科学规划、因地制宜、抓住重点，提高精准性、有效性、持续性。

819.《党政机关厉行节约反对浪费条例》有哪些规定？

2013 年 11 月 18 日，中共中央、国务院颁发《党政机关厉行节约反对浪费条例》。依据这个条例，党政机关经费管理、国内差旅、因公临时出国（境）、培训、公务接待、公务用车、会议活动、办公用房、基层党建活动、资源节约等方面的党内法规和规范性文件相继出台。

820. 十八届三中全会何时举行？

中国共产党第十八届中央委员会第三次全体会议（简称“中共十八届三中全会”），于 2013 年 11 月 9 日至 12 日在北京召开。中共中央总书记习近平主持会议。主要议程是中共中央政治局向中央委员会报告工作，研究全面深化改革重大问题。

821. 十八届三中全会通过了什么重要决议？

2013 年 11 月 12 日中国共产党第十八届中央委员会第三次全体会议通过了《中共中央关于全面深化改革若干重大问题的决定》。决议中明确全面深化改革的五大体制改革要点，对经济体制、政治体制、文化体制、社会体制、生态文明体制改革进行了部署。

822. 中国何时宣布划设东海防空识别区？

2013 年 11 月 23 日，中国政府宣布划设东海防空识别区，并发布航空器识别规则公告和识别区示意图。当日，中国空军在识别区内进行了首次空中巡逻。

823. 社会主义核心价值观的基本内容有哪些？

2013 年 12 月 11 日，中共中央办公厅印发《关于培育和践行社会主义核心价值观的意见》，指出，富强、民主、文明、和谐，自由、平等、公正、法治，爱国、敬业、诚信、友善，这 24 个字是社会主义核心价值观的基本内容。

824. 如何自觉培育和践行社会主义核心价值观？

一是要充分认识到培育和践行社会主义核心价值观的重要意义。培育和践行社会主义核心价值观，是推进中国特色社会主义伟大事业、实现中华民族伟大复兴中国梦的战略任务，关系到民族的命运和国家的前途。社会主义核心价值体系是兴国之魂，决定着中国特色社会主义发展方向。

二是要加强对社会主义核心价值观的宣传引导。社会主义核心价值观关系到每个公民的价值取向，应该从小抓起，从教育入手，而且要贯穿于国民教育的全过程。需要大力宣传、引导，更需要每个人努力践行。只有群众认识了它、接受了它、践行了它，社会主义核心价值观才能发挥它应有的作用，才能体现它实际的价值。

三是党员干部要增强带头践行社会主义核心价值观的责任感和使命感。党员干部模范学习践行社会主义核心价值体系，是建设马克思主义学习型政党的主要任务。我们党作为执政党和先锋队，在核心价值体系建设中处于主导地位，发挥着决定性作用。党员干部的一言一行、一举一动，对其他社会成员有着很强的示范作用，很大程度上影响着人民群众对社会主义核心价值体系的认同。所以，每一位党员干部尤其是领导干部都要自觉带头学习践行社会主义核心价值体系，以身作则、率先垂范，用自己的模范行为和高尚人格感召群众、引领社会风尚。

825. 中国推进城镇化的基本原则有哪些？

2013 年 12 月 12 日，习近平在中共中央召开的首次城镇化工作会议上讲话指出，城镇化是现代化的必由之路，推进城镇化要坚持以人为本、优化布局、生态文明、传承文化的基本原则。2014 年 3 月 12 日，中共中央、国务院印发《国家新型城镇化规划（2014—2020 年）》。至 2017 年年底，我国城镇化率达到 58.5%。

826. 城镇化工作的六项主要任务是什么?

2013 年 12 月 12 日至 13 日，中央城镇化工作会议在北京举行。习近平在会上发表重要讲话，分析城镇化发展形势，明确推进城镇化的指导思想、主要目标、基本原则、重点任务。

会议提出了推进城镇化的主要任务。第一，推进农业转移人口市民化。第二，提高城镇建设用地利用效率。第三，建立多元可持续的资金保障机制。第四，优化城镇化布局和形态。第五，提高城镇建设水平。第六，加强对城镇化的管理。

827. 中国探月工程第二步战略目标何时圆满完成?

2013 年 12 月 14 日，“嫦娥三号”着陆月球虹湾区域。15 日，“嫦娥三号”着陆器和巡视器“玉兔号”月球车互拍成像。我国探月工程第二步战略目标圆满完成，成为世界上第三个月球软着陆和巡视探测的国家。

828. 简述两孩政策的出台过程。

2013 年 12 月 21 日，中共中央、国务院印发《关于调整完善生育政策的意见》，提出单独两孩的政策。2015 年 12 月 31 日，中共中央、国务院作出《关于实施全面两孩政策改革完善计划生育服务管理的决定》。2016 年 1 月 1 日，修改后的《中华人民共和国人口与计划生育法》正式实施，明确国家提倡一对夫妻生育两个子女。

829. 如何理解《关于废止有关劳动教养法律规定的决定》的重大意义?

2013 年 12 月 23 日至 28 日，第十二届全国人大常委会第六次会议举行。会议通过《关于废止有关劳动教养法律规定的决定》，这意味着已实施 50 多年的劳教制度被依法废止。这是我国实施依法治国的体现，是法治的进步。

830. 如何认识习近平总书记在纪念毛泽东同志诞辰 120 周年座谈会上的讲话?

2013 年 12 月 26 日，习近平总书记在纪念毛泽东同志诞辰 120 周年座谈会上发表了重要讲话。讲话高屋建瓴，气势磅礴，高度评价了毛泽东同志一生的丰功伟绩，深刻阐述了如何正确认识和对待党的历史和领袖人物，如何坚持和运用好毛泽东思想活的灵魂，建设好我们党，把中国特色社会主义伟大事业继续推向前进等重大问题。

习近平总书记在讲话中指出："毛泽东同志是伟大的马克思主义者，伟大的无产阶级革命家、战略家、理论家，是马克思主义中国化的伟大开拓者，是近代以来中国伟大的爱国者和民族英雄，是党的第一代中央领导集体的核心，是领导中国人民彻底改变自己命运和国家面貌的一代伟人。"习近平总书记在讲话中除高度评价毛泽东同志的历史功绩外，同时也指出了他在社会主义建设道路的探索中所走过的弯路，在晚年特别是在"文化大革命"中所犯的严重错误。如何正确地认识和看待毛泽东同志的历史功过？习近平总书记强调："党的十一届六中全会作出的《关于建国以来党的若干历史问题的决议》进行了全面评价。邓小平同志说，毛泽东同志的功绩是第一位的，他的错误是第二位的，他的错误在于违反了他自己正确的东西，是一个伟大的革命家、伟大的马克思主义者所犯的错误。"毛泽东同志留给我们党最重要的政治遗产就是毛泽东思想，毛泽东思想是我们党和人民十分宝贵的精神财富。习近平总书记在讲话中郑重地宣示和特别地强调："我们要坚持和运用好毛泽东思想活的灵魂，把我们党建设好，把中国特色社会主义伟大事业继续推向前进。"

831. 中央全面深化改革委员会何时成立？

2013 年 12 月 30 日，中共中央政治局会议决定成立中央全面深化改革领导小组，负责改革的总体设计、统筹协调、整体推进、督促落实。2018 年 3 月，中央全面深化改革领导小组改名为中央全面深化改革委员会。

832. 中国何时成为世界第一货物贸易大国？

2013 年中国成为世界第一货物贸易大国，中国货物进出口总额为 4.16 万亿美元，其中出口额 2.21 万亿美元，进口额 1.95 万亿美元。

833. 中共中央对第二批党的群众路线教育实践活动进行了怎样的部署？

2014 年 1 月 18 日，中共中央办公厅印发《关于开展第二批党的群众路线教育实践活动的指导意见》。

1 月 20 日，中央党的群众路线教育实践活动第一批总结暨第二批部署电视电话会议召开。会议的主要内容是学习贯彻《中共中央关于在全党深入开展党的群众路线教育实践活动的意见》和习近平总书记系列重要讲话精神，对第一批教育实践活动进行总结，对第二批教育实践活动进行部署。中共中央总书记、国家主席、中央军委主席习近平出席会议并作重要讲话，中共中央政治局常委、中央党的群众路线教育实践活动领导小组组长刘云山主持会议。习近平在讲话中充分肯定了第一批党的群众路线教育实践活动取得的成绩，阐述了开展第二批党的群众路线教育实践活动的重要性和紧迫性，进一步明确了今后工作的方针、原则、目标和要求。他强调，要充分运用第一批活动经验，紧紧扭住反对“四风”，从群众最关心、最迫切的问题入手，着力解决关系群众切身利益的问题，解决群众身边的不正之风问题，把改进作风成效落实到基层，真正让群众受益，努力取得人民群众满意的实效。

834. 中央国家安全委员会何时成立？

2014 年 1 月 24 日，中共中央政治局会议研究决定中央国家安全委员会设置。

835. 为什么要建设基层服务型党组织？

2014 年 1 月 25 日，中共中央办公厅印发《关于加强基层服务型党组织建设的意见》。

这是对基层党组织功能定位的深化，是基层党组织建设工作思路创新和方式方法转型的必由之路，具有十分重要的意义。可以从以下 4 个方面来理解。第一，这是贯彻落实党要管党、从严治党方针的必然要求。党要管党、从严治党，很重要的是抓好基层党组织和党员队伍建设。第二，这是推进国家治理体系和治理能力现代化的重大举措。国家治理体系和治理能力现代化包含党的执政能力现代化，其中大量的基础性工作在基层，比如乡村治理、社区治理，还有社会治理等。同时，深化党的建设制度改革，也需要不断推动基层党建各项工作制度化规范化程序化。建设基层服务型党组织，寓领导和管理于服务之中，有利于改进工作方式、活动方式，推进基层社会治理创新，提高基层党建科学化水平。第三，这是建设学习型、服务型、创新型马克思主义执政党的基础工程。学习型、服务型、创新型马克思主义执政党是我们党的建设目标。党的基层组织是党的重要组成部分，必然要围绕这一目标来推进建设。但由于基层党组织处在一线，广泛分布在党员和群众中间，各方面的服务任务更直接、更具体、更聚焦、更紧要，更应体现“服务型”的要求。建设基层服务型党组织，把服务摆在更加突出位置，把学习、服务、创新有机统一于基层党组织建设全过程，为实现党的建设目标奠定了坚实基础。第四，这是保持党同人民群众的血肉联系、巩固党的执政基础的客观需要。党执政后的最大危险是脱离群众。党的执政基础在基层，基层党组织处在经受考验、化解危险的最前沿。迫切要求加强与群众的直接联系，创新服务群众的组织形式，深化与群众的“鱼水”感情。加强基层服务型党组织建设，以服务为纽带贴近群众、团结群众、引导群众、赢得群众，能够进一步密切党群干群关系，使巩固党的执政基础和执政地位具有广泛、深厚、可靠的群众基础。

836. 怎样把握基层服务型党组织建设的内涵？

《关于加强基层服务型党组织建设的意见》提出，建设基层服务型党组织，要坚持服务改革、服务发展、服务民生、服务群众、服务党员。这“五个服务”是以党章和党的十八大、十八届三中全会精神为依据，适应新形势新任务的要求，立足各领域党组织的职责，对基层服务型党组织内涵的总体概括，也是基层党组织做好服务工作的根本要求。可从以下三个方面来把握。第一，建设基层服务型党组织，核心是服务。就是基层党组织工作的出发点是服务，着力点是服务，落脚点也是服务。第二，建设基层服务型党组织，根本是服务群众。党的一切奋斗和工作都是为了造福人民。按照党的十八大的要求，服务群众、做群众工作是建设基层服务型党组织的主要任务。“五个服务”侧重点各有不同，但最终指向和目的都是服务群众，都是为了让群众实现自己的梦想，过上更加幸福美好的生活。第三，建设基层服务型党组织，要注意正确处理“五个服务”之间的关系。它们之间既相互区别又相互联系，是一个有机统一的整体。

837. “两岸一家亲”理念何时提出？

2014 年 2 月 18 日，习近平在会见中国国民党荣誉主席连战时提出，两岸双方应秉持“两岸一家亲”理念，共圆中华民族伟大复兴的中国梦。

838. 构建统一的城乡居民基本养老保险制度有何意义？

2014 年 2 月 21 日，国务院印发《关于建立统一的城乡居民基本养老保险制度的意见》，部署在全国范围内建立统一的城乡居民基本养老保险制度，提出到“十二五”末，在全国基本实现新农保和城居保制度合并实施，并与职工基本养老保险制度相衔接；2020 年前，全面建成公平、统一、规范的城乡居民养老保险制度，与社会救助、社会福利等其他社会保障政策相配套，充分发挥家庭养老等传统保障方式的积极作用，更好保障参保城乡居民的老年基本生活。

建立统一的城乡居民基本养老保险制度，合并实施新农保和城居保，形成制度名称、政策标准、管理服务、信息系统“四个统一”，使全体人民公平地享有基本养老保障，是我国经济社会发展的必然要求和推进“新四化”建设的需要，既有利于促进人口纵向流动、增强社会安全感，也有利于使群众对民生改善有稳定的预期，对于拉动消费、鼓励创新创业，具有重要意义。

839. 中国何时提出建设网络强国？

2014 年 2 月 27 日，习近平在中央网络安全和信息化领导小组第一次会议上讲话指出，努力把我国建设成为网络强国，强调要把握好网上舆论引导的时、度、效，使网络空间清朗起来。

840. 中国人民抗日战争胜利纪念日是如何确定的？

2014 年 2 月 27 日，第十二届全国人大常委会第七次会议通过《关于确定中国人民抗日战争胜利纪念日的决定》，将 9 月 3 日确定为中国人民抗日战争胜利纪念日；通过《关于设立南京大屠杀死难者国家公祭日的决定》，将 12 月 13 日设立为南京大屠杀死难者国家公祭日。

841. “三严三实”的具体内容是什么？

2014 年 3 月 9 日，习近平总书记在第十二届全国人民代表大会第二次会议安徽代表团参加审议时，关于推进作风建设的讲话中，提到“既严以修身、严以用权、严以律己，又谋事要实、创业要实、做人要实”的重要论述，称为“三严三实”讲话。

严以修身就是要加强党性修养，坚定理想信念，提升道德境界，追求高尚情操，自觉远离低级趣味，自觉抵制歪风邪气。

严以用权就是要坚持用权为民，按规则、按制度行使权力，把权力关进制度的笼子里，任何时候都不搞特权、不以权谋私。

严以律己就是要心存敬畏、手握戒尺，慎独慎微、勤于自省，遵守党纪国法，做到为政清廉。

谋事要实就是要从实际出发谋划事业和工作，使点子、政策、方案符合实际情况、符合客观规律、符合科学精神，不好高骛远，不脱离实际。

创业要实就是要脚踏实地、真抓实干，敢于担当责任，勇于直面矛盾，善于解决问题，努力创造经得起实践、人民、历史检验的实绩。

做人要实就是要对党、对组织、对人民、对同志忠诚老实，做老实人、说老实话、干老实事，襟怀坦白，公道正派。要发扬钉子精神，保持力度、保持韧劲，善始善终、善做善成，不断取得作风建设新成效。

842. 军委主席负责制何时提出？

2014年4月10日，中央军委印发《关于贯彻落实军委主席负责制建立和完善相关工作机制的意见》。

843. 总体国家安全观何时提出？

2014年4月15日，习近平在中央国家安全委员会第一次会议上讲话指出，要坚持总体国家安全观，以人民安全为宗旨，以政治安全为根本，以经济安全为基础，以军事、文化、社会安全为保障，以促进国际安全为依托，走出一条中国特色国家安全道路。

844. 青年如何自觉践行社会主义核心价值观？

2014年5月4日，在五四青年节这个属于青春的节日，中共中央总书记、国家主席、中央军委主席习近平来到北京大学考察。他强调，核心价值观承载着一个民族、一个国家的精神追求，是最持久、最深层的力量。广大青年要从现在做起，从自己做起，勤学、修德、明辨、笃实，使社会主义核心价值观成为自己的基本遵循，并身体力行大力将其推广到全社会去，努力在实现中国梦的伟大实践中创造自己的精彩人生。

习近平强调，青年的价值取向决定了未来整个社会的价值取向，而青年又处在价值观形成和确立的时期，抓好这一时期的价值观养成十分重要。这就像穿衣服扣扣子一样，如果第一粒扣子扣错了，剩余的扣子都会扣错。人生的扣子从一开始就要扣好。核心价值观的养成绝非一日之功，要坚持由易到难、由近及远，努力把核心价值观的要求变成日常的行为准则，进而形成自觉奉行的信念理念。广大青年树立和培育社会主义核心价值观，要在勤学、修德、明辨、笃实上下功夫，下得苦功夫、求得真学问，加强道德修养、注重道德实践，善于明辨是非、善于决断选择，扎扎实实干事、踏踏实实做人，立志报效祖国、服务人民，于实处用力，从知行合一上下功夫。

845. 为什么要修订《中国共产党发展党员工作细则（试行）》?

2014 年 5 月 28 日，中共中央办公厅印发《中国共产党发展党员工作细则》（以下简称《细则》）。

《中国共产党发展党员工作细则（试行）》自 1990 年印发实施以来，对规范发展党员工作、保证发展党员质量发挥了重要作用。随着改革开放的不断深入，发展党员工作面临的形势任务发生了很大变化，需要与时俱进进行修订。一是中央对发展党员工作提出一系列新要求。党的十八大以来，党中央高度重视党员队伍建设，做出一系列新的重大部署。2013 年 1 月，习近平总书记主持召开中央政治局会议，对加强新形势下发展党员和党员管理工作进行专题研究部署。2013 年 2 月，中央办公厅印发相关文件，对严格发展党员程序、提高发展党员质量等提出明确要求。二是发展党员工作中出现了一些新情况新问题，有的党组织对发展党员把关不严，发展党员质量需要提高。三是近年来各地区各部门结合实际，在发展党员工作实践中创造了不少务实管用的办法，积累了一些成熟经验。

846. 做好新形势下的发展党员工作必须贯彻的总要求是什么？应该如何理解和把握？

控制总量、优化结构、提高质量、发挥作用的总要求，是 2013 年 1 月中央政治局会议研究部署加强新形势下发展党员和党员管理工作时提出的，中央办公厅在有关文件中做了明确表述。这次修订，将十六字总要求写入《细则》总则。准确理解和把握十六字总要求，应注意以下几点。一是以控制总量为重点，实行发展党员总量调控，使全国党员数量年均增长控制在适当速度，党员队伍保持适度规模。二是以优化结构为关键，根据不同群体、行业和岗位特点，确定发展党员的重点，不断优化党员队伍结构。三是以提高质量为核心，坚持党员标准、加强培养教育、严格日常管理、严肃纪律要求，着力提高党员队伍整体素质。四是以发挥作用为目的，引导党员牢记宗旨、心系群众，立足本职、干事创业，充分发挥先锋模范作用。十六字总要求是一个有机整体，要准确理解，全面把握。

847. 中央政府何时第一次发表关于香港的白皮书？有何重大意义？

2014 年 6 月 10 日，国务院新闻办发表《“一国两制”在香港特别行政区的实践》

白皮书。白皮书全文约 2.3 万字，从香港顺利回归祖国的历程、特别行政区制度在香港的确立、香港特别行政区各项事业取得全面进步、中央政府全力支持香港特别行政区繁荣发展等方面，回顾总结了“一国两制”在香港特别行政区的实践历程，并提出必须全面准确理解和贯彻“一国两制”方针政策。

不断丰富和发展“一国两制”在香港特别行政区的实践，保持香港长期繁荣稳定，是中国梦的重要组成部分，也是完善和发展中国特色社会主义制度，推进国家治理体系和治理能力现代化的必然要求。

848. 进一步推进户籍制度改革的基本内容有哪些？

2014 年 7 月 24 日，国务院印发《关于进一步推进户籍制度改革的意见》（以下简称《意见》），部署深入贯彻落实党的十八大、十八届三中全会和中央城镇化工作会议关于进一步推进户籍制度改革的要求，促进有能力在城镇稳定就业和生活的常住人口有序实现市民化，稳步推进城镇基本公共服务常住人口全覆盖。《意见》的出台，标志着进一步推进户籍制度改革开始进入全面实施阶段。

《意见》明确了进一步推进户籍制度改革的指导思想、基本原则、发展目标、政策措施和实现路径，要求适应推进新型城镇化需要，进一步推进户籍制度改革，落实放宽户口迁移政策。

《意见》就进一步推进户籍制度改革提出 3 方面 11 条具体政策措施。一是进一步调整户口迁移政策。全面放开建制镇和小城市落户限制，有序放开中等城市落户限制，合理确定大城市落户条件，严格控制特大城市人口规模，有效解决户口迁移中的重点问题。二是创新人口管理。建立城乡统一的户口登记制度，建立居住证制度，健全人口信息管理制度。三是切实保障农业转移人口及其他常住人口合法权益。完善农村产权制度，扩大义务教育、就业服务、基本养老、基本医疗卫生、住房保障等城镇基本公共服务覆盖面，加强基本公共服务财力保障。

《意见》强调，进一步推进户籍制度改革，是涉及亿万农业转移人口的一项重大举措。各地区、各有关部门要深刻把握城镇化进程的客观规律，切实落实户籍制度改革的各项政策措施，防止急于求成、运动式推进。

849. 新中国成立以来最大规模的卫生援外行动是哪一次？

2014 年 8 月 10 日，我国派出的赴西非抗击埃博拉疫情专家组启程。埃博拉出血热疫情暴发后，我国开展了新中国成立以来最大规模的卫生援外行动，向疫区三国共派出 1200 多名医护人员和公共卫生专家，并实现援非抗疫“打胜仗、零感染”的目标。

850. 如何认识习近平总书记在纪念邓小平同志诞辰 110 周年座谈会上的重要讲话？

2014 年 8 月 20 日，习近平总书记在纪念邓小平同志诞辰 110 周年座谈会上发表重要讲话，讲话突出了缅怀、学习、继承三个关键词，表达了对邓小平同志为党、为祖国、为人民建立不朽功勋的深切缅怀，发出了全党学习邓小平同志为党和人民事业不懈奋斗崇高风范的号召，表明了党中央进一步在新的时代条件下把中国特色社会主义事业继续推向前进的坚定决心。

习近平总书记的讲话全面回顾了邓小平同志为党和人民事业奋斗的光辉一生，用“三个紧紧相连”和“三个一生”进行了高度总结和概括，即邓小平同志的一生，同中国共产党、中国人民解放军、中华人民共和国创建和发展的历史进程紧紧相连，同中国革命、建设、改革的历史进程紧紧相连，同中华民族抗争、独立、振兴的历史进程紧紧相连，是光辉的一生、战斗的一生、伟大的一生。

习近平总书记在讲话中强调了六个学习：一是要学习他对共产主义远大理想和中国特色社会主义信念无比坚定的崇高品格；二是要学习他对人民无比热爱的伟大情怀；三是要学习他始终坚持实事求是的理论品质；四是要学习他不断开拓创新的政治勇气；五是要学习他高瞻远瞩的战略思维；六是要学习他坦荡无私的博大胸襟。坚持六个学习，我们可以从中获取智慧、勇气和力量。

邓小平同志是中国特色社会主义道路的开创者，他留给我们的最重要的思想和政治遗产，就是他带领党和人民开创的中国特色社会主义，就是他创立的邓小平理论。纪念邓小平同志，坚持和发展邓小平同志开创的中国特色社会主义，就是对他遗志和事业的最好继承。

851. 烈士纪念日何时设立？

2014 年 8 月 31 日，十二届全国人大常委会第十次会议通过《关于设立烈士纪念日的决定》，将 9 月 30 日设立为烈士纪念日。

852. 如何做党和人民满意的好老师？

2014 年 9 月 9 日上午，习近平在会见庆祝第三十个教师节暨全国教育系统先进集体和先进个人表彰大会受表彰代表后来到北京师范大学，进行座谈交流。在座谈会上，习近平发表了重要讲话。他强调，教师重要，就在于教师的工作是塑造灵魂、塑造生命、塑造人的工作。一个人遇到好老师是人生的幸运，一个学校拥有好老师是学校的光荣，一个民族源源不断涌现出一批又一批好老师则是民族的希望。

习近平指出，学为人师，行为世范。做好老师，要有理想信念。广大教师要始终同党和人民站在一起，自觉做中国特色社会主义的坚定信仰者和忠实实践者，忠诚于党和人民的教育事业。要用好课堂讲坛，用好校园阵地，用自己的行动倡导社会主义核心价值观，用自己的学识、阅历、经验点燃学生对真善美的向往。做好老师，要有道德情操。老师对学生的影响，离不开老师的学识和能力，更离不开老师为人处世、于国于民、于公于私所持的价值观。老师是学生道德修养的镜子。好老师应该取法乎上、见贤思齐，不断提高道德修养，提升人格品质，并把正确的道德观传授给学生。

习近平强调，做好老师，要有扎实学识。扎实的知识功底、过硬的教学能力、勤勉的教学态度、科学的教学方法是老师的基本素质，其中知识是根本基础。好老师还应该是智慧型的老师，具备学习、处世、生活、育人的智慧，能够在各个方面给学生以帮助和指导。做好老师，要有仁爱之心。爱是教育的灵魂，没有爱就没有教育。好老师要用爱培育爱、激发爱、传播爱，通过真情、真心、真诚拉近同学生的距离，滋润学生的心田。好老师应该把自己的温暖和情感倾注到每一个学生身上，用欣赏增强学生的信心，用信任树立学生的自尊，让每一个学生都健康成长，让每一个学生都享受成功的喜悦。

853. 怎样认识《习近平谈治国理政》一书多语种版出版发行的重要意义？

《习近平谈治国理政》一书，由外文出版社以中、英、法、俄、阿、西、葡、德、日等多语种出版发行。

《习近平谈治国理政》一书收入了习近平总书记在 2012 年 11 月 15 日至 2014 年 6 月 13 日这段时间内的讲话、谈话、演讲、答问、批示、贺信等 79 篇，分为 18 个专题。为帮助各国读者了解中国社会制度和历史文化，本书做了必要注释。本书还收入了习近平总书记各个时期的照片 45 幅，帮助读者了解他的工作和生活。

《习近平谈治国理政》一书多语种版的出版发行，对全面准确地阐释以习近平同志为总书记的党中央治国理念和执政方略，增进国际社会对中国发展理念、发展道路、内外政策的认识和理解，回应国际社会关切，具有重要意义。

854. 十八届四中全会何时召开？主题是什么？

中国共产党第十八届中央委员会第四次全体会议（简称十八届四中全会）于2014年10月20日至23日在北京召开。本次四中全会首次专题讨论依法治国问题。

855. 为什么要全面推进依法治国？

为贯彻落实党的十八大做出的战略部署，加快建设社会主义法治国家，十八届四中全会通过了《中共中央关于全面推进依法治国若干重大问题的决定》。

依法治国，是坚持和发展中国特色社会主义的本质要求和重要保障，是实现国家治理体系和治理能力现代化的必然要求，事关我们党执政兴国，事关人民幸福安康，事关党和国家长治久安。

全面建成小康社会、实现中华民族伟大复兴的中国梦，全面深化改革、完善和发展中国特色社会主义制度，提高党的执政能力和执政水平，必须全面推进依法治国。

我国正处于社会主义初级阶段，全面建成小康社会进入决定性阶段，改革进入攻坚期和深水区，国际形势复杂多变，我们党面对的改革发展稳定任务之重前所未有、矛盾风险挑战之多前所未有，依法治国在党和国家工作全局中的地位更加突出、作用更加重大。

面对新形势新任务，我们党要更好统筹国内国际两个大局，更好维护和运用我国发展的重要战略机遇期，更好统筹社会力量、平衡社会利益、调节社会关系、规范社会行为，使我国社会在深刻变革中既生机勃勃又井然有序，实现经济发展、政治清明、文化昌盛、社会公正、生态良好，实现我国和平发展的战略目标，必须更好发挥法治的引领和规范作用。

856. 如何评价“新古田会议”？

2014年10月30日至11月2日，全军政治工作会议在福建古田举行。10月31日，习近平在讲话中阐明新的历史条件下党从思想上政治上建设军队的重大问题，强调军队政治工作的时代主题是紧紧围绕实现中华民族伟大复兴的中国梦，为实现党在新形势下的强军目标提供坚强政治保证；当前最紧要的是把理想信念、党性原则、战斗力标准、政治工作威信四个带根本性的东西在全军牢固立起来。12月30日，中共中央转发《关于新形势下军队政治工作若干问题的决定》。

857. 国家宪法日是哪一天?

2014年11月1日，十二届全国人大常委会第十一次会议通过《关于设立国家宪法日的决定》，将12月4日设立为国家宪法日。

858. 如何认识《关于引导农村土地经营权有序流转发展农业适度规模经营的意见》颁发的意义?

2014年11月6日，中共中央办公厅、国务院办公厅印发《关于引导农村土地经营权有序流转发展农业适度规模经营的意见》。

伴随我国工业化、信息化、城镇化和农业现代化进程，农村劳动力大量转移，农业物质技术装备水平不断提高，农户承包土地的经营权流转明显加快，发展适度规模经营已成为必然趋势。实践证明，土地流转和适度规模经营是发展现代农业的必由之路，有利于优化土地资源配置和提高劳动生产率，有利于保障粮食安全和主要农产品供给，有利于促进农业技术推广应用和农业增效、农民增收，应从我国人多地少、农村情况千差万别的实际出发，积极稳妥地推进。

859. 中国互联互通伙伴关系对话会主要内容有哪些?

2014年11月8日，习近平在北京主持加强互联互通伙伴关系对话会并发表讲话指出，我们要建设的互联互通，应该是基础设施、制度规章、人员交流三位一体，应该是政策沟通、设施联通、贸易畅通、资金融通、民心相通五大领域齐头并进;宣布中国出资成立丝路基金。

860. 习近平何时提出当前中国经济呈现出新常态?

2014年亚太经合组织工商领导人峰会于11月9日在北京国家会议中心举行，国家主席习近平出席开幕式并发表题为《谋求持久发展 共筑亚太梦想》的主旨演讲。习近平强调，当前中国经济呈现出新常态，将给中国带来新的发展机遇。我们将坚定不移把改革事业推向深入。中国发展将给亚太和世界带来巨大机会和利益。中国愿意同本地区各国携手实现亚太美好梦想。

习近平强调，当前，中国经济保持稳定发展态势，呈现出新常态。新常态下，中国经济增长更趋平稳，增长动力更为多元。中国经济结构优化升级，发展前景更加稳定。新常态将给中国带来新的发展机遇。能不能适应新常态，关键在于全面深化改革的力度。我们全面深化改革，就要激发市场蕴藏的活力，就要为创新拓宽道路，就要推进高水平对外开放，就要增进人民福祉、促进社会公平正义。我们正在推行的全面深化改革，既是对社会生产力的解放，也是对社会活力的解放，必将成为推动中国经济社会发展的强大动力。

861. “四个全面”具体指什么？

“四个全面”，即全面建成小康社会、全面深化改革、全面依法治国、全面从严治党。

“四个全面”战略布局的提出，更完整地展现出新一届中央领导集体治国理政总体框架，使当前和今后一个时期，党和国家各项工作关键环节、重点领域、主攻方向更加清晰，内在逻辑更加严密，这对推动改革开放和社会主义现代化建设迈上新台阶提供了强力保障。

862. 亚太自由贸易区启动的背景是什么？

2014 年 11 月 11 日，亚太经合组织第二十二次领导人非正式会议在北京举行。习近平主持会议并发表讲话，倡导共建互信、包容、合作、共赢的亚太伙伴关系。会议决定启动亚太自由贸易区（FTAAP）进程。

863. “沪港通”何时正式启动？

2014年11月17日，上海与香港股票市场交易互联互通机制“沪港通”正式启动。2016 年 12 月、2017 年 7 月又相继启动“深港通”“债券通”。

864. 首届世界互联网大会何时何地召开？

2014 年 11 月 19 日至 21 日，首届世界互联网大会在浙江乌镇举行。会议确定乌镇为世界互联网大会永久会址。

865. 《丝绸之路经济带和 21 世纪海上丝绸之路建设战略规划》何时出台？

2014 年 12 月 2 日，中共中央、国务院印发《丝绸之路经济带和 21 世纪海上丝绸之路建设战略规划》。2015 年 3 月 28 日，经国务院授权，国家发展改革委、外交部、商务部联合发布《推动共建丝绸之路经济带和 21 世纪海上丝绸之路的愿景与行动》。

866. 中国全面掌握第四代核电技术的标志性事件是什么？

2014 年 12 月 18 日，我国第一座钠冷快中子反应堆——中国实验快堆首次实现满功率稳定运行 72 小时，标志着我国全面掌握快堆这一第四代核电技术的设计、建造、调试运行等核心技术。

867. 中央纪委何时向中央一级党和国家机关开始派驻纪检机构？

2014 年 12 月 31 日，中共中央办公厅印发《关于加强中央纪委派驻机构建设的意见》。2015 年 11 月 20 日，中共中央办公厅印发《关于全面落实中央纪委向中央一级党和国家机关派驻纪检机构的方案》，实现对中央一级党和国家机关派驻纪检机构全覆盖。2018 年 10 月 21 日，中共中央办公厅印发《关于深化中央纪委国家监委派驻机构改革的意见》。

868. 党中央实现集中统一领导的一个标志性事件是什么？

2015年1月16日，中共中央政治局常委会召开会议，专门听取全国人大常委会、国务院、全国政协、最高人民法院、最高人民检察院党组工作汇报。这成为实现党中央集中统一领导的一项制度性安排。

869. 如何做焦裕禄式的县委书记？

2015 年 1 月 12 日，习近平在京主持召开座谈会，同中央党校第一期县委书记研修班学员进行座谈并发表重要讲话。他强调，做县委书记就要做焦裕禄式的县委书记，始终做到心中有党、心中有民、心中有责、心中有戒。

习近平指出，县委是我们党执政兴国的“一线指挥部”，县委书记就是“一线总指挥”。对党忠诚，是县委书记的重要标准。县一级阵地，必须由心中有党、对党忠诚的人坚守。要把牢政治方向，强化组织意识，时刻想到自己是党的人，时刻不忘自己对党应尽的义务和责任，相信组织、依靠组织、服从组织，自觉维护党的团结统一。要自觉同党中央保持高度一致，自觉维护党中央权威，党中央提倡的坚决响应，党中央决定的坚决照办，党中央禁止的坚决杜绝。

全心全意为人民服务是我们党的根本宗旨。县委书记是直接面对基层群众的领导干部，必须心系群众、为民造福。大家心中要始终装着老百姓，先天下之忧而忧，后天下之乐而乐，做到不谋私利、克己奉公。

干事创业一定要树立正确政绩观，做到“民之所好好之，民之所恶恶之”，求真务实、真抓实干。要把调查研究作为基本功，坚持从实际出发谋划事业和工作，使想出来的点子、举措、方案符合实际情况。县委书记对一方党风政风具有示范作用，要按照中央要求，继续把作风建设抓好、把群众路线教育实践活动成果巩固好，做到勤政、务实、为民，自觉抵制和纠正“四风”问题。

干部就要有担当，有多大担当才能干多大事业，尽多大责任才会有多大成就。不能只想当官不想干事，只想揽权不想担责，只想出彩不想出力。要意气风发、满腔热情干好工作，为官一任、造福一方。

权力是党和人民赋予的，是为党和人民做事用的，只能用来为党分忧、为国干事、为民谋利。要正确行使权力，依法用权、秉公用权、廉洁用权，做到心有所畏、言有所戒、行有所止，处理好公和私、情和法、利和法的关系。要带头执行民主集中制，按照程序进行决策，做到总揽不包揽、分工不分家、放手不撒手。要注意听取班子成员意见，带头增进和维护县委班子团结。依法治国的根基在基层。县委书记要做学法尊法守法用法的模范，做决策、开展工作多想一想法律的依据、法定的程序、违法的后果，自觉当依法治国的推动者、守护者。要始终严格要求自己，自觉弘扬和践行社会主义核心价值观，加强道德修养，追求健康情趣，把好权力关、金钱关、美色关，做到清清白白做人、干干净净做事、坦坦荡荡为官，引导全县形成健康向上的社会风尚。

870. 如何理解广大党员、干部必须牢固树立纪律和规矩意识，做政治上的“明白人”？

“要加强纪律建设，把守纪律讲规矩摆在更加重要的位置”，习近平总书记在十八届中央纪委五次全会上的讲话，再次强调了严明纪律的重要意义，提出了纪律建设的明确要求，指出了党风廉政建设和反腐败斗争的着力方向。各级党组织对政治纪律和政治规矩，要十分明确地强调、十分坚定地执行；广大党员、干部必须牢固树立纪律和规矩意识，做政治上的“明白人”。

871. 党的规矩总的包括哪些？

党章、党纪、国法，还有党的优良传统，都是全党必须遵守的规矩。党章是全党必须遵循的总章程，也是总规矩。党的纪律是刚性约束，政治纪律更是全党在政治方向、政治立场、政治言论、政治行动方面必须遵守的刚性约束。国家法律是党领导人民制定的，全党必须模范执行。党在长期实践中形成的优良传统和工作惯例是自我约束的不成文的纪律，同样需要长期坚持并自觉遵循。懂得并自觉遵守这些规矩，个人才能不触雷、不踩线，党才更有凝聚力、战斗力。

872. 中国跨境电子商务综合试验区何时何地成立？

2015 年 3 月 7 日，国务院批复设立中国（杭州）跨境电子商务综合试验区。5 月 4 日，国务院印发《关于大力发展电子商务加快培育经济新动力的意见》。2016 年 1 月、2018 年 7 月，国务院先后批复在天津、北京等 34 个城市设立跨境电子商务综合试验区。

873. 中央何时把军民融合发展上升为国家战略？

2015 年 3 月 12 日，习近平在十二届全国人大三次会议解放军代表团全体会议上明确提出，把军民融合发展上升为国家战略。2016 年 5 月 1 日，中共中央、国务院、中央军委印发《关于经济建设和国防建设融合发展的意见》。2017 年 1 月 22 日，中共中央政治局会议决定设立中央军民融合发展委员会。2018 年 8 月 11 日，中共中央印发《军民融合发展战略纲要》。

874. “天网”行动主要指什么？

2015 年 3 月 26 日，中央反腐败协调小组国际追逃追赃工作办公室首次启动针对外逃腐败分子的“天网”行动。4 月 22 日，国际刑警组织中国国家中心局集中公布 100 名涉嫌犯罪外逃国家工作人员、重要腐败案件涉案人等人员的红色通缉令。2014 年至 2018 年 9 月，共从 120 多个国家和地区追回外逃人员 4719 人，追赃 103.72 亿元，“百名红通人员”已有 54 名落网。

875. 也门撤侨行动何时进行的？

2015 年 3 月 29 日，正在亚丁湾索马里海域执行护航任务的中国海军护航编队临沂舰搭载首批 122 名中国公民，从也门亚丁港安全撤离。至 4 月 7 日，共从也门撤出中国公民 613 人，并协助来自 15 个国家的 279 名外国公民安全撤离。

876. 如何在县处级以上领导干部中开展“三严三实”专题教育？

2015年4月10日，中共中央办公厅印发《关于在县处级以上领导干部中开展“三严三实”专题教育方案》，对2015年在县处级以上领导干部中开展“三严三实”专题教育做出安排。

2015年4月21日，中共中央政治局常委、中央书记处书记刘云山在北京出席“三严三实”专题教育工作座谈会并讲话。强调要深入学习贯彻习近平总书记系列重要讲话精神，认真落实党中央部署，突出教育主题，强化问题导向，贯彻从严要求，坚持以上率下，注重讲究实效，确保专题教育取得实实在在的成果。

开展专题教育，要把学习教育放在首位，着眼于坚定理想信念、强化党性观念、增强实干精神，深入学习习近平总书记系列重要讲话，学习党章和党的纪律规定，组织好专题党课、专题学习研讨、专题民主生活会和组织生活会，把严和实的要求立起来、树起来。教育是为了解决问题，要紧密联系思想和工作实际，对照正反两方面典型，着力解决“不严不实”的突出问题，强化整改落实和立规执纪，以解决问题的成果检验专题教育的成效。

“三严三实”专题教育不是一次活动，要把专题教育融入经常性学习教育之中。各级党委（党组）要强化责任落实，坚持从实际出发，区分层次、分类指导，坚决防止形式主义、走过场。主要负责同志要担负起第一责任人的责任，既带头接受教育，又进行具体指导。要坚持围绕中心、服务大局，把开展专题教育与做好改革发展稳定各项工作结合起来，与落实“四个全面”战略布局结合起来，做到两手抓、两促进。

877.《严格军队党员领导干部纪律约束的若干规定》的主要内容是什么？

经习近平主席批准，中央军委2015年4月印发《严格军队党员领导干部纪律约束的若干规定》（以下简称《规定》）。政治部、军委纪委发出《通知》，要求全军和武警部队认真抓好学习宣传和贯彻落实。

《规定》深入贯彻习主席系列重要讲话精神特别是关于加强纪律建设的重要指示，紧紧围绕实现党在新形势下的强军目标，认真落实依法治军、从严治军要求，对严格军队党员领导干部纪律约束做出明确规定，是新形势下严格党员领导干部纪律约束、加强军队纪律建设的重要指导性文件。《规定》要求，必须把听党指挥落实到行动上，必须保持坚定正确的政治信仰，必须防止和纠正政治上的自由主义，必须认真贯彻民主集中制原则，必须落实党的组织生活制度，必须严格执行请示报告制度，必须纠治选人用人上的不正之风，必须严守财经纪律，必须持续反“四风”改作风，必须破除特权思想和特权现象。

878. 为什么说《中国共产党党组工作条例（试行）》是党组设立和运行的总依据总遵循？

经中共中央批准，《中国共产党党组工作条例（试行）》（以下简称《条例》）正式颁布，自 2015 年 6 月 11 日起施行。

在中央和地方国家机关、人民团体、经济组织、文化组织、社会组织和其他组织领导机关中设立党组，是我们党从国情出发创造的一项重要制度，是确保党的理论和路线方针政策得到贯彻落实的重要途径，体现了我们党独特的政治优势、组织优势和制度优势。在革命建设改革各个历史时期，党组制度都发挥了重要作用。当前，协调推进“四个全面”战略布局，必须牢牢坚持党的领导，把党的建设放在更加突出的位置，进一步完善党组制度，提高党组工作的制度化、规范化、程序化水平。

《条例》共分 8 章 39 条，对党组设立、职责、组织原则、议事决策等作出全面规范，对监督检查、责任追究提出明确要求，是党组工作方面的基础主干党内法规，是党组设立和运行的总依据总遵循。《条例》的制定和实施，对于加强和改善党的领导，提高党的执政能力，更好发挥党总揽全局、协调各方的领导核心作用，确保党始终成为中国特色社会主义事业的坚强领导核心，具有十分重要的意义。

879. 为什么说制定和实施《中国共产党巡视工作条例（修订稿）》《关于推进领导干部能上能下的若干规定（试行）》是全面从严治党、从严管理干部的重要举措？

2015 年 6 月 26 日中共中央政治局召开会议，审议通过《中国共产党巡视工作条例（修订稿）》《关于推进领导干部能上能下的若干规定（试行）》。

《中国共产党巡视工作条例》的修订坚决贯彻党的十八大和十八届三中、四中全会精神，贯彻习近平总书记系列重要讲话精神，充分吸收巡视工作实践创新成果，注重解决巡视工作面临的新情况新问题，进一步明确巡视工作定位，围绕党的政治纪律、组织纪律、廉洁纪律、群众纪律、工作纪律和生活纪律，深化巡视监督内容，对机构设置、工作职责、方式权限、纪律要求等做出明确规范，对于推动依法依规开展巡视，更好发挥巡视利剑作用具有重大意义。2017 年 7 月，为贯彻落实党的十八届六中全会精神，深化政治巡视，进一步发挥巡视监督全面从严治党利剑作用，党中央决定对《中国共产党巡视工作条例》做出修改。

全面从严治党，关键是从严管好用好领导干部。推进干部能上能下，重点是解决能下问题。在干部工作中，既要把党和人民需要的好干部选准用好，又要把那些存在问题或者相形见绌的干部调整下来。制定和实施《关于推进领导干部能上能下的若干规定（试行）》，是全面从严治党、从严管理干部的重要举措，对于促使干部自觉践行“三严三实”要求，解决为官不正、为官不为、为官乱为等问题，建设高素质干部队伍，完善从严管理干部制度体系，具有重要意义。

880. 中央提出的优秀县委书记的标准有哪些?

2015 年 6 月 30 日，习近平在会见全国优秀县委书记时讲话指出，当好县委书记是不容易的，要始终做到心中有党、心中有民、心中有责、心中有戒，努力成为党和人民信赖的好干部。

881. 2022 年冬奥会何时确定在北京举办?

2015 年 7 月 31 日，国际奥委会第 128 次全会在马来西亚吉隆坡投票决定，将 2022 年冬奥会举办权交给北京。

882. 2015 年 8 月习近平签署主席特赦令的内容主要是什么?

2015 年 8 月 29 日，国家主席习近平签署主席特赦令，根据十二届全国人大常委会第十六次会议 29 日通过的全国人大常委会关于特赦部分服刑罪犯的决定，对参加过抗日战争、解放战争等四类服刑罪犯实行特赦。

根据主席特赦令，对依据 2015 年 1 月 1 日前人民法院作出的生效判决正在服刑，释放后不具有现实社会危险性的四类罪犯实行特赦：一是参加过中国人民抗日战争、中国人民解放战争的；二是中华人民共和国成立以后，参加过保卫国家主权、安全和领土完整对外作战的，但犯贪污受贿犯罪，故意杀人、强奸、抢劫、绑架、放火、爆炸、投放危险物质或者有组织的暴力性犯罪，黑社会性质的组织犯罪，危害国家安全犯罪，恐怖活动犯罪的，有组织犯罪的主犯以及累犯除外；三是年满七十五周岁、身体严重残疾且生活不能自理的；四是犯罪的时候不满十八周岁，被判处三年以下有期徒刑或者剩余刑期在一年以下的，但犯故意杀人、强奸等严重暴力性犯罪，恐怖活动犯罪，贩卖毒品犯罪的除外。

883. 如何牢牢把握国有企业改革的正确方向？

中共中央、国务院 2015 年 8 月印发了《关于深化国有企业改革的指导意见》（以下简称《指导意见》）。这是新时期指导和推进国有企业改革的纲领性文件，必将开启国有企业发展的新篇章。

深化国有企业改革，是促进我国经济社会发展的必然要求，也是全国人民的热切期盼。贯彻党的十八大和十八届三中、四中全会精神，《指导意见》提出，国有企业属于全民所有，是推进国家现代化、保障人民共同利益的重要力量，是我们党和国家事业发展的重要物质基础和政治基础。必须认真贯彻落实党中央、国务院战略决策，按照"四个全面"战略布局的要求，以经济建设为中心，坚持问题导向，继续推进国有企业改革，切实破除体制机制障碍，坚定不移做强做优做大国有企业。

《指导意见》共分 8 章 30 条，从改革的总体要求到分类推进国有企业改革、完善现代企业制度和国有资产管理体制、发展混合所有制经济、强化监督防止国有资产流失、加强和改进党对国有企业的领导、为国有企业改革创造良好环境条件等方面，全面提出了新时期国有企业改革的目标任务和重大举措。

884. 中央治藏方针是什么？

2015 年 8 月 24 日，习近平在中央第六次西藏工作座谈会上讲话指出，必须坚持治国必治边、治边先稳藏的战略思想，坚持依法治藏、富民兴藏、长期建藏、凝聚人心、夯实基础的重要原则。必须全面正确贯彻党的民族政策和宗教政策，把维护祖国统一、加强民族团结作为工作的着眼点和着力点，不断增进各族群众对伟大祖国、中华民族、中华文化、中国共产党、中国特色社会主义的认同。

885. 什么是"九三阅兵"？

2015 年 9 月 3 日，纪念中国人民抗日战争暨世界反法西斯战争胜利 70 周年大会和阅兵仪式举行。习近平检阅受阅部队并发表讲话，强调要铭记历史、缅怀先烈、珍爱和平、开创未来；同时宣布中国将裁减军队员额 30 万。

886. 哪位中国科学家因为在中国本土进行的科学研究而首次获诺贝尔科学奖?

中国科学家屠呦呦。瑞典卡罗琳医学院 2015 年 10 月 5 日宣布，将 2015 年诺贝尔生理学或医学奖授予中国药学家屠呦呦以及爱尔兰科学家威廉·坎贝尔和日本科学家大村智，表彰他们在寄生虫疾病治疗研究方面取得的成就。

屠呦呦的获奖理由是“有关疟疾新疗法的发现”。这是中国科学家因为在中国本土进行的科学研究而首次获诺贝尔科学奖，是中国医学界迄今为止获得的最高奖项，也是中医药成果获得的最高奖项。

887.《中国共产党廉洁自律准则》《中国共产党纪律处分条例》颁发的重大意义是什么?

2015年10月18日，中共中央印发了《中国共产党廉洁自律准则》(以下简称《准则》)和《中国共产党纪律处分条例》(以下简称《条例》)。《准则》和《条例》的颁布实施，是在党长期执政和全面依法治国条件下，实现依规管党治党、加强党内监督的重大举措，体现了党的十八大和十八届三中、四中全会精神以及全面从严治党实践成果。

办好中国的事情，关键在党。治国必先治党，治党务必从严。党的十八大以来，党中央坚持党要管党、从严治党，坚定不移推进党风廉政建设和反腐败斗争，突出强调政治纪律和政治规矩、组织纪律，深刻总结周永康、薄熙来、徐才厚、令计划、郭伯雄等严重违反政治纪律、损害党的事业的教训；狠抓落实中央八项规定精神，言出纪随，寸步不让，敢于较真；加大反腐惩恶力度，注意党纪与国法有效衔接；强化巡视监督，加大对领导干部报告个人有关事项抽查核实力度，集中清理裸官、档案造假等问题，着力解决管党治党和执行纪律失之于宽、失之于松、失之于软的问题。丰富的实践为党内法规制度创新奠定坚实基础。新修订的《准则》和《条例》，把这些从严治党的实践成果总结提炼出来，转化为道德和纪律要求，实现了党内法规建设的与时俱进。

全面从严治党，必然要求依规治党和以德治党相结合。《准则》重申党的理想信念宗旨、优良传统作风，紧扣廉洁自律、坚持正面倡导、面向全体党员、突出关键少数，强调自律，重在立德，为党员和党员领导干部树立了一个看得见、够得着的高标准，展现了共产党人高尚的道德追求，是向全党发出的道德宣誓和对人民的庄严承诺。《条例》坚持纪法分开、纪在法前、纪严于法，突出政党特色、党纪特色，严明政治纪律和政治规矩、组织纪律，围绕党纪戒尺要求，开列负面清单，强调他律，重在立规，划出了党组织和党员不可触碰的底线。

888. 中国大学“双一流”建设方案何时提出？

2015 年 10 月 24 日，国务院印发《统筹推进世界一流大学和一流学科建设总体方案》。

889. 十八届五中全会何时召开？主题是什么？

中国共产党第十八届中央委员会第五次全体会议（简称十八届五中全会），于 2015 年 10 月 26 日至 29 日在北京召开。会议研究关于制定国民经济和社会发展第十三个五年规划的建议。

890. 新发展理念是指什么？

实现“十三五”时期发展目标，破解发展难题，厚植发展优势，必须牢固树立创新、协调、绿色、开放、共享的新发展理念。

创新是引领发展的第一动力。必须把创新摆在国家发展全局的核心位置，不断推进理论创新、制度创新、科技创新、文化创新等各方面创新，让创新贯穿党和国家一切工作，让创新在全社会蔚然成风。

协调是持续健康发展的内在要求。必须牢牢把握中国特色社会主义事业总体布局，正确处理发展中的重大关系，重点促进城乡区域协调发展，促进经济社会协调发展，促进新型工业化、信息化、城镇化、农业现代化同步发展，在增强国家硬实力的同时注重提升国家软实力，不断增强发展整体性。

绿色是永续发展的必要条件和人民对美好生活追求的重要体现。必须坚持节约资源和保护环境的基本国策，坚持可持续发展，坚定走生产发展、生活富裕、生态良好的文明发展道路，加快建设资源节约型、环境友好型社会，形成人与自然和谐发展现代化建设新格局，推进美丽中国建设，为全球生态安全做出新贡献。

开放是国家繁荣发展的必由之路。必须顺应我国经济深度融入世界经济的趋势，奉行互利共赢的开放战略，坚持内外需协调、进出口平衡、引进来和走出去并重、引资和引技引智并举，发展更高层次的开放型经济，积极参与全球经济治理和公共产品供给，提高我国在全球经济治理中的制度性话语权，构建广泛的利益共同体。

共享是中国特色社会主义的本质要求。必须坚持发展为了人民、发展依靠人民、发展成果由人民共享，做出更有效的制度安排，使全体人民在共建共享发展中有更多获得感，增强发展动力，增进人民团结，朝着共同富裕方向稳步前进。

坚持创新发展、协调发展、绿色发展、开放发展、共享发展，是关系我国发展全局的一场深刻变革。全党同志要充分认识这场变革的重大现实意义和深远历史意义，统一思想，协调行动，深化改革，开拓前进，推动我国发展迈上新台阶。

891. 什么是五位一体?

党的十八大报告指出，建设中国特色社会主义，总布局是经济建设、政治建设、文化建设、社会建设、生态文明建设五位一体。学习贯彻十八大精神，必须牢牢把握五位一体的总布局，认真落实相关部署，为中国特色社会主义伟大事业开辟更加广阔的发展前景。

五位一体总布局标志着我国社会主义现代化建设进入新的历史阶段，体现了我们党对于中国特色社会主义的认识达到了新境界。五位一体总布局与社会主义初级阶段总依据、实现社会主义现代化和中华民族伟大复兴总任务有机统一，对进一步明确中国特色社会主义发展方向，夺取中国特色社会主义新胜利意义重大。

892. 如何理解供给侧改革?

从经济学基本理论角度看，供给与需求是经济学中一对最基本范畴。供给与需求关系又是一对经济运行中的矛盾统一体，由供大于求或供小于求的不平衡矛盾达到供求基本平衡是任何国家宏观调控追逐的共同目标。国家宏观调控措施主要从供给侧面发力还是主要从需求侧面发力取决于当时国家经济运行中供求关系的平衡状况。

供给侧结构性改革，从宏观上就是用改革的办法推进结构调整，合理配置要素，通过去产能、去库存、去杠杆、降成本、补短板，从生产领域扩大有效供给，更好满足市场需求。这是在当前经济形势下作出的应对，是有的放矢、对症下药，对我国经济的向好发展将有极大的促进作用。

习近平总书记强调供给侧结构性改革的根本目的是提高社会生产力水平，落实好以人民为中心的发展思想。要在适度扩大总需求的同时，去产能、去库存、去杠杆、降成本、补短板，从生产领域加强优质供给。

893. 习近平同马英九在何时何地会面？有何重大意义？

中共中央总书记、国家主席习近平于 2015 年 11 月 7 日下午同台湾方面领导人马英九在新加坡会面，就进一步推进两岸关系和平发展交换意见。这是 1949 年以来两岸领导人的首次会面。

双方肯定 2008 年以来两岸关系和平发展取得的重要成果。双方认为应该继续坚持“九二共识”，巩固共同政治基础，推动两岸关系和平发展，维护台海和平稳定，加强沟通对话，扩大两岸交流，深化彼此合作，实现互利共赢，造福两岸民众，两岸同胞同属中华民族，都是炎黄子孙，应该携手合作，致力于振兴中华，致力于民族复兴。

894. 习近平总书记在纪念胡耀邦同志诞辰 100 周年座谈会上强调我们应该如何纪念胡耀邦同志？

中共中央 2015 年 11 月 20 日上午在人民大会堂举行座谈会，纪念胡耀邦同志诞辰 100 周年。习近平总书记发表重要讲话，全面回顾了胡耀邦同志光辉、战斗的一生，高度评价了胡耀邦同志在中国革命、建设、改革事业中建立的不朽功勋，对学习胡耀邦同志的革命精神和崇高风范提出要求。

习近平强调，我们纪念胡耀邦同志，就是要学习他坚守信仰、献身理想的高尚品格。全党同志要坚定理想信念，增强中国特色社会主义道路自信、理论自信、制度自信，真正做到虔诚而执着、至信而深厚。我们纪念胡耀邦同志，就是要学习他心在人民、利归天下的为民情怀。全党同志要时刻把人民的安危冷暖放在心上，把中央的要求与人民的期待紧密结合起来，出实招、办实事、求实效，把心思和精力都用在为群众谋利益、谋福祉上，不断让人民群众得到实实在在的好处。

习近平指出，我们纪念胡耀邦同志，就是要学习他实事求是、勇于开拓的探索精神。全党同志要坚持解放思想、实事求是、与时俱进、求真务实，在实践中认识真理、把握规律，用发展着的马克思主义指导新的实践，用新的实践丰富和发展马克思主义，努力开创事业发展新局面、马克思主义发展新境界。我们纪念胡耀邦同志，就是要学习他求真务实、敢于担当的优秀品质。面对当前改革发展稳定遇到的新形势新情况新问题，全党同志要有所作为、有所进步，就要敢于较真碰硬、敢于直面困难，自觉把使命放在心上、把责任扛在肩上，努力在协调推进“四个全面”战略布局中取得新的更大的成绩。

习近平强调，我们纪念胡耀邦同志，就是要学习他公道正派、廉洁自律的崇高风范。公道正派才能出清风正气，廉洁自律才能塑良好形象。党风和社会风气的根本好转，良好政治生态的营造，要靠全党上下不懈努力。全党同志要严守清正廉洁的政治本色，以良好党风带动政风民风，用实实在在的行动赢得人民群众信任和拥护，从而凝聚起推动党和人民事业不断从胜利走向胜利的强大力量。

895. 中央对打赢脱贫攻坚战有哪些部署？

2015年11月29日，中共中央、国务院作出《关于打赢脱贫攻坚战的决定》。2016年4月23日，中共中央办公厅、国务院办公厅印发《关于建立贫困退出机制的意见》，明确贫困人口、贫困村、贫困县在2020年以前有序退出的标准和要求。

896. 党校姓党是在什么背景下提出的？

2015年12月9日，中共中央印发《关于加强和改进新形势下党校工作的意见》。11日，习近平在全国党校工作会议上讲话指出，党校姓党，首先要把党的旗帜亮出来。党校是教育培训干部的地方，不断把领导干部集中到党校来学习培训，一个重要目的就是帮助大家向党中央看齐。

897. 中国何时成功发射暗物质粒子探测卫星“悟空”？

2015年12月17日，我国成功发射暗物质粒子探测卫星“悟空”，在太空中开展高能电子及高能伽马射线探测任务，探寻暗物质存在的证据。

898. 亚洲基础设施投资银行何时正式成立？

2015年12月25日，亚洲基础设施投资银行正式成立。意向创始成员国共有57个。

899. 中国何时首次成为资本净输出国？

2015年。2015年中国对外直接投资流量为1456.7亿美元，实际利用外资1356亿美元，对外投资首超吸引外资，首次成为资本净输出国。

900. 中央何时决定设立雄安新区？

2016年3月24日，中共中央政治局常委会会议听取关于北京城市副中心和疏解北京非首都功能集中承载地有关情况的汇报，确定疏解北京非首都功能集中承载地新区规划选址并同意定名为“雄安新区”。5 月 27 日，习近平在中共中央政治局会议上讲话指出，建设北京城市副中心和雄安新区两个新城，是千年大计、国家大事。2017 年 4 月 1 日，中共中央、国务院发出通知，决定设立河北雄安新区。

901. 中央何时提出推动长江经济带发展是国家一项重大区域发展战略？

2016 年 1 月 5 日，习近平在重庆召开的推动长江经济带发展座谈会上讲话指出，推动长江经济带发展是国家一项重大区域发展战略，要坚持生态优先、绿色发展，共抓大保护、不搞大开发。5 月 30 日，中共中央、国务院印发《长江经济带发展规划纲要》。

902. 中央军委何时作出全面停止军队和武警部队有偿服务活动的决定？

2016 年 2 月 16 日，中央军委印发《关于军队和武警部队全面停止有偿服务活动的通知》。指出，计划用 3 年左右时间，分步骤停止军队和武警部队一切有偿服务活动。

903. 在新的时代条件下，党的新闻舆论工作的职责和使命是什么？

习近平指出，在新的时代条件下，党的新闻舆论工作的职责和使命是：高举旗帜、引领导向，围绕中心、服务大局，团结人民、鼓舞士气，成风化人、凝心聚力，澄清谬误、明辨是非，联接中外、沟通世界。要承担起这个职责和使命，必须把政治方向摆在第一位，牢牢坚持党性原则，牢牢坚持马克思主义新闻观，牢牢坚持正确舆论导向，牢牢坚持正面宣传为主。

904. 为什么要开展“两学一做”学习教育？

2016 年 2 月，中共中央办公厅印发了《关于在全体党员中开展“学党章党规、学系列讲话，做合格党员”学习教育方案》，并发出通知，要求各地区各部门认真贯彻执行。

开展“学党章党规、学系列讲话，做合格党员”学习教育（以下简称“两学一做”

学习教育），是面向全体党员深化党内教育的重要实践，是推动党内教育从“关键少数”向广大党员拓展、从集中性教育向经常性教育延伸的重要举措。

905. “两学一做”学习教育的主要内容是什么？

（1）学党章党规。着眼明确基本标准、树立行为规范，逐条逐句通读党章，全面理解党的纲领，牢记入党誓词，牢记党的宗旨，牢记党员义务和权利，引导党员尊崇党章、遵守党章、维护党章，坚定理想信念，对党绝对忠诚。认真学习《中国共产党廉洁自律准则》《中国共产党纪律处分条例》等党内法规，学习党的历史，学习革命先辈和先进典型，从周永康、薄熙来、徐才厚、郭伯雄、令计划等违纪违法案件中汲取教训，肃清恶劣影响，发挥正面典型的激励作用和反面典型的警示作用，引导党员牢记党规党纪，牢记党的优良传统和作风，树立崇高道德追求，养成纪律自觉，守住为人、做事的基准和底线。

（2）学系列讲话。着眼加强理论武装、统一思想行动，认真学习习近平总书记关于改革发展稳定、内政外交国防、治党治国治军的重要思想，认真学习党中央治国理政新理念新思想新战略，引导党员深入领会系列重要讲话的丰富内涵和核心要义，深入领会贯穿其中的马克思主义立场观点方法。学习习近平总书记系列重要讲话要同学习马克思列宁主义、毛泽东思想、邓小平理论、“三个代表”重要思想、科学发展观结合起来，深刻理解党的科学理论既一脉相承又与时俱进的内在联系，坚定中国特色社会主义道路自信、理论自信、制度自信。要区别普通党员和党员领导干部，确定学习的重点内容。

（3）做合格党员。着眼党和国家事业的新发展对党员的新要求，坚持以知促行，做讲政治、有信念，讲规矩、有纪律，讲道德、有品行，讲奉献、有作为的合格党员。引导党员强化政治意识，保持政治本色，把理想信念时时处处体现为行动的力量；坚定自觉地在思想上政治上行动上同党中央保持高度一致，经常主动向党中央看齐，向党的理论和路线方针政策看齐，做政治上的明白人；践行党的宗旨，保持公仆情怀，牢记共产党员永远是劳动人民的普通一员，密切联系群众，全心全意为人民服务；加强党性锻炼和道德修养，心存敬畏、手握戒尺，廉洁从政、从严治家，筑牢拒腐防变的防线；始终保持干事创业、开拓进取的精气神，平常时候看得出来，关键时刻冲得上去，在“十三五”规划开局起步、决胜全面建成小康社会、实现第一个百年奋斗目标中奋发有为、建功立业。

906. 中国何时正式启动澜湄合作机制？

2016 年 3 月 23 日，澜沧江—湄公河合作首次领导人会议在海南三亚举行，正式启动澜湄合作机制。

907. 中国“神威 · 太湖之光”何时夺得世界超算冠军？

2016年6月20日，我国自主研制的第一台全部采用国产处理器构建的“神威·太湖之光”夺得世界超算冠军。截至 2017 年年底，中国连续 10 次蝉联全球最快超级计算机。

908. 习近平总书记在庆祝中国共产党成立 95 周年大会上的讲话中提出的“不忘初心、继续前进”包括哪些方面的内容？

坚持不忘初心、继续前进，就要坚持马克思主义的指导地位，坚持把马克思主义基本原理同当代中国实际和时代特点紧密结合起来，推进理论创新、实践创新，不断把马克思主义中国化推向前进。坚持不忘初心、继续前进，就要牢记我们党从成立起就把为共产主义、社会主义而奋斗确定为自己的纲领，坚定共产主义远大理想和中国特色社会主义共同理想，不断把为崇高理想奋斗的伟大实践推向前进。坚持不忘初心、继续前进，就要坚持中国特色社会主义道路自信、理论自信、制度自信、文化自信，坚持党的基本路线不动摇，不断把中国特色社会主义伟大事业推向前进。坚持不忘初心、继续前进，就要统筹推进“五位一体”总体布局，协调推进“四个全面”战略布局，全力推进全面建成小康社会进程，不断把实现“两个一百年”奋斗目标推向前进。坚持不忘初心、继续前进，就要坚定不移高举改革开放旗帜，勇于全面深化改革，进一步解放思想、解放和发展社会生产力、解放和增强社会活力，不断把改革开放推向前进。坚持不忘初心、继续前进，就要坚信党的根基在人民、党的力量在人民，坚持一切为了人民、一切依靠人民，充分发挥广大人民群众积极性、主动性、创造性，不断把为人民造福事业推向前进。坚持不忘初心、继续前进，就要始终不渝走和平发展道路，始终不渝奉行互利共赢的开放战略，加强同各国的友好往来，同各国人民一道，不断把人类和平与发展的崇高事业推向前进。坚持不忘初心、继续前进，就要保持党的先进性和纯洁性，着力提高执政能力和领导水平，着力增强抵御风险和拒腐防变能力，不断把党的建设新的伟大工程推向前进。

909. 中国共产党的成立，带来了哪三个方面的深刻改变？

中国共产党的成立，这是开天辟地的大事变。这一开天辟地的大事变，深刻改变了近代以后中华民族发展的方向和进程，深刻改变了中国人民和中华民族的前途和命运，深刻改变了世界发展的趋势和格局。

910. 中国共产党紧紧依靠人民，为中华民族做出的伟大历史贡献是什么？

这个伟大历史贡献，就是我们党团结带领中国人民进行 28 年浴血奋战，打败日本帝国主义，推翻国民党反动统治，完成新民主主义革命，建立了中华人民共和国。这个伟大历史贡献，就是我们党团结带领中国人民完成社会主义革命，确立社会主义基本制度，消灭一切剥削制度，推进了社会主义建设。这个伟大历史贡献，就是我们党团结带领中国人民进行改革开放新的伟大革命，极大激发广大人民群众的创造性，极大解放和发展社会生产力，极大增强社会发展活力，人民生活显著改善，综合国力显著增强，国际地位显著提高。

911. 我们党团结带领中国人民完成新民主主义革命，建立了中华人民共和国，这一伟大历史贡献的意义是什么？

这一伟大历史贡献的意义在于，彻底结束了旧中国半殖民地半封建社会的历史，彻底结束了旧中国一盘散沙的局面，彻底废除了列强强加给中国的不平等条约和帝国主义在中国的一切特权，实现了中国从几千年封建专制政治向人民民主的伟大飞跃。

912. 我们党团结带领中国人民完成社会主义革命，确立社会主义基本制度，推进了社会主义建设，这一伟大历史贡献的意义是什么？

这一伟大历史贡献的意义在于，完成了中华民族有史以来最为广泛而深刻的社会变革，为当代中国一切发展进步奠定了根本政治前提和制度基础，为中国发展富强、中国人民生活富裕奠定了坚实基础，实现了中华民族由不断衰落到根本扭转命运、持续走向繁荣富强的伟大飞跃。

913. 我们党团结带领中国人民进行改革开放新的伟大革命，这一伟大历史贡献的意义是什么？

这一伟大历史贡献的意义在于，开辟了中国特色社会主义道路，形成了中国特色社会主义理论体系，确立了中国特色社会主义制度，使中国赶上了时代，实现了中国人民从站起来到富起来、强起来的伟大飞跃。

914. 中国共产党领导中国人民取得的伟大胜利所蕴含的“三个历史告诉我们”的经验和启示是什么？

一是历史告诉我们，没有先进理论的指导，没有用先进理论武装起来的先进政党的领导，没有先进政党顺应历史潮流、勇担历史重任、敢于做出巨大牺牲，中国人民就无法打败压在自己头上的各种反动派，中华民族就无法改变被压迫、被奴役的命运，我们的国家就无法团结统一、在社会主义道路上走向繁荣富强。二是历史告诉我们，90 多年来，中国走过的历程，中国人民和中华民族走过的历程，是中国共产党和中国人民用鲜血、汗水、泪水写就的，充满着苦难和辉煌、曲折和胜利、付出和收获，这是中华民族发展史上不能忘却、不容否定的壮丽篇章，也是中国人民和中华民族继往开来、奋勇前进的现实基础。三是历史告诉我们，历史和人民选择中国共产党领导中华民族伟大复兴的事业是正确的，必须长期坚持、永不动摇；中国共产党领导中国人民开辟的中国特色社会主义道路是正确的，必须长期坚持、永不动摇；中国共产党和中国人民扎根中国大地、吸纳人类文明优秀成果、独立自主实现国家发展的战略是正确的，必须长期坚持、永不动摇。

915. 什么是“四个自信”？

全党要坚定道路自信、理论自信、制度自信、文化自信。

916. 首次“1+6”圆桌对话会何时何地举行？

2016 年 7 月 22 日，首次“1+6”圆桌对话会在北京举行。此后，中国同世界银行、国际货币基金组织、世界贸易组织、经济合作与发展组织、国际劳工组织、金融稳定理事会每年举行一次“1+6”圆桌对话会。

917. 中国何时成功发射世界首颗量子科学实验卫星“墨子号”？

2016 年 8 月 16 日，我国成功发射世界首颗量子科学实验卫星“墨子号”。2017 年 6 月、8 月，“墨子号”卫星先后在国际上首次成功实现千公里级卫星和地面之间的量子纠缠分发、量子密钥分发和量子隐形传态。

918. 中国“天眼”何时建成？

2016 年 9 月 25 日，具有我国自主知识产权的世界最大单口径巨型射电望远镜——500 米口径球面射电望远镜（FAST），俗称“天眼”，在贵州平塘落成启动。

919. 人民币何时成为国际货币基金组织特别提款权货币？

2016 年 10 月 1 日，人民币正式加入国际货币基金组织特别提款权货币篮子。

920. 伟大长征精神的内涵是什么？

伟大长征精神，就是把全国人民和中华民族的根本利益看得高于一切，坚定革命的理想和信念，坚信正义事业必然胜利的精神；就是为了救国救民，不怕任何艰难险阻，不惜付出一切牺牲的精神；就是坚持独立自主、实事求是，一切从实际出发的精神；就是顾全大局、严守纪律、紧密团结的精神；就是紧紧依靠人民群众，同人民群众生死相依、患难与共、艰苦奋斗的精神。

921. 大力弘扬伟大长征精神，对我们在新的长征路上继续奋勇前进提出了怎样的要求？

弘扬伟大长征精神，走好今天的长征路，必须坚定共产主义远大理想和中国特色社会主义共同理想，为崇高理想信念而矢志奋斗。弘扬伟大长征精神，走好今天的长征路，必须坚定中国特色社会主义道路自信、理论自信、制度自信、文化自信，为夺取中国特色社会主义伟大事业新胜利而矢志奋斗。弘扬伟大长征精神，走好今天的长征路，必须把人民放在心中最高位置，坚持一切为了人民、一切依靠人民，为人民过上更加美好生活而矢志奋斗。弘扬伟大长征精神，走好今天的长征路，必须把握方向、统揽大局、统筹全局，为实现我们的总任务、总布局、总目标而矢志奋斗。弘扬伟大长征精神，走好今天的长征路，必须建设同我国国际地位相称、同国家安全和发展利益相适应的巩固国防和强大军队，为维护国家安全和世界和平而矢志奋斗。弘扬伟大长征精神，走好今天的长征路，必须加强党的领导，坚持全面从严治党，为推进党的建设新的伟大工程而矢志奋斗。长征胜利启示我们：党的领导是党和人民事业成功的根本保证。

922. 明确习近平党中央的核心、全党的核心地位是在哪次会议？

2016 年 10 月 27 日，中共十八届六中全会明确习近平同志党中央的核心、全党的核心地位。号召全党同志紧密团结在以习近平同志为核心的党中央周围，牢固树立政治意识、大局意识、核心意识、看齐意识，坚定不移维护党中央权威和党中央集中统一领导。

923. 十八届六中全会审议通过的三个重要文件是什么？

《关于新形势下党内政治生活的若干准则》《中国共产党党内监督条例》，以及《关于召开党的第十九次全国代表大会的决议》。

924. 十八届六中全会关于纪律严明的实践要求有哪些？

纪律严明是全党统一意志、统一行动、步调一致前进的重要保障，是党内政治生活的重要内容。必须严明党的纪律，把纪律挺在前面，用铁的纪律从严治党。坚持纪律面前一律平等，遵守纪律没有特权，执行纪律没有例外，党内决不允许存在不受纪律约束的特殊组织和特殊党员。党的各级组织和全体党员必须对党忠诚老实、光明磊落，说老实话、办老实事、做老实人，如实向党反映和报告情况，反对搞两面派、做“两面人”，反对弄虚作假、虚报浮夸，反对隐瞒实情、报喜不报忧。领导机关和领导干部不准以任何理由和名义纵容、唆使、暗示或强迫下级说假话。党内不准搞拉拉扯扯、吹吹拍拍、阿谀奉承。对领导人的宣传要实事求是，禁止吹捧。党的各级组织必须担负起执行和维护政治纪律和政治规矩的责任，坚决防止和纠正执行纪律宽松软的问题。

925. 歼 –20 何时开始列装空军作战部队？

2016 年 11 月 1 日，中国自主研制的新一代隐身战斗机歼 –20 首次公开亮相参加中国珠海国际航展。2018 年 2 月 9 日，歼 –20 开始列装空军作战部队。

926. 中央军委军队规模结构和力量编成改革工作会议何时何地召开？

2016 年 12 月 2 日至 3 日，中央军委军队规模结构和力量编成改革工作会议举行。习近平强调，要推动我军由数量规模型向质量效能型、由人力密集型向科技密集型转变，部队编成向充实、合成、多能、灵活方向发展，构建能够打赢信息化战争、有效履行使命任务的中国特色现代军事力量体系。

927. 中国首个大型页岩气田建在哪里？

2017 年 3 月 21 日，我国首个大型页岩气田——涪陵页岩气田已经累计供气突破 100 亿立方米。这标志着我国页岩气已加速迈进大规模商业化发展阶段。

928. 中国自主研制的首艘货运飞船何时成功发射？

2017年4月20日，我国自主研制的首艘货运飞船天舟一号成功发射。在轨期间，先后顺利完成空间站货物补给、推进剂在轨补加、自主快速交会对接等多项拓展应用和相关试验。

929. 中国何时列装第一艘自主设计建造的航空母舰？

2017 年 4 月 26 日，我国第一艘自主设计建造的航空母舰出坞下水。

930. 世界首台单光子量子计算机何时研制成功？

2017 年 5 月 3 日，世界首台单光子量子计算机在中国诞生。

931. 中国自主研制的首款 C919 大型客机何时首飞成功？

2017 年 5 月 5 日，我国自主研制的首款 C919 大型客机首飞成功。

932. 首届“一带一路”国际合作高峰论坛何时举办？

2017 年 5 月 14 日至 15 日，首届“一带一路”国际合作高峰论坛在北京举行。习近平出席开幕式并发表主旨演讲，强调要将“一带一路”建成和平之路、繁荣之路、开放之路、创新之路、文明之路。

933. 中国何时成为世界上首个成功试采海域天然气水合物的国家？

2017 年 5 月 18 日，南海神狐海域天然气水合物（又称可燃冰）试采成功。我国成为世界上首个成功试采海域天然气水合物的国家。

934. “复兴号”何时投入运营？标志着什么？

2017 年 6 月 25 日，中国标准动车组被命名为“复兴号”并于 26 日投入运行。标志着中国高速动车组技术实现全面自主化。

935. 在香港回归祖国 20 周年大会上习近平如何阐释“一国两制”？

2017 年 7 月 1 日，习近平出席庆祝香港回归祖国 20 周年大会暨香港特别行政区第五届政府就职典礼并发表讲话指出，中央贯彻“一国两制”方针坚持两点：一是坚定不移，不会变、不动摇；二是全面准确，确保“一国两制”在香港的实践不走样、不变形，始终沿着正确方向前进。

936. 建设粤港澳大湾区何时成为国家战略？

2017 年 7 月 1 日，习近平出席在香港举行的《深化粤港澳合作推进大湾区建设框架协议》签署仪式。建设粤港澳大湾区成为国家战略。

937. 中国海关通关一体化何时正式实施？

2017 年 7 月 1 日，全国海关通关一体化正式实施，企业可以在全国范围内任意一个海关完成相关海关手续。

938. 国务院何时印发《新一代人工智能发展规划》？

2017 年 7 月 8 日，国务院印发《新一代人工智能发展规划》。

939. 中国首个海外保障基地何时何地建成并投入使用？

2017 年 7 月 11 日，中国人民解放军驻吉布提保障基地成立。8 月 1 日，驻吉布提保障基地部队进驻营区，标志着我国首个海外保障基地建成和投入使用。

940. 中国建成世界上穿越沙漠、戈壁里程最长的高速公路的标志是什么？

2017 年 7 月 15 日，北京到新疆的京新高速公路全线贯通，总里程约 2768 公里，这是目前世界上穿越沙漠、戈壁里程最长的高速公路。至 2017 年 7 月，全国高速公路通车里程达 13.2 万公里。

941. “四个伟大”何时提出？

2017 年 7 月 26 日，习近平在省部级主要领导干部“学习习近平总书记重要讲话精神，迎接党的十九大”专题研讨班开班式上，阐述了党的十八大以来党和国家事业发生的历史性变革，作出中国特色社会主义进入了新的发展阶段的重大战略判断，提出要牢牢把握我国发展的阶段性特征，牢牢把握人民群众对美好生活的向往，在新的时代条件下进行伟大斗争、建设伟大工程、推进伟大事业、实现伟大梦想。

942. 如何认识“四个伟大”？

伟大斗争、伟大工程、伟大事业、伟大梦想紧密联系、相互贯通、相互作用，是一个有机统一的整体。伟大梦想指引正确方向，为伟大斗争、伟大工程、伟大事业提供领航导向；伟大斗争昭示担当精神，为伟大工程、伟大事业、伟大梦想扫除障碍、提供牵引；伟大工程锻造领导力量，为伟大斗争、伟大工程、伟大梦想提供坚强保证；伟大事业宣示道路旗帜，为伟大斗争、伟大工程、伟大梦想开辟前进路径。在新时代，要把伟大斗争、伟大工程、伟大事业、伟大梦想贯通起来理解、协同起来贯彻，牢固确立“四个意识”，在思想上政治上行动上同以习近平同志为核心的党中央保持高度一致，肩负起新时代中国共产党人的历史使命，在坚持和发展中国特色社会主义伟大实践中不断创造新的辉煌业绩。

943. 如何认识实现伟大梦想，必须进行伟大斗争？

新时代，新的伟大斗争的内容十分广泛，表现形式也必然复杂多样，需要我们党始终保持高度政治警觉，随时准备进行斗争。要更加自觉地坚持党的领导和我国社会主义制度，对一切否定党的领导、否定我国社会主义制度、否定改革开放的言行，对一切歪曲、丑化、否定中国特色社会主义的言行，对一切违背、歪曲、否定党的基本路线的言行，必须旗帜鲜明地反对和抵制。要更加自觉地维护人民利益，坚决防止和反对脱离群众、损害和侵占群众利益的行为。要更加自觉地投身改革创新时代潮流，敢于向积存多年的顽瘴痼疾开刀，坚决清除妨碍生产力发展的体制机制障碍。要更加自觉地维护我国主权、安全、发展利益，坚决反对一切分裂祖国、破坏民族团结和社会和谐稳定的行为。要更加自觉地防范各种风险，增强忧患意识、风险意识，坚决战胜一切在政治、经济、文化、社会等领域和自然界出现的困难和挑战。在推进伟大斗争中，我们要强化斗争意识、鼓足斗争勇气、把握斗争规律、讲究斗争艺术、提高斗争本领，坚决摒弃一切贪图享受、一切消极懈怠、一切回避矛盾的思想和行为，不断夺取伟大斗争新胜利。

944. 如何认识实现伟大梦想，必须建设伟大工程？

新时代，我们党要始终成为时代先锋、民族脊梁，保持马克思主义政党本色，自身必须始终过硬。越是目标远大、任务艰巨，越是挑战频仍、矛盾集中，越是要把党建设得更加坚强有力，越是要求全党同志精神状态、思维方式、行为方式、工作方式有新的转变，素质能力有新的提升。要按照党的十九大提出的党的建设总要求和重点任务，牢固树立全面从严治党永远在路上的理念，消除一切损害党的先进性和纯洁性的因素，清除一切侵蚀党的健康肌体的病毒，不断增强管党治党的系统性、预见性、创造性、实效性，不断增强党的政治领导力、思想引领力、群众组织力、社会动员力，确保我们党永葆旺盛生命力和强大战斗力。尤其要把党的政治建设摆在首位，用习近平新时代中国特色社会主义思想武装全党，建设高素质专业化干部队伍，加强基层组织建设，持之以恒正风肃纪，夺取反腐败斗争压倒性胜利，健全中国特色国家监察体制，全面增强执政本领。

945. 如何认识实现伟大梦想，必须推进伟大事业?

中国特色社会主义是改革开放以来党的全部理论和实践的主题，是党和人民历尽千辛万苦、付出巨大代价取得的根本成就，是当代中国发展进步的根本方向。新时代推进伟大事业，必须保持强大政治定力，坚定道路自信、理论自信、制度自信、文化自信，既不走封闭僵化的老路，也不走改旗易帜的邪路，坚定不移走中国特色社会主义道路。要深刻认识新时代坚持和发展中国特色社会主义的新要求，顺应我国社会主要矛盾发生的新变化，准确把握实现“两个一百年”奋斗目标新的战略安排，统筹推进“五位一体”总体布局，协调推进“四个全面”战略布局，在继续推动发展的基础上，着力解决好发展不平衡不充分问题，大力提升发展质量和效益，更好满足人民在经济、政治、文化、社会、生态等方面日益增长的需要，更好推动人的全面发展、社会全面进步。

946. “八一勋章”何时首次颁授?

2017 年 7 月 28 日，中央军委首次举行颁授“八一勋章”和授予荣誉称号仪式。习近平向“八一勋章”获得者颁授勋章和证书，向获得荣誉称号的单位颁授奖旗。“八一勋章”是由中央军委决定、中央军委主席签发证书并颁授的军队最高荣誉。

947. 习近平在建军 90 周年时强调了什么?

2017 年 7 月 30 日，庆祝中国人民解放军建军 90 周年阅兵在朱日和联合训练基地举行。习近平检阅部队。8 月 1 日，习近平在庆祝中国人民解放军建军 90 周年大会上讲话指出，党对军队的绝对领导是中国特色社会主义的本质特征，是党和国家的重要政治优势，是人民军队的建军之本、强军之魂。要坚持政治建军、改革强军、科技兴军、依法治军，全面提高国防和军队现代化水平，把人民军队建设成为世界一流军队。

948. 人民军队为党和人民建立的伟大历史功勋是什么？

这个伟大的历史功勋就是，英雄的人民军队，在党领导的 22 年武装革命斗争中，以无往不胜的英雄气概、坚韧不拔的革命毅力、灵活机动的战略战术、英勇顽强的战斗作风，克服了各种难以想象的艰难困苦，打败了国内外异常凶恶的敌人，夺取了土地革命战争、抗日战争、解放战争的伟大胜利，推翻了压在中国人民头上的三座大山，以鲜血和生命为建立人民当家作主的新中国奠定了牢固根基，彻底扭转了中华民族近代以来落后挨打的被动局面。这个伟大的历史功勋就是，英雄的人民军队，积极投身社会主义革命和建设，全面履行保卫祖国、保卫人民和平劳动的职能，胜利进行抗美援朝战争和多次边境自卫作战，打出了国威军威，捍卫了祖国万里边疆和辽阔海空，为巩固新生人民政权、形成中国大国地位、维护中华民族尊严提供了坚强后盾。这个伟大的历史功勋就是，英雄的人民军队，积极投身改革开放新的伟大革命，有力服务和保障国家改革发展稳定大局，依法履行香港、澳门防务职责，有效应对国家安全面临的各种威胁，坚决打击一切形式的分裂破坏活动，积极参与对外军事交流合作和联合国维和行动，为维护中国共产党领导和我国社会主义制度，为维护国家主权、安全、发展利益，为维护我国发展的重要战略机遇期，为维护地区和世界和平提供了强大力量支撑。

949. 人民军队从胜利走向胜利彰显了哪几个方面的伟大力量？

人民军队从胜利走向胜利，彰显了中国共产党领导的伟大力量，彰显了理想信念的伟大力量，彰显了改革创新的伟大力量，彰显了战斗精神的伟大力量，彰显了革命纪律的伟大力量，彰显了军民团结的伟大力量。

950. 中国首家互联网法院何时何地成立？

2017 年 8 月 18 日，全国首家互联网法院——杭州互联网法院正式揭牌成立。

951. 中国首条民营资本控股高铁是哪条？

2017 年 9 月 11 日，我国首条民营资本控股高铁——杭绍台高铁 PPP 项目在浙江杭州签约。这是民营资本在铁路投融资领域首次控股。

952. 中央军委何时提出要全面深入贯彻军委主席负责制？

2017 年 11 月 2 日，中央军委印发《关于全面深入贯彻军委主席负责制的意见》。

953. 什么是新型政党关系？

2017 年 11 月 30 日至 12 月 3 日，中国共产党与世界政党高层对话会在北京举行。12 月 1 日，习近平在出席对话会开幕式发表主旨讲话时指出，不同国家的政党应该增进互信、加强沟通、密切协作，探索在新型国际关系的基础上建立求同存异、相互尊重、互学互鉴的新型政党关系，搭建多种形式、多种层次的国际政党交流合作网络，汇聚构建人类命运共同体的强大力量。

954. 中国人民武装警察部队领导指挥体制何时进行了调整？

2017 年 12 月 14 日，中共中央作出《关于调整中国人民武装警察部队领导指挥体制的决定》，明确武警部队归中央军委建制，不再列国务院序列。2018 年 1 月 10 日，习近平向武警部队授旗并致训词。

955. 哪次会议总结和阐述了习近平新时代中国特色社会主义经济思想？

2017 年 12 月 18 日，习近平在中央经济工作会议上讲话指出，推动高质量发展是当前和今后一个时期确定发展思路、制定经济政策、实施宏观调控的根本要求，必须加快形成推动高质量发展的指标体系、政策体系、标准体系、统计体系、绩效评价、政绩考核，创造和完善制度环境，推动我国经济在实现高质量发展上不断取得新进展。这次会议总结和阐述了习近平新时代中国特色社会主义经济思想。

956. 国有资产管理的“全口径、全覆盖”标准何时提出？

2017 年 12 月 30 日，中共中央印发《关于建立国务院向全国人大常委会报告国有资产管理情况制度的意见》。2018 年 10 月，十三届全国人大常委会第六次会议审议了《国务院关于 2017 年度国有资产管理情况的综合报告》和《国务院关于

2017 年度金融企业国有资产的专项报告》。这是国务院首次按照“全口径、全覆盖”标准向全国人大常委会报告国有资产管理情况。

957. 党的十九大何时召开?

2017 年 10 月 18 日至 24 日，中国共产党第十九次全国代表大会在北京举行。

958. 怎样评价十九大的重要历史贡献?

十九大作出了中国特色社会主义进入新时代、我国社会主要矛盾已经转化为人民日益增长的美好生活需要和不平衡不充分的发展之间的矛盾等重大政治论断，确立了习近平新时代中国特色社会主义思想的历史地位，提出了新时代坚持和发展中国特色社会主义的基本方略，确定了决胜全面建成小康社会、开启全面建设社会主义现代化国家新征程的目标。十九大对全面建设社会主义现代化国家作出了“两个阶段”战略安排。十九大最突出的一个历史性贡献就是，通过关于《中国共产党章程（修正案）》的决议，把习近平新时代中国特色社会主义思想同马克思列宁主义、毛泽东思想、邓小平理论、“三个代表”重要思想、科学发展观一道确立为党的行动指南并载入党章。

959. 中国共产党人的初心和使命是什么?

中国共产党人的初心和使命，就是为中国人民谋幸福，为中华民族谋复兴。

960. 十八大以来五年发生了怎样的历史性变革?

取得了改革开放和社会主义现代化建设的历史性成就，党和国家事业全面开创新局面；中国特色社会主义进入新时代。经济建设取得重大成就：全面深化改革取得重大突破；民主法治建设迈出重大步伐；思想文化建设取得重大进展；人民生活不断改善；生态文明建设成效显著；强军兴军开创新局面；港澳台工作取得新进展；全方位外交布局深入展开；全面从严治党成效卓著。

961. 如何理解当前我国社会的主要矛盾?

我国社会的主要矛盾转化为人民日益增长的美好生活需要和不平衡不充分的发展之间的矛盾。但我国仍处于并将长期处于社会主义初级阶段的基本国情没有变，我国是世界最大发展中国家的国际地位没有变。全党要牢牢把握社会主义初级阶段这个基本国情，牢牢立足社会主义初级阶段这个最大实际，牢牢坚持党的基本路线这个党和国家的生命线、人民的幸福线。

962. 如何理解习近平新时代中国特色社会主义思想的重大意义?

习近平新时代中国特色社会主义思想，是对马克思列宁主义、毛泽东思想、邓小平理论、“三个代表”重要思想、科学发展观的继承和发展，是马克思主义中国化最新成果，是党和人民实践经验和集体智慧的结晶，是中国特色社会主义理论体系的重要组成部分，是全党全国人民为实现中华民族伟大复兴而奋斗的行动指南，必须长期坚持并不断发展。

963. 如何阐述新时代中国特色社会主义思想的实质和内涵?

明确坚持和发展中国特色社会主义的总任务；明确新时代我国社会主要矛盾；明确中国特色社会主义事业总体布局、战略布局，强调坚定道路自信、理论自信、制度自信、文化自信；明确全面深化改革总目标；明确全面推进依法治国总目标；明确党在新时代的强军目标；明确中国特色大国外交要推动构建新型国际关系，推动构建人类命运共同体；明确中国特色社会主义最本质的特征和中国特色社会主义制度的最大优势是中国共产党领导。

964. 中国特色社会主义进入了新时代意味着什么?

经过长期努力，中国特色社会主义进入了新时代，这是我国发展新的历史方位。中国特色社会主义进入新时代，意味着近代以来久经磨难的中华民族迎来了从站起来、富起来到强起来的伟大飞跃，迎来了实现中华民族伟大复兴的光明前景；意味着科学社会主义在 21 世纪的中国焕发出强大生机活力，在世界上高高举起了中国特色社会主义伟大旗帜；意味着中国特色社会主义道路、理论、制度、文化不断发展，拓展了发展中国家走向现代化的途径，给世界上那些既希望加快发展又希望保持自身独立性的国家和民族提供了全新选择，为解决人类问题贡献了中国智慧和中国方案。

965. 新时代坚持和发展中国特色社会主义的 14 条基本方略是什么?

坚持党对一切工作的领导；坚持以人民为中心；坚持全面深化改革；坚持新发展理念；坚持人民当家作主；坚持全面依法治国；坚持社会主义核心价值体系；

坚持在发展中保障和改善民生；坚持人与自然和谐共生；坚持总体国家安全观；坚持党对人民军队的绝对领导；坚持“一国两制”和推进祖国统一；坚持推动构建人类命运共同体；坚持全面从严治党。

966. 全面建设社会主义现代化国家“两个阶段”战略安排是怎样的？

从 2020 年到本世纪中叶可以分两个阶段来安排：第一个阶段，从 2020 年到 2035 年，在全面建成小康社会的基础上，再奋斗 15 年，基本实现社会主义现代化。第二个阶段，从 2035 年到本世纪中叶，在基本实现现代化的基础上，再奋斗 15 年，把我国建成富强民主文明和谐美丽的社会主义现代化强国。

967. 怎样理解铸牢中华民族共同体意识？

第一，铸牢中华民族共同体意识是维护国家统一的思想基础。

第二，铸牢中华民族共同体意识是促进民族团结的必要条件。

第三，铸牢中华民族共同体意识是实现中华民族伟大复兴的必然要求。

968. 为什么要坚持总体国家安全观？

统筹发展和安全，增强忧患意识，做到居安思危，是我们党治国理政的一个重大原则。必须坚持国家利益至上，以人民安全为宗旨，以政治安全为根本，统筹外部安全和内部安全、国土安全和国民安全、传统安全和非传统安全、自身安全和共同安全，完善国家安全制度体系，加强国家安全能力建设，坚决维护国家主权、安全、发展利益。

969. 如何认识我国经济高质量发展的内涵和要义？

党的十九大报告指出，我国经济已由调整增长阶段转向高质量发展阶段，必须坚持质量第一、效益优先，以供给侧结构性改革为主线，推动经济发展质量变革、效率变革、动力变革，提高全要素生产率，着力加快建设实体经济、科技创新、现代金融、人力资源协同发展的产业体系，着力构建市场机制有效、微观主体有活力、宏观调控有度的经济体制。我国经济高质量发展的内涵和要义主要包括：商品和服务质量普遍持续提高；投入产出效率和经济效益不断提高；创新成为第一动力；绿色成为普遍形态；经济重大关系协调、循环顺畅；坚持深化改革开放；共享成为根本目的。

970. 改革开放以来我们取得一切成绩和进步的根本原因是什么？

党的十九大修改后的党章指出，改革开放以来我们取得一切成绩和进步的根本原因，归结起来就是：开辟了中国特色社会主义道路，形成了中国特色社会主义理论体系，确立了中国特色社会主义制度，发展了中国特色社会主义文化。全党同志要倍加珍惜、长期坚持和不断发展党历经艰辛开创的这条道路、这个理论体系、这个制度、这个文化。

971. 新时代党的建设总要求是什么？

新时代党的建设总要求是：坚持和加强党的全面领导，坚持党要管党、全面从严治党，以加强党的长期执政能力建设、先进性和纯洁性建设为主线，以党的政治建设为统领，以坚定理想信念宗旨为根基，以调动全党积极性、主动性、创造性为着力点，全面推进党的政治建设、思想建设、组织建设、作风建设、纪律建设，把制度建设贯穿其中，深入推进反腐败斗争，不断提高党的建设质量，把党建设成为始终走在时代前列、人民衷心拥护、勇于自我革命、经得起各种风浪考验、朝气蓬勃的马克思主义执政党。

972. 建设美丽中国的“四大举措”是什么？

一是要推进绿色发展。二是要着力解决突出环境问题。三是要加大生态系统保护力度。四是要改革生态环境监管体制。

973. 如何加快建设数字中国？

中共中央政治局 2017 年 12 月 8 日就实施国家大数据战略进行第二次集体学习。中共中央总书记习近平在主持学习时强调，大数据发展日新月异，我们应该审时度势、精心谋划、超前布局、力争主动，深入了解大数据发展现状和趋势及其对经济社会发展的影响，分析我国大数据发展取得的成绩和存在的问题，推动实施国家大数据战略，加快完善数字基础设施，推进数据资源整合和开放共享，保障数据安全，加快建设数字中国，更好服务我国经济社会发展和人民生活改善。具体举措包括：推动大数据技术产业创新发展，构建以数据为关键要素的数字经济，运用大数据提升国家治理现代化水平，运用大数据促进保障和改善民生，切实保障国家数据安全。

974. 十九届二中全会何时召开，通过了哪些重要决议？

2018 年 1 月 18 日至 19 日，中共十九届二中全会举行。全会通过《关于修改宪法部分内容的建议》。

975. 十九届三中全会何时召开？作出了哪些重要决定？

2018 年 2 月 26 日至 28 日，中共十九届三中全会举行。全会通过《关于深化党和国家机构改革的决定》和《深化党和国家机构改革方案》，决定组建中央全面依法治国委员会、中央审计委员会等机构。

976. 中央何时印发乡村振兴战略实施意见？

2018 年 1 月 2 日，中共中央、国务院印发《关于实施乡村振兴战略的意见》。

977. 中华人民共和国国家监察委员会何时成立？

2018 年 3 月 20 日，十三届全国人大一次会议通过《中华人民共和国监察法》；23 日，中华人民共和国国家监察委员会在北京揭牌正式成立。

978. 推进海南全面深化改革的举措有哪些？

2018 年 4 月 11 日，中共中央、国务院印发《关于支持海南全面深化改革开放的指导意见》，赋予海南经济特区改革开放新使命，建设自由贸易试验区和中国特色自由贸易港。13 日，习近平在庆祝海南建省办经济特区 30 周年大会上讲话指出，海南要着力打造全面深化改革开放试验区、国家生态文明试验区、国际旅游消费中心、国家重大战略服务保障区，形成更高层次改革开放新格局。

979. 《中华人民共和国英雄烈士保护法》何时出台？

2018 年 4 月 27 日，十三届全国人大常委会第二次会议通过《中华人民共和国英雄烈士保护法》。

980. 哪次大会总结并阐述了习近平生态文明思想？

2018 年 5 月 18 日，习近平在全国生态环境保护大会上讲话提出新时代推进生态文明建设的原则，强调要加快构建生态文明体系。这次大会总结并阐述了习近平生态文明思想。

981. 习近平在两院院士大会上关于创新作出了哪些重要论断?

2018 年 5 月 28 日，习近平在中国科学院第十九次院士大会、中国工程院第十四次院士大会上讲话指出，要充分认识创新是第一动力，矢志不移自主创新，着力增强自主创新能力。要以关键共性技术、前沿引领技术、现代工程技术、颠覆性技术创新为突破口，努力实现关键核心技术自主可控，把创新主动权、发展主动权牢牢掌握在自己手中。

982. 哪次大会总结并阐述了习近平外交思想?

2018 年 6 月 22 日，习近平在中央外事工作会议上讲话指出，把握国际形势要树立正确的历史观、大局观、角色观。当前，我国处于近代以来最好的发展时期，世界处于百年未有之大变局，两者同步交织、相互激荡。要深入分析世界转型过渡期国际形势的演变规律，准确把握历史交汇期我国外部环境的基本特征，统筹谋划和推进外交工作。这次会议总结并阐述了习近平外交思想。

983. 新时代党的组织路线是什么?

2018 年 7 月 3 日，习近平在全国组织工作会议上讲话指出，党的力量来自组织，党的全面领导、党的全部工作要靠党的坚强组织体系去实现。强调，新时代党的组织路线是：全面贯彻新时代中国特色社会主义思想，以组织体系建设为重点，着力培养忠诚干净担当的高素质干部，着力集聚爱国奉献的各方面优秀人才，坚持德才兼备、以德为先、任人唯贤，为坚持和加强党的全面领导、坚持和发展中国特色社会主义提供坚强组织保证。

984. 世界上最长的跨海大桥港珠澳大桥何时开通?

2018 年 10 月 23 日，港珠澳大桥开通仪式在广东省珠海市举行。习近平出席仪式。港珠澳大桥总长 55 公里，是连接香港、珠海和澳门的超大型跨海通道，也是世界上最长的跨海大桥。

985. 国家对民营企业发展有哪些考虑?

2018 年 11 月 1 日，习近平在主持召开民营企业座谈会时指出，我们强调把公有制经济巩固好、发展好，同鼓励、支持、引导非公有制经济发展不是对立的，而是有机统一的。公有制经济、非公有制经济应该相辅相成、相得益彰，而不是相互排斥、相互抵消。我国基本经济制度写入了宪法、党章，这是不会变的，也是不能变的。在我国经济发展进程中，要不断为民营经济营造更好的发展环境。

986. 国家综合性消防救援队伍何时成立？

2018 年 11 月 9 日，习近平向国家综合性消防救援队伍授旗并致训词，国家综合性消防救援队伍正式成立。

987. 首届中国国际进口博览会何时何地举办的？

2018 年 11 月 5 日至 10 日，首届中国国际进口博览会在上海举行。5 日，习近平出席开幕式并发表主旨演讲时指出，中国国际进口博览会是迄今为止世界上第一个以进口为主题的国家级展会，是中国推动建设开放型世界经济、支持经济全球化的实际行动；宣布增设中国上海自由贸易试验区的新片区、在上海证券交易所设立科创板并试点注册制、支持长江三角洲区域一体化发展并上升为国家战略。

988. 习近平会见香港澳门各界庆祝国家改革开放 40 周年访问团时如何评价香港澳门与改革开放的关系？

2018 年 11 月 12 日，习近平在会见香港澳门各界庆祝国家改革开放 40 周年访问团时讲话指出，40 年改革开放，港澳同胞是见证者也是参与者，是受益者也是贡献者。港澳同胞同内地人民一样，都是国家改革开放伟大奇迹的创造者。国家改革开放的历程就是香港、澳门同内地优势互补、一起发展的历程。对香港、澳门来说，“一国两制”是最大的优势，国家改革开放是最大的舞台，共建“一带一路”、粤港澳大湾区建设等国家战略实施是新的重大机遇。

989. 如何评价改革开放的历史意义？

2018 年 12 月 18 日，习近平在庆祝改革开放 40 周年大会上高度评价改革开放，认为 40 年的实践充分证明，改革开放是党和人民大踏步赶上时代的重要法宝，是坚持和发展中国特色社会主义的必由之路，是决定当代中国命运的关键一招，也是决定实现“两个一百年”奋斗目标、实现中华民族伟大复兴的关键一招。

990. 改革开放 40 年积累的宝贵经验有哪些？

第一，必须坚持党对一切工作的领导，不断加强和改善党的领导。第二，必须坚持以人民为中心，不断实现人民对美好生活的向往。第三，必须坚持马克思主义指导地位，不断推进实践基础上的理论创新。第四，必须坚持走中国特色社会主义道路，不断坚持和发展中国特色社会主义。第五，必须坚持完善和发展中国特色社会主义制度，不断发挥和增强我国制度优势。第六，必须坚持以发展为第一要务，不断增强我国综合国力。第七，必须坚持扩大开放，不断推动共建人类命运共同体。第八，必须坚持全面从严治党，不断提高党的创造力、凝聚力、战斗力。第九，必须坚持辩证唯物主义和历史唯物主义世界观和方法论，正确处理改革发展稳定关系。

991.《告台湾同胞书》发表40周年纪念会上，习近平就推动两岸关系和平发展、实现祖国统一提出的5点主张是什么？

2019年1月2日，《告台湾同胞书》发表40周年纪念会在人民大会堂隆重举行。会上，习近平就推动两岸关系和平发展、实现祖国统一提出5点主张。

第一，携手推动民族复兴，实现和平统一目标。

第二，探索“两制”台湾方案，丰富和平统一实践。

第三，坚持一个中国原则，维护和平统一前景。

第四，深化两岸融合发展，夯实和平统一基础。

第五，实现同胞心灵契合，增进和平统一认同。

992.《中共中央关于加强党的政治建设的意见》何时印发？

2019年2月，中共中央印发了《关于加强党的政治建设的意见》。

党的十九大明确提出党的政治建设这个重大命题，强调党的政治建设是党的根本性建设，要把党的政治建设摆在首位，以党的政治建设为统领全面推进党的各项建设。2018年6月29日，习近平总书记在中央政治局第六次集体学习时发表重要讲话，专门就加强党的政治建设进行深刻阐述，明确提出要把准政治方向、坚持党的政治领导、夯实政治根基、涵养政治生态、防范政治风险、永葆政治本色、提高政治能力等要求。出台《关于加强党的政治建设的意见》，是贯彻习近平新时代中国特色社会主义思想和党的十九大精神的重大举措，是党中央深刻总结历史经验和新鲜经验对新时代加强党的政治建设做出的重大决策部署。

993.为解决困扰基层的形式主义问题，中央出台了什么举措？

2019年3月，中共中央办公厅发出《关于解决形式主义突出问题为基层减负的通知》（以下简称《通知》），明确提出将 2019 年作为“基层减负年”。

中央办公厅有关负责人 11 日介绍说，2018 年年底，习近平总书记在一份材料上作出重要批示，强调 2019 年要解决一些困扰基层的形式主义问题，切实为基层减负。《通知》明确提出将 2019 年作为“基层减负年”，充分体现了习近平总书记心系基层、关爱干部的深厚情怀，表明了党中央坚定不移全面从严治党、持之以恒狠抓作风建设的坚定决心，树立了为基层松绑减负、激励广大干部担当作为的实干导向。《通知》坚持严管和厚爱结合，对解决形式主义突出问题为基层减负作出进一步部署，有利于更好激励广大干部崇尚实干、担当作为，以优异成绩迎接新中国成立 70 周年。

《通知》围绕为基层减负，聚焦“四个着力”，从以党的政治建设为统领加强思想教育、整治文山会海、改变督查检查考核过多过频过度留痕现象、完善问责制度和激励关怀机制等方面，提出了务实管用的举措。

994. 习近平在纪念五四运动 100 周年大会上提出新时代中国青年运动的主题和方向是什么？

2019 年 4 月 30 日上午，纪念五四运动 100 周年大会在北京举行。习近平指出，新时代中国青年运动的主题，新时代中国青年运动的方向，新时代中国青年的使命，就是坚持中国共产党领导，同人民一道，为实现“两个一百年”奋斗目标、实现中华民族伟大复兴的中国梦而奋斗。

995. 习近平对新时代中国青年提出了哪些要求？

习近平对新时代中国青年提出 6 点要求。一是要树立远大理想，树立对马克思主义的信仰、对中国特色社会主义的信念、对中华民族伟大复兴中国梦的信心，到新时代新天地中去，让青春在创新创造中闪光。二是要热爱伟大祖国，听党话、跟党走，胸怀忧国忧民之心、爱国爱民之情，以一生的真情投入、一辈子的顽强奋斗来体现爱国主义情怀，让爱国主义的伟大旗帜始终在心中高高飘扬。三是要担当时代责任，让青春在新时代改革开放的广阔天地中绽放，让人生在实现中国梦的奋进追逐中展现出勇敢奔跑的英姿，努力成为德智体美劳全面发展的社会主义建设者和接班人。四是要勇于砥砺奋斗，勇做走在时代前列的奋进者、开拓者、奉献者，在劈波斩浪中开拓前进，在披荆斩棘中开辟天地，在攻坚克难中创造业绩，用青春和汗水创造出让世界刮目相看的新奇迹。五是要练就过硬本领，增强学习紧迫感，努力学习马克思主义立场观点方法，努力掌握科学文化知识和专业技能，努力提高人文素养，以真才实学服务人民，以创新创造贡献国家。六是要锤炼品德修为，自觉树立和践行社会主义核心价值观，明大德、守公德、严私德，追求更有高度、更有境界、更有品位的人生，让清风正气、蓬勃朝气遍布全社会。

996. 如何看待当前的中美经贸摩擦？

中美经贸关系是两国关系的"压舱石"和"推进器"，事关两国人民根本利益，事关世界繁荣与稳定。两国建交以来，双边经贸关系持续发展，合作领域不断拓宽，合作水平不断提高，形成了高度互补、利益交融的互利共赢关系，不仅两国受益，而且惠及全球。

由于发展阶段、经济制度不同，两国在经贸合作中难免出现分歧和摩擦。在中美经贸关系发展历程中，也曾多次出现波折、面临困难局面。两国本着理性、合作的态度，通过对话协商解决问题，化解了矛盾、缩小了分歧，双边经贸关系更趋成熟。

2017 年新一届美国政府上任以来，以加征关税等手段相威胁，频频挑起与主要贸易伙伴之间的经贸摩擦。2018 年 3 月以来，针对美国政府单方面发起的中美经贸摩擦，中国不得不采取有力应对措施，坚决捍卫国家和人民利益。同时，中国始终坚持通过对话协商解决争议的基本立场，与美国开展多轮经贸磋商，努力稳定双边经贸关系。中国的态度是一贯的、明确的。中美合则两利，斗则俱伤，合作是双方唯一正确的选择。对于两国经贸分歧和摩擦，中国愿意采取合作的方式加以解决，推动达成互利双赢的协议。但合作是有原则的，磋商是有底线的，在重大原则问题上中国决不让步。对于贸易战，中国不愿打，不怕打，必要时不得不打。

合作是中美两国唯一正确选择，共赢才能通向更好的未来。在中美经贸磋商总的方向上，中国不是向后看，而是向前看。双方在经贸领域的分歧和摩擦，最终需要通过对话和磋商来解决。中美达成一个互利双赢的协议，符合中美两国利益，顺应世界各国期待。

997. 为什么要开展"不忘初心、牢记使命"主题教育？

党的十九大决定，以县处级以上领导干部为重点，在全党开展"不忘初心、牢记使命"主题教育。

2019 年 5 月 31 日，“不忘初心、牢记使命”主题教育工作会议在北京召开。中共中央总书记、国家主席、中央军委主席习近平出席会议并发表重要讲话。他强调，为中国人民谋幸福，为中华民族谋复兴，是中国共产党人的初心和使命，是激励一代代中国共产党人前赴后继、英勇奋斗的根本动力。开展“不忘初心、牢记使命”主题教育，要牢牢把握守初心、担使命，找差距、抓落实的总要求，牢牢把握深入学习贯彻新时代中国特色社会主义思想、锤炼忠诚干净担当的政治品格、团结带领全国各族人民为实现伟大梦想共同奋斗的根本任务，努力实现理论学习有收获、思想政治受洗礼、干事创业敢担当、为民服务解难题、清正廉洁作表率的具体目标，确保这次主题教育取得扎扎实实的成效。

998. 为什么要推行垃圾分类？

2019 年 6 月，中共中央总书记、国家主席、中央军委主席习近平对垃圾分类工作作出重要指示。习近平强调，实行垃圾分类，关系广大人民群众生活环境，关系节约使用资源，也是社会文明水平的一个重要体现。

习近平指出，推行垃圾分类，关键是要加强科学管理、形成长效机制、推动习惯养成。要加强引导、因地制宜、持续推进，把工作做细做实，持之以恒抓下去。要开展广泛的教育引导工作，让广大人民群众认识到实行垃圾分类的重要性和必要性，通过有效的督促引导，让更多人行动起来，培养垃圾分类的好习惯，全社会人人动手，一起来为改善生活环境做努力，一起来为绿色发展、可持续发展做贡献。

999.《习近平新时代中国特色社会主义思想学习纲要》的主要内容是什么？

全书紧紧围绕习近平新时代中国特色社会主义思想是党和国家必须长期坚持的指导思想这一主题，以“八个明确”和“十四个坚持”为核心内容和主要依据，对习近平新时代中国特色社会主义思想做了全面系统的阐述，有助于广大干部群众更好理解把握这一思想的基本精神、基本内容、基本要求，更加自觉地用以武装头脑、指导实践、推动工作。

1000. 如何建设让党中央放心让人民群众满意的模范机关？

新形势下，中央和国家机关要以党的政治建设为统领，着力深化理论武装，着力夯实基层基础，着力推进正风肃纪，全面提高中央和国家机关党的建设质量，在深入学习贯彻党的思想理论上作表率，在始终同党中央保持高度一致上作表率，在坚决贯彻落实党中央各项决策部署上作表率，建设让党中央放心、让人民群众满意的模范机关。

中央和国家机关党的建设必须走在前、作表率，这是由中央和国家机关的地位和作用决定的。中央和国家机关离党中央最近，服务党中央最直接，对机关党建乃至其他领域党建具有重要风向标作用。深化全面从严治党、进行自我革命，必须从中央和国家机关严起、从机关党建抓起。

带头做到“两个维护”，是加强中央和国家机关党的建设的首要任务。中央和国家机关广大党员、干部特别是党员领导干部、一把手做工作要首先自觉同党的基本理论、基本路线、基本方略对标对表，同党中央决策部署对标对表，提高政治站位，把准政治方向，坚定政治立场，明确政治态度，严守政治纪律，经常校正偏差，做到党中央提倡的坚决响应、党中央决定的坚决照办、党中央禁止的坚决杜绝。

国史知识竞赛 100 题答案

一、单选题

1.C　2.D　3.D　4.D　5.A　6.C　7.D　8.D　9.A　10.A
11.C　12.D　13.B　14.D　15.B　16.B　17.A　18.B　19.B　20.A
21.B　22.A　23.A　24.A　25.C　26.C　27.D　28.B　29.D　30.A
31.A　32.C　33.B　34.C　35.A　36.C　37.B　38.B　39.C　40.C
41.A　42.B　43.C　44.C　45.D　46.B　47.C　48.B　49.A　50.A
51.A　52.A　53.D　54.B　55.C　56.B　57.C　58.B　59.B　60.C
61.B　62.B　63.B　64.D　65.A　66.B　67.B　68.A　69.C　70.B
71.D　72.C　73.A　74.B　75.D　76.C　77.A　78.C　79.D　80.C
81.A　82.B　83.B　84.D　85.B

二、多选题

86. ABCDE　87.ABC　88.ABCD　89.ABDE　90.ACD

三、判断题

91. √　92. ×　93. ×　94 . ×　95. √　96. ×　97. ×　98. √　99. √　100 √